KB059372

클래식
경   영
콘서트

클래식 경영 콘서트

초판 1쇄 인쇄 2010년 10월 18일
초판 1쇄 발행 2010년 10월 25일

지은이 서희태
펴낸이 이범상
펴낸곳 (주)비전비엔피 · 비전코리아

기획 편집 최정원 윤수진 이미아
디자인 정정은 강진영
영업 한상철 한승훈
온라인 마케팅 이재필 김희정
관리 박석형 이미자 박철호
외주 기획 한서연

주소 121-865 서울시 마포구 서교동 377-26번지 1층
전화 02)338-2411 | **팩스** 02)338-2413
이메일 ekwjd11@chol.com/visioncorea@naver.com
블로그 http://blog.naver.com/visioncorea

등록번호 제1-3018호

ISBN 978-89-6322-024-6   03320

클래식 경영 콘서트

대한민국 CEO를 위한
클래식 아트경영

지휘자 서희태 | 지음

비전코리아

Contents

Chapter 01
클래식, 경영을 만나다

Chapter 02
오케스트라에서 경영을 배우다

Chapter 03
CEO, 클래식 리더십을 배우다

Chapter 04
대한민국 아트경영 CEO를 만나다

Chapter 05
고전음악가에게
창조적 리더십을 배우다

Chapter 06
기업, 아트경영으로 승부하다

지휘자의 경영 무한도전

시대가 참 많이 변했다. 불과 수십 년 전까지만 해도 음악을 포함해 예술 하는 사람들은 굶어 죽을 것을 각오한 아주 특별한 존재로 생각했다. 그런데 지금은 어떤가. 예술과 문화를 기업 창의력의 원천으로 생각하고 경영에 접목해 성공을 거둔 경영인과 기업의 사례들을 심심찮게 볼 수 있다.

요즘 기업인들 사이에 '문화경영'이 새로운 코드로 떠오르고 있다. 문화경영이란 기업이 문화와 예술활동을 기업경영에 접목해 기업의 가치를 높이고, 또 직원들의 자부심과 애사심을 높이는 데 기여하고, 직원 만족을 고객 만족으로 발전시켜 매출을 늘리고 고객과 조직 구성원 그리고 지역사회에 공헌함으로써 사회 환원을 실현하는 것을 말한다.

미국에서 1,000대 기업 경영인의 전공을 조사했더니 그중 3분의 1이 경영학을 전공했고 나머지는 인문학과 문화 관련 전공자였다고 한다. 그러나 우리나라의 경우 '재벌닷컴'에서 조사한 결과를 보면 국내 10대 그룹 계열사 사장급 이상 CEO 중 27.8퍼센트가 경영학을 전공했고, 11.9퍼센트가 경제학, 7.6퍼센트가 전기·전자공학, 5.5퍼센트는 법학을 전공했다. 예술 관련 전공은 아예 항목조차 없다.

2009년 9월 삼성경제연구소가 회원 CEO 436명을 대상으로 예술과 경영 간 연관성을 조사한 적이 있다. 이 조사에서 응답자 중 96.1퍼센트는 "CEO의 예술적 감각이 경영에 도움이 된다"면서 "남들이 보지 못하는 것을 찾아내는 섬세함, 서로 다른 분야를 융합해내는 유연한 사고력 등이 경영에 도움이 된다"고 답했다.

또 전체의 86퍼센트가 "인재를 채용할 때 예술적 감각이 있는 사람을 선호한다"고 했는데 그 이유가 "남들이 보지 못한 것을 찾아내는 감성적 섬세함(34.4퍼센트)"과 "엉뚱하고 이질적인 것들을 융합해내는 발상의 유연함(27.7퍼센트)"때문이라고 답했다. 이 조사 결과는 국내 CEO도 경영에서 문화와 예술의 중요성을 그만큼 실감하고 있다는 증거다.

한 유명 제과업체의 CEO는 앞으로 경영에서 창의성에 바탕을 둔 '예술지수AQ, Artistic Quotient'가 중요한 화두로 떠오를 것이라고 말하면서 '아트 마케팅Art Marketing'의 중요성을 강조했다. 그렇다면 얼마 전까지만 해도 기업과는 전혀 연관성이 없어 보이던 문화·예술이 왜 갑자기 경영의 새로운 화두로 떠오르는 것일까? 이는 경영 일각에서 일어나는 가치관의 변화 때문이다. 과거에는 국가나 사회가 먼저였지만 지금은 개인의 인권과 취향이 우선이다. 그렇다 보니 자연스럽게 고객 개개인을 존중하는 경영이 화두가 된 것이다. 그래서 한동안 기업들은 고객 만족, 고객 감동이라는 키워드로 서비스에 역점을 둔 경영을 펼쳤다.

　정치 또한 그렇다. 과거의 정치는 고대 그리스 아테네 아고라 광장에서 시민권을 가진 남자 유권자들이 다수결 원칙 아래 정치적 결정에 직접 권한을 행사하던 직접 민주주의였다. 하지만 영토 확장과 엄청나게 늘어난 인구, 다양한 구성원, 정책 결정의 전문성 등 시대의 흐름에 따라 국민의 대표를 선출하여 그 대표자를 통해 간접적으로 의사결정에 참여하는 의회 민주주의, 즉 간접 민주주의로 발전해왔다.

　그러나 최근 인터넷과 통신의 발달로 인해 또다시 과거처럼 개인이 권력의 주체가 되는 '신 직접 민주주의'로 급속히 발전하고 있다. 과거와는 달리 개인이 권력의 주체가 되어 인터넷과 문자메시지를 통해 직접적이고 순간적으로 뜻을 모아 큰 권력을 이룬다. 촛불시위와 같은 대규모 집회가 대표적인 예다. 이러한 현상은 강한 카리스마의 시대가 지나고 개인의 위치가 상승하면서 부드러운 카리스마가 진정한 리더의 표상처럼 받아들여졌다는 것을 의미한다. 즉 유연함이 강함을 이기는 시대가 된 것이다.

　이런 모습은 우리 경제에도 그대로 적용된다. 1970년대 한국의 경제성장을 이끌던 주역들에게는 강한 카리스마가 있었다. 그들의 저돌적인 추진력이 우리나라를 세계에서 유례를 찾을 수 없는 초고속 경제성장 대국으로 만들어냈다고 해도 과언이 아니다. 하지만 언제부턴가 독불장군식의 강력한 리더십은 쇠퇴하고 문화와 감성, 열정과 애정을 앞세운 부드러운 카리스마가 그 자리를 대신하고 있다. 앞서 말한 바와 같이 개인의 권력이 커져가는 이 시대에 진정한 리더가 되려면 스스로 몸을 낮추고 모두와 소통하는 길을 열어야 한다.

그래서 나는 사람들의 이름을 외우려고 노력한다. 이처럼 작은 관심 하나가 감동을 만들어내고 그것이 큰 신뢰로 이어지는 것을 자주 경험한다. 간혹 어떤 이들은 내게 머리가 얼마나 좋으면 그 많은 사람의 이름을 다 외우느냐면서 부러운 표정을 짓기도 한다. 아무리 머리가 좋은 사람이라 해도 관심과 애정이 없다면 만나는 사람들의 이름을 다 기억할 수 없다. 내게는 그저 그만큼의 노력과 열정이 있을 뿐이다.

《칭찬은 고래도 춤추게 한다》의 저자 켄 블랜차드Kenneth Blanchard의 저서《1분 경영수업》을 보면, "직원들을 잘 대접하라. 그들이 모든 것을 이루어준다. 그들이 없다면 회사도 없다" "수익이란, 고객을 잘 관리하고 직원들을 잘 대우해준 대가로 받는 박수갈채다"라고 언급하며 '고객 감동 경영'을 넘어 '직원 감동 경영'을 강조했다.

요즘 많은 기업이 고객 초청 음악회를 열고 있다. 더불어 얼마 전부터 직원 감동 콘서트가 새롭게 등장하고 있다. 1차원적인 고객 감동은 고객의 마음만 얻을 뿐이지만 직원 감동은 고객과 함께 직원, 더 나아가서는 직원 가족의 마음까지 얻을 수 있다.

사람들은 문화·예술이 우리 삶에 얼마나 많은 영향을 미치는지 잘 인식하고 있다. 그중에서도 클래식음악은 여러 가지 사례에서 그 놀라운 효용성이 입증되면서 더욱 관심을 끌고 있다.

예를 들면 동물의 경우 한우에 클래식음악을 들려주었더니 온순해지고, 생육 상태가 좋아져 일반적인 축산농가의 1등급 한우 출현율에 비해 약 3배에 가까운 높은 출현율을 보였다거나, 젖소들에게 음악을 들려주었더니 착유량搾乳量이 증가했다는 연구들이 보고되고 있다. 또 식물이나 과일의 경우는 생육과 결실, 그리고 당도의 향상에 큰 효과가 있었다. 더욱 흥미로운 것은 음악이 동·식물의 성장뿐만이 아니라 병충해의 방제에도 효과가 있다는 것이다. 농업진흥청의 이완주 박사는 저서《식물은 지금도 듣고 있다》에서 "음악이 식물의 병충해 발생을 줄이고 저항력을 크게 높여줄 수 있으며 이는 과학적으로 증명이 가능하다"라고 밝힌 바 있다. 그뿐인가. 클래식음악은 장을 발효시킬 때나 콩을 숙성시킬 때에도 미생물의 활동을 증가시키고 맛을 좋게 해서 매출 향상으로 연결된 예도 있다. 식물이나 동물에도 클래식음악이 이렇듯 중요한 역할을 하는데 하물며 인간에게는 어떻겠는가.

21세기는 문화를 경제적으로 활용하는 컬처노믹스Culturenomics시대다. 하지만 아직은 문화와 경영이 제대로 접목되기까지는 더 많은 노력이 필요하다.

이 책에는 '이 시대에 왜 클래식이 중요한가'라는 기본적인 물음에서부터 문화 마케팅의 중요성과 클래식과 창조경영의 접목, 그리고 문화경영을 실천하는 예술 CEO들의 활약상을 담았다. 그리고 고전음악가들의 리더십을 현대에 맞게 분석한 내용과 함께 광고와 클래식, 기업의 메세나활동에 대한 자료를 함께 넣었다.

본인은 한 사람의 음악가요 지휘자일 뿐 경영에 대해서는 깊이 있는 지식을 갖고 있지는 않다. 때문에 다른 경제 서적에 비해 과학적인 분석은 부족한 면이 많을 것이다.

그럼에도 불구하고 이러한 무모한 도전에 나선 것은 많은 기업인과 일반 대중에게 클래식음악이 우리의 삶 그리고 경제활동에 얼마나 중요한 역할을 하는지를 알리고 싶어서다. 경영에 대한 해박한 지식과 깊이는 없지만, 클래식음악을 통한 이 시대의 진정한 소통을 염원하는 간절한 마음으로 이 책을 감히 내놓는다.

이 책이 나오기까지 도움을 주신 많은 분들에게 진심으로 감사를 드린다.

2010년 가을에

지휘자 서희태

서희태, 지휘봉 대신 붓을 들다

그 사연이 궁금하다.

우선 감성을 통한 창조경영이라는 깃발이 참으로 인상적이다. 시의적절한 화두를 던졌다. 클래식의 대명사 서희태가 던진 화두여서 더욱 가슴에 와 닿는다. 그렇다. 우린 그간 앞만 보고 저돌적으로 달려왔다. 그러노라 억지도 부리고 무리도 했다. 워낙 후발국가였기에 그럴 수밖에 없었다. 20세기 산업사회는 하이테크Hi Tech 시대다. 고급기술을 가진 나라가 좋은 물건을 싸게 많이 만들어 잘 팔기만 하면 되는 무한경쟁 시대였다. 우리는 밤을 새워 뛰었다. 모방하고 따라가느라 숨이 찼다. 실수도, 실패도 많았지만 덕분에 이만큼 왔다.

이제 우린 세계 정상에 섰다. 선진국 흉내도 낼 수 없고 이젠 우리 것으로 승부해야 한다. 창조만이 살길이다. 창조경영은 허울 좋은 구호가 아니다. 절실한 시대적 화두다. 그러기 위해선 감성을 닦아야 한다. 창조적인 우뇌, 영감이 열리기 위해선 지성이 아니라 감성이 필요하다. 산업사회가 지성의 시대라면 앞으로 열리는 문화의 세기는 감성의 시대다. 이젠 감동을 주지 않으면 사업도 안 된다. 고급기술도 중요하지만 심금을 울리는 감동 없이는 소비자의 마음을 움직일 수 없다. 불행히 많은 경영자는 아직도 산업사회의 잔재에서 벗어나지 못하고 있다. 음악 전공자가 창조경영의 깃발을 들고 나온 사연이 이해된다.

이젠 감동의 시대다. 뇌 신경세포 속의 소포에서 감동 물질이 터져 나와야 한다. 영화도 음악도 사업도 이걸 터뜨릴 재주가 없으면 리더는 사표를 내야 한다. 누가 그런 영화, 그런 음악을 들으려 하겠는가. 사업도 다르지 않다. 고객의 마음을 움직이는 건 감동이다. 그러기에 감성경영이 곧 창조경영이다.

감동이 생명인 오케스트라 지휘자 서희태.

이제 그는 음악뿐 아니라 이 시대가 요구하는 절실한 화두를 던짐으로써 새로운 감동으로 우리 앞에 우뚝 섰다.

한 손에 지휘봉, 한 손에 붓.

서희태, 멋있다.

이시형 박사

Chapter 01

클래식, 경영을 만나다

클래식에서 경영의 힘을 찾다

|

"기술은 과학에 가깝지만 경영은 변화무쌍한 시장에서

살아남기 위해 예술과 같은 창의성이 필요하다.

경영은 시장상황과 원천기술, 그리고 직원의 마음을 알고 그것을 잘 뭉치는 것이다.

다시 말해 경영은 작곡가가 새로운 음악을 작곡하듯이 계속 새로운 것을 창조하는 것이다."

_대우조선해양 남상태 사장

Concert 01

지금 클래식에 주목해야 하는 이유

문화 · 예술경영이 필요한 시대

CEOChief Executive Officer(최고경영자)란 단어가 우리 귀에 낯설지 않게 들리게 된 것은 그리 오래되지 않았다. 우리의 경제 규모가 급속도로 커지고 글로벌화되면서 CEO라는 명칭은 경제계뿐만 아니라 국가나 조직, 단체, 심지어 가정의 경영 책임자를 지칭하는 의미로 사용한다.

CEO는 배의 선장과 같다. 거친 파도에 몸을 의지하는 배에서 선장의 판단과 의사결정은 중요하다. 평온한 기상 조건에서도 마찬가지다. 얼마 전 인천에서 중국으로 가는 대형 여객선이 웃지 못할 상황에 처했다는 기사를 접했다. 앞에서 꾸물거리는 선박을 추월하려고 옆으로 뱃머리를 살짝 틀어 운항하다가 그만 수심이 낮은 곳으로 들어서서 배가 갯벌에 얹혀버린 것이다. 선장의 잘못된 판단으로 배는 오도 가도 못할 상황에 빠진 것이다.

사회 곳곳에는 여러 부류의 CEO가 있다. 수십 명에서 수만 명까지 직원을 통솔하는 회사의 CEO부터 작게는 한 가정을 책임지고 관리하는 아버지, 어머니, 마을을 관리하는 동네 이장, 동장, 그리고 우리가 속한 여러 조직의 장들 모두 CEO 역할을 한다. 좁게 생각하면 우리 한 사람 한 사람도 각자의 삶을 운영하는 CEO다.

오늘날을 경영의 위기라고 말한다. 기존의 경영 법칙으로는 급변하는 위기에 대처하기 어렵다. 위기에서 벗어나지 못한 채 도산하는 기업을 우리는 하루에도 수없이 접한다. 이럴 때일수록 핵심 역량을 키워야 한다는 사람도 있고, 식스시그마six sigma(품질 최적 경영)를 꼽는 사람도 있다. 어떤 이론이든 나름대로의 장단점은 있다. 하지만 만능 이론은 없다. 중요한 것은 이론이 아니라 그 이론을 적용하고 실제로 운용해갈 수 있는 능력이다.

미래학자인 롤프 옌센Rolf Jensen은 1인당 국내총생산GDP이 1만 5천 달러가 넘으면 기능보다는 꿈과 감성을 추구하는 '드림 소사이어티Dream Society'가 된다고 주장한다. 드림 소사이어티에서는 이성적인 두뇌보다 감성적인 마음이 사람을 움직인다. 그래서인지 CEO들을 포함해 일반인들의 문화·예술에 대한 관심이 높아지고 있다.

바쁜 걸로 치면 따라올 사람이 없을 정도로 바쁜 CEO들이 직원의 사기를 높이기 위해 영화, 연극, 뮤지컬, 오페라 같은 공연을 함께 보는가

하면, 고객 초청 행사를 음악회나 연극 관람 등으로 개최하기도 한다. 이런 CEO들은 이미 한국이 '감성형 사회'로 진입했다고 판단해 발 빠르게 대처하는 것이다.

2009년 신세계 총괄대표에 취임한 정용진 부회장이 공식적인 첫 외부 행사로 송년 음악회를 선택해서 화제가 되었다. 취임 첫 행사에서 어떤 방식으로 어떠한 메시지를 전달할 것인지 많은 사람들이 관심을 갖고 있는 가운데 아마도 정 부회장과 주변 참모들은 머리를 맞대고 고민을 많이 했을 것이다. 그런데 정 부회장은 과감하게 세종문화회관에서 서울시향을 무대에 올리는 '고객과 함께하는 송년 음악회'를 선택했다. 어찌 보면 파격적인 행보다.

정 부회장은 "경영인이 안 됐다면 음악인이 됐을 것"이라고 말할 정도로 음악을 좋아하고, 특히 클래식음악 파일만 수천 개 담긴 아이팟을 갖고 다니며 수시로 클래식을 듣는 클래식 마니아로 유명하다. VIP 고객과 협력 회사 사람들을 초청한 이번 음악회 아이디어도 정 부회장의 머리에서 나올 만큼 그는 클래식과 경영을 접목하려는 시도를 계속하고 있다.

보통 한 기업에 새로운 대표가 부임할 때 기존 조직원들은 긴장하기 마련이다. 과연 이번 선장은 어떤 항로로 어떻게 배를 운항해나갈까. 노심초사 그의 행보에 집중할 수밖에 없다. 긴밀한 관계에 있는 협력사들역시 새 대표의 말 한 마디, 움직임 하나에 촉각을 곤두세울 수밖에 없다. 그런 맥락에서 봤을 때 경영체제를 새롭게 정비한 경영자가 내부 직원과 협력 회사뿐 아니라 고객과 거리를 좁히고 소통의 접점을 마련하는 행사로 음악회를 선택한 것은 출중한 안목이다.

정 부회장은 고객 마케팅을 겸한 클래식음악회를 취임 첫 행사로 선택한 후에도 신세계본점 리뉴얼, 영등포점, 부산센텀시티점 같은 대형 매장을 오픈할 때도 대규모 문화 행사를 통한 VIP 마케팅을 펼쳤다. 초청한 예술가들을 보면 정 부회장이 얼마나 문화 마케팅에 집중하는지 알 수 있다. 소프라노 신영옥, 첼리스트 정명화, 세계적인 앙상블 세종솔로이스츠, 바이올리니스트 김지연, 서울시향의 정명훈과 같은 국내 아티스트들뿐 아니라 색소폰 연주자 케니지, 피아니스트 조지 윈스턴, 프라하 소년소녀 합창단, 러시아 노보시비리스크 오페라단, 이무지치 실내악단, 영화음악의 거장 엔니오 모리꼬네 등 세계적인 아티스트들이 무대에 올랐다. 이러한 고품격 문화 마케팅은 신세계 브랜드를 한층 상승시켰고, 이를 통해 우수고객을 끌어모아 최고의 매출을 올리겠다는 정 대표의 야심찬 포부는 확실한 효과를 보았다.

신세계백화점이 2009년도 고객을 분석해본 결과, 문화홀을 이용하는 고객들의 쇼핑 단가와 구매 비중이 일반 고객에 비해 최소 4.5배에서 최고 6배까지 높은 것으로 나타났다고 한다. 또 매출 상위 20퍼센트 고객 중에 문화홀 이용 고객들의 비중은 본점과 경기점은 68퍼센트, 부산센텀시티점은 66퍼센트를 차지할 정도로 높았다. 그뿐 아니다. 신세계백화점에서 2009년도 문화 서비스에 사용한 비용은 총 94억 원에 달하는데, 개점 80주년을 맞은 2010년엔 지난해보다 42.5퍼센트 늘어난 134억 원의 예산을 문화 행사비로 책정했다. 정용진 부회장의 총괄대표 취임에 맞춘 고급 문화 마케팅이 효과를 본 것이다.

비단 신세계백화점만의 이야기는 아니다. 경쟁사보다 앞서는 창의적 발상으로 업계를 긴장시킨 현대카드는 극소수 VVIP고객을 상대로 '타임 포 더 블랙Time for the Black'이라는 타이틀을 걸고 문화 마케팅을 펼치고 있다. 경제적 능력과 사회적 지위 등 엄격한 절차를 거쳐 가입할 수 있는 특별한 카드 '블랙'. 회원들의 다양한 문화적 관심을 충족하고 돈으로 살 수 없는 특별한 경험을 회원들에게 제공하는 데 역점을 두고 있다. 그동안 '루이뷔통 CEO 강연' '크리스티 예술품 경매 프리뷰' '제시 노먼과 사라 장의 프라이빗 콘서트' 같은 최상급의 문화 행사로 재계와 예술계 인사들까지 놀라게 한데 이어, 최근에는 서울의 한 호텔에서 미국 출신의 천재 바이올리니스트 조슈아 벨이 초청 고객 260명을 위해 200년 역사의 바이올린으로 연주하는 공연까지 성황리에 마쳤다.

콘서트 직후엔 연주자와 함께하는 파티가 이어졌는데, 관객들은 자유롭게 연주자와 오케스트라 악장과 공연에 대한 감상을 나누며 최고급 식사를 즐겼다. 최고급 고객의 취향에 맞춰 최고의 클래식 공연을 준비하고 세계 최정상급 연주자와 교감의 시간까지 마련한 것이다.

그렇다고 현대카드가 최고급 회원만을 상대로 문화 마케팅을 펼치는 것은 아니다. 매년 해외 유명 뮤지션들을 초청해 일반 카드 고객을 대상으로 '현대카드 슈퍼콘서트'를 열고 있다. 경쟁사보다 12년이나 늦게 카드업에 진출해서 초반에는 고전을 면치 못했던 현대카드가 2009년 말 기준으로 유효회원 수 876만 명에 당기순이익 2,128억 원의 우량기업으로 우뚝 서기까지 이러한 문화 마케팅이 크게 한몫한 것이다.

물론 문화·예술경영을 중시하는 분위기는 대기업에만 존재하는 건 아니다. 최근 중소기업중앙회는 국립국악원과 중소기업의 문화경영 활성화를 위한 업무 협약을 체결했다.

요즘 들어 최고경영자과정에 예술과 감성을 주제로 하는 경영과정이 늘어나고 있다.《생각의 탄생》저자인 로버트 루트번스타인은 조선일보 위클리비즈 팀과의 인터뷰에서 '기업경영에 왜 예술이 중요한가'라는 질문에 다음과 같이 대답했다. 그의 대답에서 CEO들이 왜 클래식에 주목해야 하는지 알 수 있다.

"기업이 예술을 가치 있게 생각한다는 것은 곧 창의적인 인재의 가치를 높이 산다는 의미이며, 창의적인 인재들은 미술작품이나 예술활동을 후원하는 기업에 끌리게 되어 있다."

에너지를 흡입해 재창조하는 힘

어느 시인이 아버지를 회고하며 이런 글을 썼다.

"중학교 때 피난지에서 방 한 칸에 다섯 식구가 모여 살던 시절, 아동문학가였던 아버지가 원고료가 갑자기 많이 생겼다며 한턱을 내시겠다고 했다. 그야말로 찢어지게 가난했던 시절이었으므로 맛있는 음식을 사주실까 하는 기대로 마음이 들떴지만, 아버지는 어른들만 드나드는 다방으로 아들을 데리고 갔다. 그곳은 클래식음악만 들려주는 음악감상실이었고, 그곳에서 아버지는 아들에게 평생 잊을 수 없는 음악의 성찬을 선물했다."

시인은 아버지가 사주신 따끈한 우유를 조금씩 마셔가며 들었던 슈베르트의 '미완성 교향곡'이니 쇼팽의 피아노곡이니 하는 것들을 칠순을 넘긴 지금까지도 황홀하게 기억하고 있다. 앞 일화 속의 아버지는 아동문학가 마해송 선생님, 아들은 의사이자 시인인 마종기 씨다.

세상에는 수많은 음악이 존재해왔고 또 하루가 멀다 하고 새로운 음악들이 귀를 뚫고 들어온다. 하지만 새로운 음악의 수명은 이상하게 점점 짧아지고 있다. 시대의 큰 변화 속에서 시대를 뛰어넘는 공감대를 형성하는 것 중 클래식을 따라올 만한 것도 없는 것 같다. 클래식은 한 시인이 아버지와 함께 만끽한 음악의 황홀경을 평생 간직할 수 있게 해주듯, 사람들과 아름다운 화음을 이루며 살아갈 수 있도록 이끌어주는 길잡이 역할을 한다.

클래식은 많은 대중음악 중에서 시간의 무게를 견디고 살아남은 소수의 음악이다. 그래서 나는 클래식을 '김치'라고 표현한다. 우리가 즐겨 먹는 김치는 겉절이에서부터 수년을 숙성한 묵은지까지 그 종류가 참 다양하다. 뻣뻣한 배추를 절이지 않고 갖은 양념을 해서 버무린 겉절이는 바로 먹기엔 입에 참 달지만 며칠만 지나면 물러서 먹을 수 없다. 하지만 소금물에 적당히 절이고 담백한 양념을 넣어서 만든 김장김치는 몇 년을 묵혀도 곰삭은 그 맛이 입에 착착 감긴다. 클래식음악이 바로 그런 것이다. 당대의 대중에게 인기를 얻은 음악 중에서 버림받지 않고 오랜 시간 살아남아서 꾸준히 사랑받는 음악, 한때 유행처럼 흘러가는 것이 아니라, 오랜 기간 대중의 사랑을 끊임없이 받은 불변의 힘을 품고 있는 음악이기에 클래식의 가치는 빛을 발한다.

간혹 클래식을 말할 때 어떤 이들은 "일반적이지 않은 특수계층의 음악이다" 혹은 "너무 고급스러워서 대중화될 수 없는 음악이다" 하면서 대중음악과 엄밀한 경계를 긋는 경우가 많다. 그러나 조금만 주의를 집중하고 주변의 소리에 귀를 기울여보라. 사방에서 들리는 갖가지 신호음, 알림음, 광고음악, 효과음악에 수많은 클래식음악이 숨어 있다. 그만큼 대중은 클래식에 대한 호감을 갖고 있고, 또 익숙한 편안함을 느끼고 있다는 얘기다.

공연을 관람할 때도 그렇다. 보통 대중음악 콘서트장을 찾으면 격렬한 사운드와 열정적인 공연에 그동안 쌓였던 스트레스가 한꺼번에 날아가는 듯한 기분에 빠진다. 그러나 클래식 공연장에서 연주를 감상하고 나면 새로운 무엇으로 나 자신을 정화하는 듯한 느낌이 든다. 즉 에너지를 발산해서 스트레스를 날려버리는 것이 아니라 오히려 에너지를 흡입해서 내 안에서 다시 재창조해낸다.

나는 각종 악기 소리를 조합하고 아름다운 소리로 버무려 관객들에게 서비스하는 오케스트라 지휘자로서, 클래식의 존재 이유와 그 방식에 대해 늘 고민해왔다. 그런데 어느 날 회사를 경영하는 지인들과 서로의 고민을 나누다가 클래식과 경영의 접목에 관심을 갖기 시작했다. 특히 CEO들이 자신의 경영마인드와 열정적인 에너지를 어떻게 하면 클래식을 통해 재창조하고 그것을 경영으로 발전시킬 수 있을 것인가에 대해 고민해왔다. 클래식을 통해 창조경영을 할 수 있다면 기업의 생명력도,

CEO의 생명력도, 상품의 생명력도 오랜 시간 이어질 것이기 때문이다.

클래식과 경영은 비슷한 부분이 많다. 나뿐만의 생각이 아니다. 뒤에서 언급하겠지만, 한화증권 김연배 부회장, 대우건설 서종욱 사장, 대우조선해양 남상태 사장, (주)대원홀딩스 김일곤 회장 등 국내 CEO들은 이미 클래식 경영, 즉 문화·예술 경영에 앞장서고 있다.

클래식에서 유연성을 배우다

클래식을 통해 배울 수 있는 가장 대표적인 것은 무엇일까? 바로 '유연성'이다.

클래식음악은 변하지 않는 가치를 지니고 있다. 하지만 그 활용과 표현은 지휘자의 유연성에 따라 달라진다. 오랜 시간 동안 생명력을 지켜온 클래식은 그 본질은 변하지 않으나 시대의 변화에 따라 활용이나 표현이 계속 변화해왔다. 경영자 역시 자신만의 경영 철학으로 기업을 관리하고 운영해야 하지만, 시장 상황에 따라 유연하게 대처하는 것이 필요하다. 클래식시대에서 낭만시대로 넘어오면서 공연장의 규모나 오케스트라의 규모가 급격히 커진 것도 이런 변화의 한 축이다.

일반인들은 지휘자에 따라 음악이 달라지는 것을 매우 궁금해한다. 직원과 고객도 마찬가지일 것이다. CEO의 경영 방식에 따라 기업이 어떻게 성장하는지 알고 싶어 한다.

사실 지휘자에 따라 음악은 천차만별로 달라진다. 프레이징(멜로디를 표현하는 단위)에 대한 해석이 사람마다 다르고, 빠르기에 대한 해석이 사람마다 다르다. 기술의 발달로 오케스트라에 사용하는 악기의 변천도 한 몫했다. 금관악기의 피스톤 개발은 연주자의 기교와 연주 역량을 향상시키는 큰 역할을 했고, 기본적으로 목재를 사용했던 목관악기는 부분적으로 또는 전체적으로 금속으로 제작되기 시작하면서 음역의 한계뿐 아니라 음량의 한계를 넘어 여러 가지 다양한 연주를 가능하게 했다. 그래서 플루트라는 악기가 현재는 금, 은과 같은 금속으로 만들어지지만 목관악기로 분류되는 것이다.

사람에 따라 알레그로(Allegro(빠르게)나 안단테(Andante(느리게)가 다른 속도로 느껴진다. 이는 꼭 사람이 달라야만 그런 것이 아니다. 간혹 내가 예전에 연주했던 영상이나 녹음을 듣다 보면 지금 내 느낌과 전혀 다른 연주를 들으면서 놀라기도 한다.

우리가 사는 이 세상에서 변화의 속도는 점점 더 빨라지고 있다. 기업의 환경이나 경영 방식 또한 시대에 따라 급격하게 변화하고 있다. 이때 가장 중요한 것이 '유연성'이다. 재차 강조하는 이유는 유연성 없이는 창조도, 소통도 불가능하기 때문이다. 오케스트라에서 완벽한 소리를 내려면 수많은 실패와 실수를 겪고 나서야 완성할 수 있다. 그럴 때일수록 실패의 순간에, 그리고 변화의 순간에 대처하는 마인드, 즉 유연성이 필요하다.

무엇보다 클래식음악에는 기쁨과 슬픔, 강함과 여림과 같은 감정 기복이 나타나는데 이런 변화를 능동적이고 유연하게 표현하지 못한다면 좋은 지휘자가 될 수 없다. CEO도 마찬가지다. 경영 현장의 변화, 예를 들면 갑작스런 국제적인 경제 위기에 닥쳤을 때 그것을 돌파할 힘을 길

러야 한다. 그 힘은 어떤 상황이든 능동적으로 받아들이는 자세, 그리고
창의성과 도전정신을 발휘하는 자세에서 나온다.

음악에서 창조경영을 발견하다

한 방향이 아닌 전 방향으로 퍼지는 클래식의 힘

일찍이 쇼펜하우어가 말했다.

"모든 예술은 음악의 상태를 동경한다."

이 말의 의미는 음악은 인간 본연의 감성에 근거한다는 뜻이다. 예로부터 사람들은 음악을 인간의 영감(감성)을 불러일으키는 예술의 전형으로 간주했다. 음악은 우리를 웃고, 열광하고, 울게도 만든다. 음악은 이렇게 사람의 마음을 움직이는 특별한 힘을 가지고 있다. 대형 매장에서 충동적인 쇼핑을 부추기는 음악을 선곡한다든지, 태교를 위해 임산부가 모차르트를 듣는다든지, 운동 경기 전에 경쾌한 음악으로 경기장 분위기를 띄운다든지, 종교의식에서 경건한 음악으로 엄숙함을 강조한다든지, 이 모든 것이 인간 본연의 감성을 활용하는 좋은 예다.

음악은 어떤 명연설보다 더 진한 감동과 울림을 준다. 말은 방향을 가지고 한쪽에서 다른 한쪽을 향해 던지는 것이지만, 음악은 그런 방향성이 없이 전체적으로 퍼져 공감을 이루기 때문이다. 소통을 강조하는 이 시대의 리더십은 이렇듯 인간 본연의 예술적 감성에 기인한 감동이 있어야 한다.

나는 근로자와 경영자 간의 오해와 불신으로 생기는 수많은 농성 현장을 볼 때마다 안타까움과 함께 이런 생각을 했다. 사측에서 농성 근로자들을 설득할 때 위협이나 폭력 또는 공권력 투입 같은 물리적 방법만 생각할 게 아니라 해가 저물 즈음에 장기간 농성으로 지친 사람들의 심신을 따뜻하게 위로해주는, 또는 오래 떨어져 있는 가족을 생각나게 하는 음악을 들려준다면 그들 가슴속에 있는 단단한 응어리가 풀리지 않을까.

세계적인 기업으로 성장한 일본 MK택시는 다양한 특별 서비스로 승객들을 끌어모아서 탑승률이 경쟁사의 두 배를 웃돈다. 알고 보니 각종 장르의 음악을 준비하고 고객이 원하는 음악을 들려주는 서비스가 실적에 기여하는 바가 적지 않다고 한다. 비슷한 국내 사례로는 렌터카 부문에서 2010 퍼스트브랜드 대상을 받은 금호렌터카의 뮤직 마케팅을 들 수 있다. 모든 영업소에 잔잔한 클래식음악을 흐르게 해서 고객이 영업소에 들어서는 순간, 감성을 자극해 구매 의욕을 불러일으키는 효과까지 노린 것이다.

음악은 감동이고 감동은 창조로 이어진다

어렸을 때 듣던 오르골의 단순한 멜로디가 평생 뇌리 속에 남아 있는 사람들이 있다. 혹은 어느 여름날 소나기를 피하기 위해 몸을 피한 낮은 처마 밑에서 들려오는 피아노 소리에 마음을 빼앗겨본 사람도 있을 것이다. 이처럼 클래식음악은 감성을 자극해 오래도록 가슴속에 남아 있게 하는 매력이 있다.

오늘날의 기업은 소비자를 향해 어마어마한 광고를 쏟아붓고 있다. 눈을 뜨는 순간부터 눈을 감는 순간까지, 아니 잠자리에 들어 꿈을 꾸는 순간까지 광고가 범람하고 있다. 대기업일수록 클래식음악을 사용하는 경우가 많다. 그것은 바로 클래식음악이 우리에게 주는 '크고도 오래가는' 감동의 효용성을 잘 알고 있기 때문이다.

감동은 예술의 근본 속성이다. 예술 중에서도 음악, 음악 중에서도 클래식음악은 대부분의 사람에게 '큰' 감동을 '오래도록' 준다. 기업은 이윤을 추구하는 것이 당연하지만 눈앞의 이윤에만 치중해서 "돌격 앞으로!"를 외치다 보면 반대 세력의 집중포화를 맞거나 조직 내에서 또 소비자에게 거부감을 살 위험이 있다. 이럴 땐 목표물을 향해 가되 우회로를 찾아야 한다. 최근 들어 '감동경영'을 강조하는 목소리가 커지는 것도 이런 우회적 이윤 추구의 중요성을 강조한 것이다.

감동은 곧 새로운 창조로 이어진다. 지금은 비록 금전적으로 손해를 보는 듯해도 음악적 감동을 경영에 접목하는 시도를 계속한다면 얼마 후에는 그것이 몇 배, 몇십 배의 이득이 되어 돌아오는 것을 확인할 수 있을 것이다.

애플의 스티브 잡스는 누구나 인정하는 이 시대 대표적인 창조적 CEO다. 스티브 잡스가 새로운 물건을 내놓을 때마다 전 세계가 들썩이고 있다. 그가 신제품을 선보이는 발표회는 첨단기술에 예술적 감성을 조합시켜 어느 대가의 예술 무대 못지않은 감동을 준다. 그렇다면 이처럼 세계를 뒤흔드는 잡스의 창의력은 어디서 나온 것일까.

스티브 잡스는 평소 영국 낭만주의 시인인 윌리엄스 블레이크의 시 읽기를 즐기는 것에 대해 이렇게 말한다.

"생각이 막힐 때 시를 읽으면 아이디어가 샘솟는다."

《내가 상상하면 현실이 된다》고 외치는 기발하고 창조적인 괴짜 CEO 리처드 브랜슨은 작은 레코드 가게에서 영국의 대표 기업인 버진 그룹을 일궈낸 인물이다. 그의 창조 정신을 이야기할 때 수준급 기타리스트라는 타이틀이 늘 언급된다. 그는 비즈니스에 대해서 이렇게 말한다.

"비즈니스는 본질적으로 격식이나 승부, 혹은 '총결산'이나 이익 · 거래 · 장사 등등. 이른바 경영서에서 주장하는 것들이 아니다. 비즈니스란 사람의 관심을 사로잡는 것이다."

즉 사람의 관심을 끌기 위해서는 감동이 필요하고 감동은 곧 예술적 창조성에서 나온다는 주장이다.

《드림 소사이어티》의 저자 롤프 옌센은 '미래의 기업은 소비자에게 차별화된 감성적 경험을 제공함으로써 가치를 창출한다'고 예언한 바 있다. 그는 '드림 소사이어티'의 개념을 한 마디로 이렇게 정의한다.

"머리 못지않게 가슴이 중요한 시대다."

또 그는 '노동은 얼마든지 기계와 컴퓨터로 대체할 수 있다. 오직 상상력만은 영원히 인간의 능력으로 남을 것'이라는 점도 강조했다.

우리나라도 예외가 아니다. 2008 창조경영 대상을 수상한 삼성테스코의 이승한 대표는 '경영을 예술처럼, 예술을 경영처럼'을 오랫동안 모토로 삼고 있다. 이처럼 최고의 창의적인 CEO들은 이미 오래전부터 예술을 경영에 접목시켜왔다.

그런 면에서 먼저 CEO들의 감성 훈련이 계속되어야 한다. 앞으로 CEO들을 위한 각종 예술 수업이나 클래식 감상 클래스들은 더욱 늘어날 것으로 보인다. 창조경영 시대에 감성 훈련이 되어 있지 않은 CEO, 또는 그 조직은 도태되기 때문이다.

Concert 03
클래식의 놀라운 효과

소나타, IQ와 EQ에 영향을 미치다

고전파음악(흔히 우리가 클래식이라고 하는 말이 바로 고전시대를 일컫는다)이 이룬 가장 중요한 음악사적 업적은 바로 "소나타 형식"의 출현이다. 소나타 형식은 A-B-A(A')의 완전 구조(제시부, 전개부, 재현부의 3부로 이루어지며 이 앞뒤에 서주부와 종결부가 붙기도 한다)를 이루는데 이것이 발전해서 소나타, 협주곡, 교향곡이 되었다.

　좀 더 쉽게 말하면 성악가가 무대에서 "도레미파솔라시"까지만 노래하고 그냥 들어가버린다고 생각해보자. 마지막 "도"를 듣지 못한 청중은 뭔가 끝나지 않은 미완의 느낌 때문에 왠지 불안해진다. 성악가가 다시 무대로 돌아와 마지막 "도"까지 노래하고서야 편안해질 것이다. 이때 마지막 '도'에 해당하는 것이 바로 소나타 형식의 재현부다. 우리가 잘 알고 있는 노래 중에 '반짝반짝 작은별'이라는 곡이 있다. 이 곡은 세 부분으로 나누어져 있는데 첫 소절(제시부)이 '반짝반짝 작은별 아름답게 비치네', 둘째 소절(전개부)은 '서쪽하늘에서도 동쪽하늘에서도', 마지막 소절(재현부)이 '반짝반짝 작은별 아름답게 비치네'로 끝난다. 모두 이 곡의 멜로디를 알겠지만 첫 소절과 마지막 소절의 멜로디가 같다. 이것이 바로 소나타 형식이다. 이 형식은 뇌에 안정감을 주고 이성과 감성의 균형감을 유지해준다. 소나타의 이런 특징 때문에 음악이 학업 성취에 미치는 긍정적 영향에 대한 연구가 다양하게 진행되었다.

1950년대 이비인후과 의사 앨버트 토마티스Albert Tomatis는 환자들에게 모차르트 음악을 들려주었더니 구술능력이 향상되고 청력회복에 효과가 있었다는 주장을 했다. 그 이후 클래식의 학습 능력 향상 효과에 대한 믿음은 더욱 강해졌다.

1993년에는 캘리포니아 주립대학교 어바인UCI의 라우셔Frances Rauscher 교수팀이 36명의 학생을 대상으로 실험을 진행했는데, 모차르트의 '두 대의 피아노를 위한 소나타 D장조 K.448'을 들려주고 IQ 테스트를 했더니 이전보다 약 8점이 올라갔다고 한다. 이 결과는 권위 있는 과학 전문지 〈네이처〉를 통해 발표되었는데, 당시 언론이 이 내용을 대서특필하면서 '모차르트 효과'에 대한 관심이 증폭되었다. 또 최근 미국 오하이오 주립대학교 연구팀이 발표한 논문을 보면 어릴 때 음악활동에 활발히 참여한 학생과 그렇지 않은 학생의 초 · 중 · 고 수학 · 읽기 성적을 비교해봤

더니 음악과 관련한 활동을 많이 한 학생의 성적이 훨씬 좋았다고 한다. 특히 고등학생들의 학업 성취에 긍정적인 영향을 미쳤다.

〈계간 사회과학Social Science Quarterly〉 2009년 2월호에 실린 내용을 보면, 어린 시절 음악 강습을 받거나 부모와 음악회를 자주 방문한 청소년일수록 학업 성적에서도 더 높은 성과를 올린다는 것이 밝혀졌다.

어윤대 현 KB금융지주 회장이 국가브랜드위원장 시절에 한 인터뷰에서 월드컵, 올림픽, 엑스포와 같은 국제적인 스포츠행사나 이벤트를 대중음악, 2010년 11월에 한국에서 열리는 주요 20개국G20 정상회의를 클래식음악에 비유했다. 또한 2010년 밴쿠버 동계올림픽에서 여자 스피드 스케이팅 500미터에서 금메달을 딴 이상화 선수가 인터뷰에서 "경기 직전에 마음을 안정시키기 위해 잔잔한 클래식음악을 들었다"라고 얘기한 것만 보더라도 클래식의 긍정적인 영향은 충분히 입증된다.

뿐만 아니라 2009년 12월 미국의 온라인 과학뉴스 전문지 〈사이언스데일리〉, 미국 의학전문지 〈소아과학Pediatrics〉 신년호에 발표한 이스라엘 텔아비브 의대의 드로르 만델 박사 연구팀의 논문에서 "모차르트 음악이 조산아의 성장을 촉진한다"는 사실이 밝혀졌다. 이 연구는 조산아들에게 모차르트의 음악을 들려주면 대사활동 속도가 지연되고 에너지 소모량이 10~13퍼센트 줄어들어, 칼로리 소모가 적어지기 때문에 체중이 증가한다는 사실을 확인했다. 즉 모차르트 음악이 조산아의 심리를 평온하게 만들고 불안감을 덜어준다는 효과를 강조한 것이다.

이 연구팀은 다른 음악가들의 음악에 비해 유독 모차르트 음악에서 이러한 효과가 두드러지는 것은 멜로디가 반복적으로 자주 나타나기 때문이라고 분석했다. 이처럼 소나타 형식은 지능지수IQ와 감성지수EQ에 긍정적인 영향을 미친다는 것을 여러 연구를 통해 알 수 있다.

감성, 클래식으로 키운다

《EQ 감성지능》《SQ 사회지능》의 저자 대니얼 골먼은 미국의 행동심리학자로 EQEmotional Quotient 감성지수의 창시자다. 그는 EQ는 사람의 DNA 속에 선천적으로 들어 있는 것이지만 훈련으로 더 향상될 수 있으며, '인간의 총명함을 결정하는 것은 IQIntelligence Quotient 지능지수가 아니고 EQ'라는 점을 강조한다.

EQ는 자신의 감정을 잘 조절하고 스스로 생각하고 판단하는 능력뿐만 아니라 타인과 원만한 관계를 유지할 수 있는 능력을 말한다. 즉 EQ는 IQ에서는 찾을 수 없는 조화와 배려의 휴머니즘을 포함하기 때문에 실제로 지식 서비스 산업의 비중이 점점 높아지는 현대사회에서 EQ가 높은 사람이 더 많은 능력을 발휘하는 것이 사실이다. 세계화시대에 인류 공동의 비전을 추구하는 글로벌 인재가 되려면 똑똑한 머리도 중요하지만 그 이상의 풍부한 감성을 갖춰야 하는 것이다.

대한상공회의소와 주한 외국상공회의소가 공동으로 주최한 글로벌 커리어포럼Global Career Forum에서 시몽 뷔로Simon Bureau 주한 캐나다 상공회의소 회장이 말한 '글로벌 기업이 원하는 인재의 핵심역량'에도 이 논리는 정확하게 부합했다. 그는 글로벌 기업이 원하는 인재의 핵심역량으로 논리성, 비전, 문제해결능력, 자신감 등 네 가지를 제시했다. 구체적인 내용을 보면 다음과 같다.

첫째, 자신의 생각과 의견을 얼마나 논리적으로 표현할 줄 아느냐?

둘째, 자신의 목표에 얼마나 구체적인 비전과 목표를 가졌는가?

셋째, 당면한 문제를 창조적인 사고로 해결할 수 있는 능력을 가졌는가?

넷째, 어떤 일도 두려워하지 않고 자신감으로 자기의 역할을 잘 이행하고 있는가?

이 네 가지 능력은 대부분 IQ보다는 EQ의 영역에 속한다. 그런데 다행히도 앞서 언급한 바와 같이 EQ는 사람의 DNA 속에 선천적으로 있고 훈련으로 얼마든지 향상될 수 있다. 하지만 교실에서 학업을 통해서 배우기보다 가정교육과 일상 속에서 다듬어지면서 후천적으로 계발되고 성숙된다.

2008년 10월, 미국의 시사주간지 〈타임〉은 '음악적인 정치인 10인'을 선정해 보도한 적이 있다. 당시 영국 켄싱턴 로열 앨버트 홀에서 열린 '아프리카 라이징 페스티벌'에서 콜린 파월 전 미국 국무장관이 나이지리아 힙합그룹과 함께 춤을 춘 것을 계기로 삼은 것이다. 71세라는 적지 않은 나이에 힙합 춤을 선보인 파월이 그 명단에 포함된 것은 물론이다. 미국의 역대 대통령 중에는 재임 시절 색소폰을 멋지게 불어 전 세계를 놀라게 한 빌 클린턴 대통령과 TV 방송에 출연해 피아노 연주 실력을 뽐냈던 리처드 닉슨 대통령, 미국의 연방준비제도 이사회FRB 의

장을 네 번 역임한 앨런 그린스펀도 명단에 이름을 올렸다. 그는 젊은 시절 줄리어드 음대에서 재즈 색소폰을 전공한 특이한 이력을 갖고 있다. 사람들은 색소폰 마니아인 그린스펀의 음악적인 경력이 현실 세계의 정치와 경제, 금융 시장의 문제를 조율하는 데도 탁월한 효과를 발휘했다고 믿고 있다.

그리고 빼놓을 수 없는 인물이 바로 콘돌리자 라이스 전 미국 국무장관이다. 라이스는 3세 때부터 피아노를 배웠고 15세 때 오케스트라와 협연할 정도로 피아노 실력이 뛰어났다. 흑인 최초로 버밍햄 음악학교에 입학했고, 흑인을 대표해서 큰 뜻을 이루고자 정치학과 국제학으로 전공을 바꿔 불과 26세에 스탠퍼드대학교 부총장이 되었다. 그리고 46세에는 백악관 첫 여성보좌관, 50세에는 국무장관이 되었다.

그는 장관이 된 후에도 아마추어 실내악단의 피아노 연주자로 꾸준히 활동했으며, 첼리스트 요요마와 협연했고, 영국 버킹검 궁에서 엘리자베스 여왕을 위해 특별한 공연을 하기도 했다. 부시 대통령의 최측근으로 강경한 이미지인 콘돌리자 라이스. 그녀의 내면에는 이처럼 풍부한 감성이 자리 잡고 있었던 것이다.

휴렛팩커드 최초의 여성 CEO로 〈포춘〉 선정 6년 연속 세계 최고 여성 CEO로 꼽힌 칼리 피오리나는 자서전 첫머리에 자신을 키운 부모의 교육관에 대해 이렇게 썼다.

"내 부모님에게 성공이란 '명성과 재력'이 아니고, 궁극적으로 '품성과 인격'이었다. 나는 7세 때부터 오페라를 보러 가고 미술관에 갔으며 피아노 교습을 받았다. 난 어머니의 기대 때문에 피아노를 시작했지만 곧 음악 공부에 심취해 몇 시간이고 연습하곤 했다. 연주에 요구되는 정확성과 집중력을 즐겼으며 음악에서 아름다움을 찾았다. 좋아하는 작곡가가 누구냐고 물으면 주저 없이 베토벤이라 대답한다. 괴로울 때마다 그의 음악을 선택하곤 했기 때문이다. 피아니스트로 성공할 자신이 없어 법대를 갔지만 계속 음악 과목을 수강했고, 음악과 미술에서 영혼의 양식을 얻었다."

이러한 다양한 사례들은 클래식이 창조적 영감을 일깨우는 가장 좋은 원천이라는 것을 증명한다. 즉 이 시대의 창의적 인재가 되고 싶다면 또 창조적인 기업 운영을 고민하는 CEO라면 클래식이라는 깊은 우물에서 무한한 영감을 길어 올려야 한다.

클래식, 경영을 만나다

실수와 과오를 잊게 하는 클래식

창조경영의 대가이자 베스트셀러 《생각의 탄생》의 저자인 로버트 루트
번스타인(미시간 주립대 생리학 교수)은 예술과 경영의 관계에 대해 이렇게 말
한다.

"창조경영의 출발점은 예술이다. 시와 음악, 미술, 공연 등은 세상을
다르게 볼 수 있는 실마리를 제공한다. 여기서 바로 창의력이 나온다."

클래식을 통한 창조경영은 어떤 조직에서든 기대 이상의 큰 효과를 발휘한다. 실제로 주변에서 그런 사례들을 접할 때마다 그 신기한 능력에 전율이 일 정도다. 최근 뉴스를 하나 예로 들어보자.

올해 초 동아시아 축구 선수권에서 우리나라 대표팀은 중국 대표팀에게 0대 3으로 패했다. 1978년 이후 중국에게 단 한 번도 진 적이 없었기에 그 충격과 실망은 더욱 컸다. 패장은 말이 없는 법이라고 하지만, 당시 허정무 감독의 비통한 심정은 이루 말할 수 없었을 것이다. 게다가 며칠 뒤 한·일전을 앞두고 있었기 때문에 더욱 애가 탈 수밖에 없었을 것이다. 그러나 무엇보다 선수들이 참패의 충격에서 벗어날 수 있도록 분위기를 쇄신하는 일이 급했다.

허 감독은 기강을 바로잡기 위해 훈련의 강도를 높일 것인가, 애국심을 고취하고 정신 재무장을 시켜서 한·일전에 대비할 것인가, 많은 고민을 하며 밤잠을 설쳤다.

다음 날 허 감독은 예정된 훈련을 취소하고 선수들을 한자리에 모았다. 그리고 장비를 담당하던 한 스태프를 불러서 피아노에 앉게 했다. 어릴 때 피아노를 배운 이 스태프는 아무 말 없이 베토벤의 '엘리제를 위하여'를 연주했다. 허 감독은 선수들에게 "눈을 감고 이 곡을 들으면서 어제 일은 모두 잊자"고 당부했고, 선수들은 '이게 무슨 일인가' 하는 표정을 짓다가 이내 피아노 선율을 감상하며 차분히 마음을 다스렸다. 그리고 며칠 후 대표팀은 일본과의 경기에서 기분 좋게 3대 1로 승리했다.

만약에 이때 허정무 선수가 낙담한 선수들을 무작정 다그쳤다면 좋은 결과가 나올 수 있었을까? 대표팀의 2010 남아공 월드컵 16강 진출 배경에도 허 감독의 이런 감성 리더십이 작용했을 것이다. 대표팀의 사례는 진정한 클래식의 힘이 무엇인지 확실히 보여준다. 과거의 실수와 과오를 잊고 에너지를 끄집어내는 힘, 바로 클래식의 매력이다.

클래식은 고급스러운 경영 전략

요즘 젊은이들의 성향은 조금 다르겠지만 내가 이십대 때만 하더라도 여자들 앞에서 멋지게 보이려면 유명한 클래식음악 몇 곡 정도는 알아야 했다. 그땐 많은 청년들이 미팅이나 소개팅 자리에서 "취미가 뭐예요?" 하고 묻는 그녀에게 "클래식음악 감상입니다"라고 대답하는 것으로 고상한 이미지를 부각시키려고 애쓰고는 했다.

요즘 신세대들은 가벼우면서 뭔가 색다르고 튀는 것을 좋아한다지만 대중영화나 드라마, 소설을 보면 꼭 그렇지만은 않은 것 같다. 클래식을 통한 마케팅, 클래식 관련 프로그램, 클래식 드라마나 영화가 인기 있는 것을 보면 깊이 있고 고전적인 것도 두루 좋아하는 것 같다.

몇 년 전 크게 히트한 드라마에서 카리스마 넘치는 재벌 남자가 신분 상으로는 보잘것없는 한 여인에게 청혼하는 장면을 보고 전국의 수많은 여성이 열광한 적이 있다. 그 장면에서 남자는 고급 레스토랑에서 직접 피아노를 연주하면서 감미로운 노래를 불러 청혼에 성공했다. 비록 노래는 대중가요였지만 직접 피아노를 연주하는 모습은 어떤 클래식보다 고급스러운 분위기를 자아냈다.

또 수많은 영화나 드라마에서 남자들이 사랑하는 여인에게 청혼하거나 유혹할 때도 실내악 연주자들을 등장시키거나 클래식 소품을 배경음악으로 들려주는 장면을 많이 접했을 것이다.

한번 상상해보자. 사랑하는 남녀가 한껏 분위기를 잡아야 하는 자리에서 느닷없이 시끄러운 힙합이 흘러나온다든지, 꺾임이 요란한 트로트 음악이 들려온다면 어떨까. 만약에 이런 배경 속에서 남자가 여자에게 청혼을 한다면 왠지 장난스럽고 유치한 느낌이 들어서 여자의 결정에 부정적인 영향을 미칠 수도 있을 것이다.

반대로 이런 장면을 상상해보자. 부드러운 클래식 선율이 흐르는 가운데 남자가 여자에게 브람스와 클라라 슈만의 이루지 못한 사랑 이야기를 하면서 "브람스가 아무리 훌륭한 작곡가요 연주자면 뭐 하겠어요, 나는 명예보다 당신과 함께 사랑하며 살고 싶어요. 나의 아내가 되어주세요"라고 한다면? 여자는 자기도 모르게 남자의 재치와 낭만에 감동해 자연스럽게 "네!"라는 대답을 하지 않을까.

우리가 사람을 판단할 때 고려하는 기준은 여러 가지가 있다. 외모, 성격, 학력, 재산 등등. 특히 그 사람이 많은 사람에게 영향을 미치는 자리에 있는 리더라면, 그의 취향 또한 관심의 대상이 된다. 가령 누군가의 예술적 취향을 보고 그 사람의 인격과 성품을 짐작한다고 할 때, 그가 클래식음악에 대해 박식하다면 일단 우수한 점수를 주는 것이 일반적이다. 클래식음악을 잘 알고 즐기는 사람은 왠지 인품이 좋을 것 같다. 그래서 어떤 이들은 클래식음악에 대해 박식한 체하면서 자신을 돋보이는 전략을 펼치기도 한다.

Chapter 02

오케스트라에서 경영을 배우다

오케스트라에서 경영을 배우다

|

"모든 일은 노력과 타이밍이 중요하다.

오케스트라가 세계적인 무대에 서기 위해 아무리 연습을 많이 했다 해도

실제 연주를 할 때 한 사람이라도 자신이 연주해야 할 부분에서 실수를 한다면

그동안의 노력은 헛된 결과가 된다.

결국 부단한 노력과 함께 정확한 타이밍을 잡아내야만

세계 최고 수준의 연주가 될 수 있다. 회사를 경영하는 것도 마찬가지다.

CEO는 급변하는 경영 환경을 끊임없이 연구하고

결정적인 기회가 왔을 때 잡아야 한다."

_ 한화증권 김연배 부회장

오케스트라에서 경영을 배우다

변화는 창조로 이어진다

시대에 따라 기업경영도 변화했듯 오케스트라의 규모도 변화를 거듭해

왔다. 앞에서도 잠깐 언급했지만 초기 클래식시대에는 연주장 규모가 그

리 크지 않았다. 물론 오케스트라 연주 인원도 많지 않았다. 웅장한 관현

악 하면 제일 먼저 떠올리는 '베토벤 교향곡 9번- 합창'은 '이만큼 웅대

하고 장엄한 교향곡은 앞에도 없었고 뒤에도 없을 것이다. 이것이야말로

베토벤 예술의 최고 정점이며 동서고금을 막론하고 독보적인 걸작이다.

인간의 힘으로 쓸 수 있었던 가장 완전하고 위대한, 그리고 모든 사람에

게 호소하여 압도적 감동으로 인도하는 교향곡이다'는 찬사를 받았을 만

오케스트라에서 경영을 배우다

49

큼 대(大)곡이다. 이 곡을 초연한 케른트너토어 극장은 650석이었다. '예술의 전당' 콘서트홀의 객석 규모가 2,523석이라는 사실과 비교해보면 당시 오케스트라의 규모를 대강 짐작할 수 있을 것이다.

18세기에 접어들어서도 베르디가 가극 '오르페오Orfeo' 연주에 34인조 악단을 동원했다는 기록이 있는 걸 보면 당시에도 20~30인의 오케스트라가 일반적이었다는 걸 알 수 있다. 예외적으로 화려하고 거창한 쇼를 좋아하는 헨델의 경우 수백 명의 연주자를 모아서 연주한 적이 있다. 이렇게 클래식시대가 지나고 낭만시대를 거쳐 근대에 들어오면서 금관악기와 타악기, 현악기 숫자가 늘어나 지금과 같은 큰 규모의 오케스트라로 발전했다. 카라얀과 같은 카리스마 넘치는 지휘자는 '베토벤 교향곡'을 연주할 때 더블편성으로 오케스트라를 구성해서 더욱 다이내믹한 음악으로 재창조해내기도 했다.

CEO들이 오케스트라에 열광하는 이유

세계적으로 이름 있는 오케스트라 초청 연주회에 가면 이른바 이 시대의 리더라 부를 만한 인물들이 총출동하는 경우가 많다. 공연 관계자들에 따르면 금융기관장부터 산업계 CEO, 고위 공직자까지 평소에 보기 힘든 분들이 많이 오다보니 VIP 주차장이 인산인해를 이룰 정도라고 한다.

그렇다면 의사결정자인 CEO들이 오케스트라 연주에 유독 열광하는 이유는 뭘까. 먼저 비즈니스 차원에서 클래식 마니아 대열에 끼어야만 하는 형식적인 이유가 있다. CEO들은 무대에서 유일하게 악기를 연주하지 않는 사람, 가장 쉬울 것 같지만 가장 어려운 일을 하는 지휘자에게 감정이입이 가능하기 때문이다. 또 지휘자의 손놀림에 집중해서 강렬한 음악을 만들어내는 오케스트라를 보면서 자신의 리더십에 대해 새삼 깨닫는 시간을 가질 수 있기 때문이다.

　클래식음악은 조화와 협력을 필요로 한다. 이것은 비단 여러 파트가 움직여야 하는 오케스트라에만 해당되는 것이 아니다. 서너 가지의 악기가 서로 조화를 추구해가는 실내악을 비롯해서 심지어는 각종 악기의 솔로 연주, 성악의 독창에서도 조화와 협력은 필수불가결한 요소다. 솔로 연주에서는 연주의 도입부와 중간 부분, 마지막 부분에 이르기까지 강약과 리듬이 서로 협력적인 관계에 있어야 한다. 물론 음악의 성격에 따라서 긴장과 갈등을 유발하는 경우도 있지만, 그것은 의도적인 경우에 한해서다. 모든 음악은 독립적인 유기체로써 조화를 추구해나가는 본질을 가지고 있다. 특히 클래식음악에서 협력과 조화는 오랜 시간이 흐르는 동안 예술성이라는 품성과 함께 발전해왔다.

　오늘날의 CEO들이 간과해서는 안 되는 것이 바로 이것이다. '경쟁'보다 '협력'에 우선해야 한다는 사실이다. 그런데 오늘날 우리 사회에 팽배해 있는 경쟁 우선주의의 사고방식은 그동안 '협력'이란 개념을 필요 이상 평가절하해왔다. 새해가 되면 회사들은 시무식, 하례식 등을 통해서 회사의 CEO가 한 해의 포부를 밝힌다. 대개 사내의 화합과 단결을 주장하면서 동종업계의 다른 회사와의 경쟁을 부추기는 것이 대부분의 새해 각오다. 그러나 좀 더 넓은 안목을 가진 CEO들은 보편적인 개념을 주장하지 않는다.

세계적인 인터넷업체 구글의 CEO는 회사의 성장 동력을 묻는 사람들에게 '대화'라고 강조한다고 한다. 이 대화란 다름 아닌 의사소통이며, 의사소통이란 바로 협력과 조화에서 비롯되기 때문이다.

요즘은 기업의 CEO들이 신년 행사로 직원들과 단체 산행을 하면서 말단 직원들과도 격의 없이 어울리면서 그들과 비전을 공유하고 애로사항을 직접 챙겨듣고, 직원들 생일에 일일이 개인 메일로 축하를 보내 직원들의 애사심을 높인다고 한다. 두산의 박용만 회장 같은 경우 근거 없는 자금 악화설이 떠돌았을 때 트위터에 직접 해명함으로써 악성루머에 휩쓸릴 뻔한 기업의 위기를 극복하기도 했다.

얼마 전부터 직장인들 사이에 자기계발 붐이 일고 있다. 자기계발이란 경쟁사회에서 자신의 가치를 높이고, 생존 경쟁에서 스스로 살아남을 수 있는 무기를 만드는 일이다. CEO에 따라서는 이처럼 직원들의 자기계발을 내심 기뻐하며 독려하고 있는지도 모른다. 분명 이러한 분위기가 눈앞의 생산성을 높일 수는 있을 것이다. 하지만 좀 더 멀리 본다면 직원들 간의 소모적인 경쟁이 오히려 회사 발전의 발목을 잡을 수 있다는 것을 깨달아야 한다. 기업의 비약적인 발전과 새로운 도약은 직원들 개개인의 능력을 하나로 모을 때만 가능한 일이라는 것을 간과하지 말아야 할 것이다.

오케스트라에서 직원의 교감을 이끌어내다

어느 날 연주회를 끝내고 나오는데 한 관객이 사인을 해달라며 다가와서는 물었다.

"지휘자님! 오늘 공연 정말 잘 보았습니다. 지휘도 정말 멋졌습니다. 그런데 연주자들이 그 멋진 지휘자를 왜 보지 않는지 모르겠어요. 오케스트라 단원들은 언제나 지휘자를 봐야 하지 않나요? 지휘자를 보지도 않고 어떻게 똑같이 소리를 내죠?"

얼핏 그 질문은 "오늘 무대에서 지휘자로서 무슨 일을 했나요?" 하고 묻는 것처럼 들렸다. 물론 그가 본 것이 틀린 것은 아니다. 그러나 연주자들이 연주를 할 때 지휘봉에 집중하는 것 이상으로 중요한 것이 있다. 바로 연주자들끼리 교감이다. 교감은 호흡과 같다. 육상선수들이 출발선에 서서 출발 직전에 일제히 호흡을 멈추는 것처럼 연주자들도 첫 소리를 낼 때 호흡을 멈추고 지휘자를 주시한다. 일단 연주가 시작되면 연주자들은 중간중간 지휘자의 지휘봉을 보면서 전체적으로 지휘자와 함께 호흡하며 전체적인 교감을 이뤄낸다. 호흡에는 강약과 템포, 그리고 느낌이 들어 있기 때문에 지휘봉을 휘두르는 것으로, 혹은 지휘봉을 바라보는 것만으로는 완벽한 화음을 이뤄내기 힘들다. 모두가 지휘자의 숨소리에 귀를 기울이고, 다른 연주자의 호흡도 함께 느낄 수 있어야만 훌륭한 연주가 나오는 법이다.

가령 교향곡을 연주하는 어떤 부분에서 플루트파트가 주선율(다성 음악에서 주도적인 역할을 하는 선율)을 연주하고 있을 때, 다른 악기 연주자의 귀에 플루트의 주선율이 들려오지 않는다면 그건 뭔가 아주 잘못된 것이다. 훌륭한 연주를 위해 단원들이 각자 자신의 악기 연주에 최선을 다하는 것도 중요하지만, 그 이전에 모든 악기가 주선율의 느낌을 공유하는 바탕이 있어야만 조화로운 연주가 가능한 것이다.

또 어떤 파트는 계속해서 열심히 연주를 하는데 어떤 파트는 가만히 앉아 쉬고 있고, 또 다른 파트는 띄엄띄엄 어쩌다 한 번씩 악기를 들고 연주하는 모습을 보았을 것이다. 이런 모습 때문에 오케스트라 연주자들끼리는 이런 농담도 한다. 음표 하나에 바이올린은 1원, 2원을, 첼로는 10원, 20원을, 트럼펫은 100원, 200원을, 튜바는 1000원, 2000원을, 팀파니는 1만 원, 2만 원을 각각 외치며 연주한다고. 이렇게 악기별로 연주하는 시간이 차이가 난다.

하지만 그들이 각자 연주하는 시간이 차이가 난다고 해서 바이올린 연주자가 팀파니 연주자에게 게으르다고 하지는 않는다. 각자 맡은 역할이 있고, 제때 자기 역할을 얼마나 잘 수행하느냐가 중요하다는 것을 잘 알고 있기 때문이다.

업무도 마찬가지다. 영업파트, 생산파트, 재정파트 등. 각 파트마다 업무 분야나 현장, 근무시간이 다르다. 이때 서로의 역할에 대한 이해가 없다면 조직 내 균형이 깨지기 마련이다. 나만 잘났다거나, 나만 고생한다고 생각한다면 전체적인 조화는 금세 무너지고 만다.

생산 현장에서 밤낮으로 교대해가며 열심히 제품을 생산하는 사람은 자신들의 수고가 결실을 맺을 수 있도록 열심히 제품을 팔러 다니는 영업사원에게 고마운 마음을 가져야 한다. 또 국내외로 발품을 팔면서 바이어들을 만나느라 바쁜 영업사원들은 재정파트에서 기업의 살림을 잘 꾸려서 사원들의 급여나 복지 수준을 높여줄 것이라는 믿음을 가져야 한다.

사실 회사 조직에서 한 파트에 소속된 사람들이 다른 파트가 하는 일에 대해 속속들이 알기란 힘들다. 그들이 얼마나 중요한 일을 하는지는 더더욱 알기 어렵다. 그래서 오해도 생기고 알력도 생기고 그들 간에 자칫 반목이 생기기도 한다. 그래서 조직을 관리할 때 조직원들 간 화합과 신뢰를 구축하고 유지하는 일이 가장 중요하다. 물론 오케스트라에서 바이올린파트가 팀파니파트의 악보를 암기할 필요는 없다. 다만 바이올린도, 첼로도, 트럼펫도, 팀파니도 완벽한 음악을 만들기 위해 모두 충실하게 제 역할을 수행하고 있다는 믿음은 갖고 있어야 한다. 모두가 공통의 목적을 위해 맡은 역할에 최선을 다한다는 믿음만 있다면 조직원들 사이에 갈등이 생길 리 없다. 물론 여기서 공통의 목적이란 회사의 발전과 수익 증대를 말한다.

그렇다면 이들에게 서로의 역할에 대한 믿음을 심어줄 사람은 누구일까. 그야 말할 것도 없이 오케스트라에서는 지휘자, 회사에서는 최고경영자다. 지휘자가 연습할 때 각 악기의 소리에 귀를 기울이고 그것이 조화를 이뤄서 완벽한 화음을 만들어낼 수 있도록 충분히 조정을 했다면, 실제 연주에서도 단원들은 흔들림 없이 서로를 믿으며 자신의 역할에 집중할 수 있다. 경영자 또한 각 파트의 업무를 세세히 챙기되, 그들이 서로를 보완해서 큰 그림을 그릴 수 있도록 항상 입체적인 비전을 제시해야 한다. 그래야 직원들은 제 역할을 수행할 수 있다.

나는 단원들이 리허설을 충분히 하고 나면 연주회 직전 홀 리허설 때는 지휘자 없이 연주를 하게 해본다. 객석에 앉아서 홀의 음향을 체크하기 위함이다. 상식적으로는 지휘자 없이 오케스트라가 연주를 하는 것은 불가능하다고 생각할 것이다. 그러나 아주 세밀한 부분만 아니라면 사실 지휘자 없이도 어느 정도 연주는 가능하다. 오케스트라는 이미 여러 번의 연습을 통해 함께 호흡하는 법을 알고 있기 때문이다. 물론 많은 악기와 단원으로 이뤄진 오케스트라가 지휘자 없이 연주를 하다보면 세밀한 템포의 변화, 특히 단원들 사이에 자주 나타나는 당김음syncopation(싱커페이션)과 같은 부분은 문제에 부딪칠 수밖에 없다.

그래서 정확한 시작과 끝을 위해서 지휘자가 필요한 것이다. 그러나 지혜로운 지휘자라면 때로 지휘봉의 움직임을 최소화할 필요가 있다. 연주자가 지휘자에게만 시선을 고정하지 않고 서로에게 귀를 열고 소리의 어울림을 함께 느낄 때 최상의 연주를 만들어낼 수 있기 때문이다. 그런데 어설픈 지휘자는 단원들에게 무조건 지휘봉만 주목할 것을 강조하기 때문에 연주도 엉망이 되고 연주자들끼리의 교감마저 깨지고 만다.

내 의견이 옳다고 나만 따라오라고 직원을 윽박지르는 CEO들을 많이 본다. 그들은 직원들끼리의 교감, 화합이 중요하다는 것을 인식하지 못한 CEO다. 더 나쁘게 말하자면 직원들의 능력을 무시한 CEO다. 진짜 CEO라면 함께 일하는 직원들이 서로에게 긍정적인 자극을 주고 서로 교감할 수 있는 장을 만들어줘야 한다. '무조건'식 경영을 강요해서는 안 된다.

Concert 02

CEO, 오케스트라에서 조직을 읽다

오케스트라에서 조직의 균형을 읽다

나는 세상 그 무엇보다 음악을 사랑한다. 또한 그 음악을 연주하는 오케스트라를 사랑한다. 하지만 내 관심과 사랑만으로 좋은 음악이 나오는 것은 아니다. 서로 관심과 사랑을 주고받아야 훌륭한 음악, 즉 감동이 있는 음악이 창조된다. 지휘자와 오케스트라가 사랑을 주고받으려면 그전에 많은 준비가 필요한 것이다.

　오케스트라 리허설을 보면 이 집단에 얼마나 다양한 사람들이 모였는지 알 수 있다. 어떤 이는 운동화에 트레이닝복 차림으로, 또 어떤 이는 힙합바지에 머리를 한껏 세우고 온다. 지휘를 공부하던 시절에는 꼭 고무신을 신고 연습하러 오던 클라리넷 연주자도 있었다. 단원들이 무대에서 정장을 입고 단정한 모습으로 악기를 연주하는 모습만 본 이들은 연주자들의 이런 다양한 모습을 쉽게 상상하기 어려울 것이다. 오케스트라 단원들은 나이, 인종, 국적뿐만 아니라 또 각자 개성이 다양한 연주자들로 구성되어 있다. 하지만 개개인이 아무리 뛰어나다 해도 지휘자의 손짓을 따르지 않으면 서로를 망칠 뿐만 아니라 음악 또한 엉망이 된다.

조직에도 다양한 사람들이 있다. 지휘자가 단원 한 사람 한 사람이 각자의 능력을 최대한 발휘할 수 있도록 그들을 섬세하게 배려하고 조화시켜 최상의 음악을 만들어내듯이 CEO든, 조직의 팀장이든 한 팀을 이끌어나가는 리더라면 각 직원들, 팀원들이 각자의 능력을 발휘할 수 있도록 직원의 역량을 끄집어내야 한다. 다양한 생활환경, 다양한 문화에서 성장한 이들이 한 집단 안에서 서로 맞춰가기란 쉽지 않은 일이다. 하지만 명심해야 한다. 단원의 능력을 발휘하고 배려하고 조화시켜야만 최상의 음악이 나오듯, 조직에서도 리더가 그런 역할을 다할 때 최상의 결과가 나온다는 것을.

이미 말한 바와 같이 오케스트라는 다양한 사람들로 구성되어 있기 때문에 사회의 일반 조직과 마찬가지로 단원들 사이에 숱한 문제들이 수시로 발생한다. 그러다보면 마음을 하나로 합쳐야만 좋은 음향을 낼 수 있는 오케스트라의 소리가 균형감을 잃는다. 지휘자의 경우 단원들의 불화를 무마시키고 서로 이해시키기 위해 다양한 방법을 동원한다.

예를 들어 단원들과의 불화로 의기소침해 있는 단원이 있을 경우 연습 중에 어떻게든 그 단원의 장점을 찾아내서 단원들에게 그 장점을 계속 이야기한다. 그리고 전체 단원에게 그렇게 연주하도록 유도한다. 그렇게 하면 의기소침해 있던 단원은 자신감을 회복하고 단원들과의 불화도 극복하게 된다. 그러나 이런 경우 반드시 지켜야 하는 원칙이 있다. 그것은 보편화된 진리 안에서 설명되어야 하며 억지가 아닌 정말 모든 사람이 납득할 수 있는 장점을 예로 들어야 한다는 것이다.

Concert 03

오케스트라에서 부서 배치를 읽다

오케스트라 VS 조직

'오케스트라'는 그리스어에서 유래한 것으로 고대 그리스의 원형 극장을 뜻하는 말이었다. 원형 극장을 생각하면 둥글게 자리를 배치하는 오케스트라의 모습이 자연스럽게 연상될 것이다. 현대에서 오케스트라는 '교향관현악단'을 말하는데 정확한 영어식 표현은 '심포니 오케스트라 Symphony Orchestra'다.

오케스트라를 우리말로 하면 '관현악管絃樂' 또는 '관현악단'이다. 오케스트라는 입김을 불어넣어 소리를 내는 목관악기, 금관악기 등의 관악기와 바이올린이나 하프 같은 현악기, 그리고 음정이 있든 없든 두드

려서 소리 내는 타악기로 음악을 만들어낸다. 그래서 어떤 이들은 관현악단이 아니라 관현타악단이라고 해야 한다고 주장하기도 하는데 그것도 어느 정도는 일리가 있다. 대규모 교향악단에는 관악과 현악뿐 아니라 팀파니, 심벌즈 등의 타악기까지 있기 때문이다.

오케스트라는 규모에 따라 챔버 오케스트라chamber orchestra와 심포니 오케스트라symphony orchestra로 나뉜다. 챔버 오케스트라는 순전히 그것을 창단한 개인의 취향이나 특별한 연주 목적으로 만들어지는데, 챔버cham-ber(방, 사실私室)라는 글자 그대로 '실내 오케스트라'를 의미한다. 구성원은 많으면 30~40명에서 적으면 20여 명 안팎으로 소규모 '관현악'으로 구성된다. 구성원이 적기 때문에 건물의 넓은 발코니나 옥상, 마당, 소규모의 무대 또는 홀 등에서 주로 연주한다. 이와는 달리 대규모로 조성된 오케스트라에는 주로 심포니Symphony나 필하모닉Philharmonic이라는 이름이 붙는다. 어원을 보면 'Symphony'는 '함께한다'는 의미에서 비롯되었고, 필하모닉은 그리스어 'philein(사랑하다)'과 'harmonia(조화, 정돈)'를 조합해서 만들어졌다. 즉 오케스트라 앞에 심포니나 필하모닉이 붙는 것은 '모두가 함께' '조화롭게' 아름다운 음악을 구성한다는 의미다.

오케스트라는 낭만시대와 근대를 거치면서 급격하게 그 규모가 커졌기 때문에 그에 걸맞은 다양한 노력이 병행되어야 했다. 지휘자는 다양한 악기들에 대해 연구해야 했고, 연주를 할 때는 담당 파트별로 좀 더 세밀한 지시를 해야 했다. 오케스트라에 새로운 악기들이 편성되고 단원 수가 늘어나면서 지휘자에게 과제가 많이 주어지는 것은 한 기업의 경영자가 규모를 늘려가면서 다양한 문제와 맞닥뜨리는 것을 생각하면 이해하기 쉬울 것이다. 이전에 없던 새로운 악기의 출현은 시대의 변화와 요구에 따른 새로운 부서의 생성과 연결되고, 단원 수의 증가는 기업 규모의 확장과 그 맥락을 같이한다. 그런 면에서 오케스트라의 자리 배치를 보면 기업에서 부서를 어떻게 배치해야 하는지가 보인다. 일반적으로 첼로는 지휘자의 우측에 배치하지만 음향을 고려해서 제2바이올린과 자리를 바꾸는 경우도 있고, 비올라가 제2바이올린 자리로, 첼로는 비올라의 자리로, 제2바이올린은 첼로 자리로 바꾸어놓기도 한다. 지휘자들은 보통 악기 배치도를 미리 공연장에 전달하고 무대감독은 그 배치도에 따라 리허설 전에 각 악기 자리를 배열한다. 말하자면 지휘자들이 공연마다 자리 배치를 통해 무대 디자인을 하는 셈이다.

오케스트라에서 가장 많은 수를 차지하는 파트는 단연 제1바이올린을 포함하는 현악파트다. 유독 제1바이올린을 포함한 현악기의 수가 목관이나 금관, 타악기에 비해 상대적으로 많다. 그 이유는 현악기가 음량의 비율과 주선율의 연주, 그리고 소리의 완충 작용을 하기 때문이다. 오케스트라에서 가장 흔한 구조인 2관 편성에서 플루트, 오보에, 클라리넷, 바순 등의 목관악기들은 특별한 경우를 제외하고는 제1, 제2와 같이 일반적으로 두 대씩을 사용한다. 호른이나 트럼펫, 트럼본과 같은 금관악기도 그 수가 많지 않다.

대부분의 목관이나 금관, 타악기는 자신이 맡은 선율을 함께 연주해주는 동료가 거의 없다. 오로지 본인이 맡은 부분은 혼자 해결해야 한다. 때문에 자신의 역할과 역량이 무척 중요하다. 각자 자신의 자리에서 맡은 바 책임을 다할 때 최상의 결과가 나오는 법이다. 때문에 경영자로서 가장 필요한 인재를 적재적소에 배치하는 것이 중요하다. 그러려면 한 명 한 명 세밀하게 관심을 가질 필요가 있다.

물론 오케스트라에서는 악기마다 연주법이 달라 트럼펫 연주자를 트럼본이나 튜바 또는 목관악기로 보낼 수는 없지만 조직에서는 영업부로 입사한 직원이라도 역량에 따라 기획에 적합한 사람이라면 그 직원을 적성에 맞는 부서로 재배치할 수 있다. 하나하나 일일이, 그리고 직접적으로 모든 직원을 살필 수는 없지만, 조금만 관심을 기울인다면 어느 자리에 어떤 사람이 필요하고 어느 부서에 누가 적절한지 파악할 수 있다.

영업부서 VS 현악파트

오케스트라의 자리 배치와 조직의 부서 배치와 비슷한 점은 또 있다. 각 전문 부서를 뒤에 두고 영업부서가 일선에 나서 분투하는 구조 역시 오케스트라의 편성과 다르지 않다. 영업부서를 오케스트라로 보면 현악파트와 흡사하다. 그중에서도 특히 바이올린파트는 오케스트라 연주 내내 거의 쉬지 않고 연주한다. 숫자도 그중 제일 많고 역할도 많다. 음표의 숫자로 따지면 금관악기나 타악기에 비해 수십 배 많지만 어느 누구도 불평하지 않는다. 그것이 바이올린의 역할이기 때문이다.

목관악기나 금관악기는 사람의 입술과 호흡으로 연주하기 때문에 입술의 근육은 쉽게 피로를 느끼고, 사람의 호흡을 이용해 소리를 내서 손가락과 팔의 움직임으로 소리를 내는 현악기보다 잦은 휴식이 필요하다. 그래서 보통 1대의 목관, 금관악기와 4대~6대의 바이올린이 함께 연주하는 것이다.

또한 대부분의 관현악곡 연주의 경우 자주 쉬어야 하는 목관악기나 금관악기, 타악기보다는 멜로디 라인을 끊임없이 연주하는 현악파트를 제일 앞에 배치하는 것이다.

현악기가 가장 앞에 배치되면서 얻는 또 하나의 효과는 목관악기, 금관악기, 타악기가 거친 소리를 낼 때 그것을 커튼처럼 감싸 안는 완충작용을 함으로써 그것을 아름다운 음악으로 융화시켜 관객에게 전달한다는 것이다.

지휘자의 자리에서 배우는 리더십

오케스트라의 리허설에 함께 참여한다고 생각해보자. 만약 바이올린파트 옆에 앉아 있으면 바이올린 소리만 크게 들리고 다른 파트의 소리는 잘 들리지 않을 것이다. 또 트럼펫 옆에 앉아 있다면 트럼펫과 그 주변에 있는 악기의 소리는 잘 들리지만 트럼펫과 멀리 떨어져 있는 현악기의 소리는 상대적으로 작게 들릴 것이다. 파트 간 거리가 멀다보면 당연한 것이라고 생각할 수도 있지만 이러한 상황에서도 서로의 소리를 듣는 것이 중요하다.

바이올린파트가 지휘자와 가장 가깝게 위치하는 이유는 가장 섬세하고 가장 많은 표현과 주선율을 지휘자와 밀착된 상태에서 연주하기 위함이다. 기업의 비서실과 기획실을 CEO와 가장 가까운 곳에 두는 이유를 생각해보면 이해가 쉬울 것이다. 지휘자의 자리를 생각해보자.

〔 오케스트라 배치표 〕

오케스트라는 지휘자를 중심으로 부채 모양으로 펼쳐져 있다. 그리고 지휘자는 단 위에서 지휘를 한다. 지휘자의 위치가 오케스트라의 소리를 골고루 잘 들을 수 있고 또 모든 단원이 지휘자의 얼굴과 지휘봉을 잘 볼 수 있도록 하기 위함이다. 효율적으로 바로 소통할 수 있는 곳에 위치하는 것이다.

요즘은 기업들이 대부분 팀제로 조직을 운영하고 있다. 책임자 혼자 생각하고 결정하던 과거의 구조에서 벗어나 전문 분야 별로 따로 팀을 운영하고 다시 의견을 수렴해 효율적으로 운영한다. 하지만 이런 팀제에도 위험은 존재한다. 자신이 속한 팀만 잘되면 그뿐이라는 생각으로 다른 팀이 하는 일에는 아예 무관심한 경우도 있기 때문이다. 물론 내게 주어진 일도 소화하기 힘든데 다른 팀의 소리에 귀를 기울일 시간이 어디 있느냐고 항변할 수도 있다. 하지만 조직은 유기체다. 아무리 각자 팀을 잘 꾸려가도 그것이 하나로 잘 꿰어지지 않으면 아무 소용이 없다. 그렇기 때문에 공동의 이익, 즉 수익을 창출하기 위해서는 팀들 간에 충분한 소통이 이뤄져야 한다.

지휘자가 파트 연습을 시키면서 각 파트의 소리를 귀 기울여 들어보듯이 CEO는 조직에서 각 팀을 돌아다니며 그들 각자의 소리에 귀 기울여야 한다. 그리고 그 소리가 어디에서 막혀 있는지, 소통이 끊어진 지점이 어디인지를 확실하게 짚어내고 그것을 다시 뚫어주고 연결해줘야 한다.

악기 편성을 보면 조직 편성이 보인다

오케스트라는 지휘자를 중심으로 악장 그리고 각 악기군마다 수석 연주자와 부수석 연주자, 그리고 일반 단원으로 구성되어 있다.

일반적으로 오케스트라 중에서도 현악기는 두 명의 연주자가 한 개의 보면대(음악을 연주할 때 악보를 펼쳐서 놓고 보는 대)를 사용한다. 연주 중에 현악기는 거의 쉬는 부분이 없어서 부주자가 악보를 넘겨줘야 하기 때문이다. 반면 목관악기, 금관악기, 타악기 등은 현악기에 비해 연주 지속 시간도 짧고 악기가 맡은 역할이 제각각 다르기 때문에 개별적으로 보면대를 사용한다. 예를 들어 호른 같은 악기는 2관 편성의 오케스트라에서 일반적으로 4명의 호른 연주자가 편성되는데, 제1호른과 제2, 제3, 제4호른이 맡는 역할이 각각 다르다.

또 연주에서 아주 가끔씩 등장하는 악기들이 있다. 심벌즈, 팀파니, 큰북 같은 타악기 연주자를 보면 연주하는 내내 거의 쉬는 것처럼 보인다.

하지만 그 영향력과 역할은 막중하다. 오케스트라에서 각자의 악기가 얼마나 자주 등장하느냐보다는 제때에 제 역할을 얼마나 훌륭하게 해내느냐가 중요하기 때문이다.

현악기는 오케스트라에서 거의 쉼 없이 가장 부지런히 연주해야 하는 파트라서 인원도 가장 많다. 때문에 가끔 한두 사람의 실수는 가볍게 묻히기도 한다. 그에 비해 연주 시간은 적어도 각자 맡은 역할이 뚜렷하게 구별되는 악기의 경우 사소한 실수도 금세 드러난다. 그래서 대학입시나 오케스트라 오디션을 볼 때도 많은 인원이 필요한 현악기에 비해 한 파트에 단 한 명의 인원만 필요한 목관악기나 금관악기, 타악기의 경우는 더욱 엄정하게 실력을 검증한다.

오케스트라는 언제든 구성 악기나 인원수가 달라질 수 있다. 연주되는 교향악의 내용에 따라 변화가 있다. 연주회에서 가끔 곡이 바뀔 때 뒷좌석에 앉아 있던 단원이 슬며시 무대 뒤로 빠져나가는 것도 그런 이유다. 피아노나 바이올린 또는 첼로 등 독주악기가 협연하는 콘체르토, 즉 협주곡의 경우도 오케스트라의 단원 수를 줄이기도 한다. 독주 악기와 오케스트라의 소리 균형을 맞추기 위해서다.

이러한 오케스트라의 악기 편성을 기업에서의 조직 편성과 연관시켜 보자. 조직의 각 부서를 보면 업무 특성상 인원이 많은 곳도 있고 적은 곳도 있다. 얼핏 보면 인원의 많고 적음이 그 부서의 중요도를 가늠하는 것으로 보일 수도 있지만 조직의 각 파트는 존재 이유와 역할이 있다. 업무량에 따라서 합리적으로 조절하는 것일 뿐, 어떤 자리도 중요하지 않은 곳은 없다. CEO는 조직 전체의 조화와 소통을 위해서 각 부서의 모든 조직원들에게 이런 인식을 심어주어야 한다.

오케스트라에서 연주곡의 내용에 따라 단원 수를 조절하는 것도 인재 경영에 접목할 수 있다. 기업 경영에 있어서 부서별 인원과 역할이 고정되어 있으면 조직의 효율성이 떨어질 수밖에 없다. 상황별로 그때그때 각 파트의 인원과 역할을 조절할 수 있는 체제를 갖춰놓으면 사안별 대응능력도 그만큼 향상될 것이다. 급변하는 기업 환경 속에서 발 빠르게 대처하려면 조직의 유연성은 무척 중요하다.

Concert 04

실내악 경영을 배워라

중 소 기 업 에 서 적 용 할 수 있 는 경 영

기업에도 여러 사업체를 거느린 대기업이 있고 작은 규모의 중소기업이 있듯이 클래식 연주도 웅장한 오케스트라 공연이 있는가 하면, 소규모 실내악 공연이 있다. 대기업과 중소기업의 경영 방침도 다를 수밖에 없는 것처럼 열 명 안쪽의 단원으로 이뤄진 실내악의 경우, 연주 방식이나 구성이 오케스트라 연주와 많이 다르다.

 심포니 오케스트라는 현악파트, 목관파트, 금관파트, 관악파트가 총망라된 대규모의 관현악을 말하지만, 실내악은 대부분 같은 악기군끼리 모인 소규모의 연주, 그리고 각기 다른 악기가 모였다 하더라도 이중주,

삼중주, 사중주와 같이 몇몇 악기들이 모여 연주하는 것을 말한다.

인원이 적기 때문에 실내악은 단원끼리 갈등이 적고 화합이 잘될 것 같지만 그렇지 않다. 오히려 인원이 많지 않아 각 파트마다 자신의 성격을 확실하게 드러내기 때문이다. 물론 실내악에도 리더가 있긴 하다. 하지만 오케스트라 지휘자처럼 곡을 이끌어나가는 역할만 전적으로 맡는 게 아니기 때문에 자신의 파트를 넘어서 전체를 조율하기란 어렵다.

가끔은 실내악을 연습하다가 단원들끼리 심하게 충돌하는 경우가 있다. 이때 해결하는 방법은 단 하나다. 서로의 의견은 달라도 궁극적인 목적은 훌륭한 연주로 합치된다는 점을 인식시키는 것이다. 그 점만 깨닫는다면 그때부터 서로를 좀 더 이해하려고 노력할 것이다. 단원 모두가 공통의 비전을 갖고 있다는 확신이 문제를 해결하는 가장 확실한 열쇠다.

실내악 연주를 맡다보면 중소기업의 경영자들이 자주 떠오른다. 얼핏 생각하면 중소기업 또한 대기업에 비해 인원이 적기 때문에 직원들의 의견 수렴도 잘되고 업무 효율성이 높을 것 같지만 실제로는 인원이 적은 만큼 '업무량이 많다, 급여가 적다' 하는 등의 불만이 많다. 또 가족 같은 분위기다보니 갈등이 있을 때는 오히려 업무에 영향을 미칠 정도로 골이 깊다. 누군가는 퇴사를 한다든가 왕따를 당한다거나 하는 일들이 발생할 수도 있다. 이때 경영자라면 중소기업에 직원이 적고 현재 사업규모가 작다는 것을 오히려 장점으로 활용해야 한다.

직원들이 적은 만큼 경영자와 직원들이 직접적으로 자주 만날 수 있고, 경영자와 직원 간의 벽을 최소화할 수도 있다. 권위가 사라진 가족 같은 분위기에서 직원들은 더 자유롭고 편안하게 업무에 충실할 수 있다는 장점도 있다. 또 한 사람 한 사람의 노력이 경영자의 눈에 직접적으로 보이기 때문에 회사를 같이 성장시킨다는 의식이 생겨 경영자와 직원 간 다른 조직에서 볼 수 없는 동료애도 생긴다.

소규모 회사든 소규모 연주든, 경영자와 직원이 감동하고 감흥하는 것이 중요하다. 한 명 한 명 각자의 노력이 회사에 얼마나 큰 영향을 미치고 회사를 얼마나 크게 성장시키는지 인지시켜준다면 실내악 경영의 장점을 충분히 살려 대기업 못지않은 튼튼한 조직을 꾸려나갈 수 있을 것이다.

오케스트라 관 편성이 뭔가요?

일반적으로 오케스트라는 1관, 2관, 3관, 4관으로 이루어진다. 이것은 목관악기의 숫자와 밀접한 관계가 있는데, 일반적으로 오케스트라에서 사용되는 목관악기인 플루트, 오보에, 클라리넷, 바순이 각각 한 개씩 있는 오케스트라를 일반적으로 1관 편성의 오케스트라라고 말하고, 그 수가 늘어날수록 2, 3, 4관 편성의 오케스트라라고 한다. 다만 지휘자들에 따라서 현악기의 숫자를 조절하기도 한다. 또 곡에 따라서 여러 악기들이 들어갈 수도, 빠질 수도 있다. 현악기의 숫자는 정확하게 정해진 답이 있는 것은 아니다. 그러나 일반적으로 다음과 같이 이루어진다.

1| 퍼스트 바이올린1st Violin과 세컨드 바이올린2nd Violin의 수를 같게 하거나 세컨드 바이올린의 수를 퍼스트 바이올린의 수보다 조금 적게 배치한다.

2| 비올라, 첼로는 퍼스트 바이올린의 2분의 1 ~ 4분의 3 정도로 배치한다.

3| 베이스는 퍼스트 바이올린의 3분의 1 정도로 한다.

물론 지휘자의 취향에 따라 악기 수를 조절하므로 연주회마다 바뀐다. 스트라빈스키, 리하르트 슈트라우스, 말러, 부르크너 같은 근·현대 작곡가들은 3관이나 4관 편성 이상 큰 규모의 오케스트라를 요구하는 곡들을 작곡하기도 했다. 말러의 교향곡 2번 같은 경우에는 호른 10대와 6대의 트럼펫, 그리고 10개의 타악기를 요구하기도 하고 그 이상의 편성을 요구하는 경우도 있다.

Chapter 03

CEO,
클래식 리더십을
배우다

클래식에서 리더십을 배우다

|

"상하좌우가 막힘없이 소통하는 분위기 속에서

직원들은 창의성을 발휘하고 더 많은 성과를 이룬다.

대외적으로도 고객과의 직접적인 소통은 중요한 문제다.

소비자에게 좀 더 가깝게 다가가고 소비 트렌드를 파악하려면 감성적인 접근은 필수다."

_대우건설 서종욱 사장

Concert 01

직원과의 벽을 허무는 CEO

오케스트라 리더십과 허정무 리더십

인터넷이 발달하지 않았던 시대에 지휘자들은 드라마 〈베토벤 바이러스 2008년 MBC 미니시리즈〉의 강마에처럼 거의 독재자 또는 폭군이었다. 그때는 지휘자나 연주자나 당연하다고 생각했던 것 같다.

하지만 인터넷이 발달한 요즘엔 지휘자뿐만 아니라 어디에도 막무가내식의 독재자는 거의 없다. 인터넷을 통한 정보 검색이 용이해지고, 누구나 의견을 자유롭게 글로 올리는 등 소통의 폭이 넓어져 전과 같은 괴팍한 지휘자는 더더욱 살아남기 힘든 세상이 되었다. 게다가 스마트폰 사용자가 급격히 늘어나면서 언제 어느 곳에서든 인터넷 검색이 가능하게 되었다는 점, 또 '트위터'라는 매체가 국내는 물론 해외에 거주하는 사람들까지 의견을 자유로이 나눌 수 있는 소통의 공간이 되었다는 점에서 더욱 소통이 자유로워지고 있다.

그러나 여전히 지휘자와 단원 간, 경영자와 직원 간의 소통은 자유롭지 못하다.

[오케스트라 자리 배치]

오케스트라 연주 장면을 떠올려보자. 오케스트라는 지휘자를 중심으로 각 파트가 펼쳐져 있고, 지휘자는 그 중심에, 그것도 단원들을 내려다볼 수 있는 단 위에 선다. 즉 오케스트라와 지휘자의 자리 배치는 전형적인 '지배' 구조다. 사실 영감靈感이 동반된 예술 세계에 어떤 격식이나 권위가 끼어든다면 예술적 표현은 위축될 수밖에 없다. 그렇기 때문에 진짜 유능한 지휘자는 단원들과의 사이에 놓인 벽을 허물고 그 간격을 좁히려고 언제나 노력한다. 그리고 어떻게 하면 전보다 더 친밀한 관계를 유지할지 항상 고민한다.

하지만 그런 노력에도 불구하고 오케스트라 단원 중에는 지휘자를 위해 연주해야 한다고 생각하는 사람이 있어 그 벽을 넘지 못할 때가 있다. 굉장히 위험한 생각이다. 이런 생각은 오히려 더 큰 '벽'을 만든다. 단원이 이런 생각을 갖게 된 데에는 지휘자의 영향이 크다. 머리로만 격식이나 권위를 벗어던졌을 뿐, 가슴으로는 벗어던지지 못한 탓이다. 지휘자 스스로가 관계를 주종관계로 인식한다면 결과적으로 훌륭한 지휘도 훌륭한 연주도 훌륭한 음악도 나올 수 없다. 지휘자로서 가장 고민하는 부분도 이것이다. 어떻게 하면 단원들 한 사람 한 사람에게 주인 의식을 심어줄까? 어떻게 하면 오케스트라 전체의 비전을 심어줄 것인가.

오케스트라 단원들에겐 모두 자신의 악기가 있다. 그렇다면 지휘자의 악기는 무엇일까? 나는 지휘자의 악기는 바로 오케스트라 단원들이라고 생각한다. 언제나 나의 단원들을 존중하고 그들이 최상의 컨디션으로 최고의 소리를 낼 수 있도록 이끌어주는 것이 지휘자의 몫이라 생각하고, 또 이를 위해 최선의 노력을 다한다. 절대 윽박지르거나 험하게 대하지 않는다. 때로는 잘못을 지적하고 바로잡아야 하지만, 그런 과정이 혹시 단원들에게 상처가 되지 않을지, 혹시 최고의 연주를 하는 데 방해가 되지는 않을지 세심하게 배려한다.

간혹 개인적인 지적이 필요한 경우도 있다. 그럴 때는 되도록 단원들이 없는 곳으로 따로 불러서 이야기를 나눈다. 연주자로서의 자존심을 최대한 배려해야 한다는 게 내 원칙이다.

내가 예술감독으로 제작에 참여한 국내 최초 클래식 드라마 〈베토벤 바이러스〉에는 아주 독특한 지휘자가 주인공으로 등장했다. 드라마 속에서 김명민이 역을 맡은 주인공 마에스트로 강마에는 단원들의 생각을 전혀 들으려 하지 않는 권위적인 지휘자다. 누구라도 그런 지휘자 앞이라면 위축될 수밖에 없고 지휘자의 뜻에 따라 수동적인 연주만 할 것이다. 창조적인 자신의 의지 따위는 접어둔 채 말이다.

리더의 독선은 개인의 창의를 죽이고 소통의 창구를 막아버릴 뿐이다. 힘으로 밀어붙이고 무조건 복종을 강요하는 리더는 심지어 군대에서조차도 환영받지 못한다.

이런 면에서 사람들은 팀워크와 의사소통을 중시하는 대표적인 경영인으로 안철수 씨를 꼽는다. 상명하달식 조직 문화를 지양하고 마치 엄마가 아이를 돌보듯 경영하는 그의 경영 방식을 '엄마형 리더십'이라고 부르기도 한다. 2010 남아공 월드컵에서 우리 대표팀이 16강까지 진출한 쾌거에 대해 많은 사람들이 허정무 감독의 따뜻한 리더십을 칭송한다. 허정무 감독은 대표팀 감독에 취임한 후 과거의 독단적이고 강압적인 리더십을 버리고 소통과 화합이라는 카드를 꺼내들어 팀을 승리로 이끌었다. 해외파 국내파 선수들, 그리고 각기 다른 구단에 소속된 선수들을 한데 모아놓고 무조건 몰아치기만 한다고 해서 팀워크가 제대로 이뤄지겠는가. 허정무 감독은 무엇보다 화기애애한 가족적인 분위기를 만드는 데 주력했다. 젊은 선수들은 주장 박지성을 아빠로, 이영표를 엄마로, 김남일을 삼촌으로 부르며 따랐고 고민을 함께 나누고 어려움을 함께 해결했다. 이와 같은 허정무 감독의 화합의 리더십이 2010년 남아공 월드컵 16강 진출이라는 결실을 거둔 것이다.

뛰어난 능력보다는 원활한 소통

인척 중 한 분이 아들을 잘 둬서 어려서부터 영재 소리를 듣더니 소위 엘리트코스를 밟아 국내 대기업에 취업을 했다. 집안에서도 학교에서도 주변에서도 칭찬과 우대만 받고 자라서 그런지 늘 대접만 받으려는 모습이 그리 좋게 보이진 않았다. 그래도 요즘 같은 취업난 속에서 대기업에 취직했으니 대견하다고 다들 부러워했는데, 얼마 전 소식을 들으니 취업한 지 1년도 안 돼 회사를 그만두었다는 것이다. 이유는 회사에서 자신의 가치를 너무 몰라준다는 불만 때문이라고 했다.

그 소식을 들으니 '역시나' 하는 생각이 들었다. 나 잘난 것만 아는 사람은 나를 낮추는 겸손, 그리고 '모두 함께 다 잘되는 길'을 찾는 방법을 잘 모른다. 아무리 똑똑하고 실력이 있다 해도 겸손을 모른다면 절대 성공할 수 없다. 나뿐만이 아니라 모두 같이 잘사는 길을 찾지 못하면 성공할 수 없다. 그는 자신이 인정받아야 하는데 인정받지 못하자 회사에서도 눈에 띄는 행동을 했고, 오만한 행동으로 회사생활을 하다가 결국 조직에서 튕겨 나올 수밖에 없었던 것이다. 회사에서는 잘난 인재보다는 화합과 소통이 몸에 벤 인재를 간절히 원한다.

오케스트라에서도 비슷한 경우가 있었다. 몇 년 전 아주 중요한 연주를 앞두고 갑자기 목관파트의 한 단원이 개인 사정으로 그만두는 일이 생겼다. 급하게 새 연주자를 구하느라 여기저기 부탁을 했는데 마침 아는 교수님이 뛰어난 실력을 가진 제자가 있노라고 추천을 했다. 반가운 마음으로 불러서 테스트해보니 역시 기량은 나무랄 데가 없었다. 부모님의 든든한 지원 속에서 유학도 다녀왔고 이미 독주회도 여러 번 열었으니 자신감 또한 대단했다. 기대 이상의 훌륭한 인재를 얻었다는 기쁨에 바로 연습에 들어갔는데 첫날부터 문제가 생겼다.

이미 다른 단원들은 오래 호흡을 맞춰왔기 때문에 전체적인 흐름 속에 자신의 소리를 잘 녹여내고 있는데, 새로 들어온 친구는 이런 분위기를 전혀 아랑곳하지 않았다. 자신의 솔로파트는 훌륭하게 소화를 했지만 주선율이 다른 파트로 옮겨간 뒤에는 자기 소리를 자꾸 드러내려고 해서 한두 번 주의를 주었다. 그런데 지적을 받은 것 때문에 자존심이 상했는지 연습 이틀째 되는 날 쉬는 시간에 악기를 들고 나가더니 아예 다시 돌아오지 않았다. 연주회도 얼마 남지 않은 상황에서 정말 황당하기 짝이 없었다. 이야기를 들은 교수님은 마치 자기가 잘못한 것처럼 백배 사죄를 하면서 그 친구가 실력은 뛰어난데 어딜 가든지 자꾸 혼자만 튀려고 해서 문제를 일으킨다고 했다.

지휘자의 역할에서 경영자의 역할을 배우다

훌륭한 단원이 많다고 해서 그 오케스트라가 최고의 음악을 연주하는 것은 아니다. 마찬가지로 뛰어난 인재가 많다고 해서 그 회사가 잘 돌아가는 것도 분명 아니다. 오케스트라든 회사든, 자신이 어느 자리에 서고, 어느 때 나서고 물러서야 하는지를 잘 아는 사람, 이해와 소통으로 전체의 목적을 향해 하나의 길을 함께 만들어나가는 사람이 가장 필요하다.

물론 예술적 감성과 창의성이 충만한 음악인들에게 보편적인 합의성을 강조하는 게 어쩌면 모순일 수도 있다. 그래서 지휘자의 역할은 그만큼 어렵고 고되다. 그렇다고 그들의 개성을 무시하는 게 아니다. 먼저 단원 개개인의 장점을 충분히 파악하고 이해한 후에 전체적인 음악의 틀에서 그들의 역할을 잘 배정해야 한다. 그리고 나 혼자가 아닌, 모두가 함께 창조하는 음악에 대한 비전을 심어주는 것이 중요하다.

경영자 또한 똑똑하고 개성이 강하고 창의성이 뛰어난 인재를 뽑았다면, 그 능력이 사장되지 않고 조직에 녹아들 수 있도록 그들을 조련해야 한다. 개인의 창의력을 중시하는 요즘 시대에 많은 인원을 통솔해야 하는 리더가 된다는 것은 정말 쉽지 않은 일이다.

지휘자는 연주가 시작되기 전에 연주될 소리를 예상하고 지휘해야 한다. 그렇지 않으면 자신이 원하는 소리를 창조할 수 없다. 이 말은 지휘자는 단원들이 호흡하기 전에 이미 어느 파트에서 어떤 소리가 나올지 생각하고 단원들이 자신 있게 연주할 수 있도록 사인을 줘서 자연스럽게 합주에 들어오도록 배려해야 한다는 뜻이다. 그렇다고 이러한 사인이 너무 지나쳐 연주자를 불쾌하게 해서는 안 되며 연주자가 스스로 할 수 있는 부분은 연주자에게 맡길 줄 알아야 한다. 굳이 단원들이 지휘를 필요로 하지 않는 부분까지 지휘자가 관여할 필요는 없다. 즉 지나친 관여는 연주자들에게 지휘자가 자신을 신뢰하지 않는다는 인상을 줄 수 있기 때문에 지휘자는 악보에 적힌 모든 기호에 신호를 줄 필요는 없다. 이미 프로 단원들은 훈련을 통해 자신이 지켜야 하는 것들을 너무 잘 알고 있다.

아마추어의 경우는 이와 많이 다르다. 이는 솔리스트들도 마찬가지다. 대규모 오케스트라와 협연을 하는 경우 솔리스트들은 클라이맥스에서 오케스트라보다 아주 조금 먼저 소리를 내어 오케스트라의 소리를 뚫고 자기의 소리를 관객에게 들리게 한다. 그러므로 오케스트라 연주에 있어서 지휘자는 단원들의 연주에 뒤따라가서는 안 된다. 먼저 그들이 소리내기 전에 미리 머릿속에 앞으로 연주될 음악을 상상하며 앞서 지휘하는 것이 지휘자의 창조성이며 단원들에게 제시하는 비전이다.

또한 지휘자는 리더로서 단원들의 능력이 사장되지 않게 적절한 기간에 정기적인 오디션을 실시한다. 이것은 단원들에게는 심리적 부담이 될 수는 있다. 그러나 이러한 자기계발을 등한시하면 한순간에 자신의 능력을 잃어버릴 수 있기 때문에 지휘자는 단원들에게 필요한 긴장을 계속적으로 요구하는 것이다. 때로는 협연자를 단원 중에서 선발하기도 한다. 그런데 오케스트라 연주자들은 합주에 익숙해 독주에 대한 심리적 부담감을 갖고 있다. 그래서 정기적인 오디션을 통해 개인적인 기량의 상승은 물론 오케스트라 전체의 연주력을 상승시키는 기회를 만든다.

있어도 없는 듯이, 믿음의 리더십

월드베이스볼클래식 준우승으로 세계를 놀라게 한 한국야구의 사령탑, 김인식 감독. 그의 뛰어난 용병술을 사람들은 '믿음의 리더십'이라 부른다. 때로는 어떤 엄한 가르침보다도 그저 '나는 너를 믿는다'는 말 한 마디가 가장 큰 힘을 발휘한다.

오케스트라 지휘를 할 때, 수많은 악기의 소리를 세세하게 분석하고 지적하자면 끝이 없지만 나름대로 자부심을 가진 단원들에게 이런 말이 자칫 쓸데없는 간섭으로 들릴 수 있다. 가끔 나는 이래도 잘 안 풀리고 저래도 잘 안 풀릴 때, 잠시 심호흡을 한 뒤 단원들에게 '당신들을 믿는다'는 무언의 신호를 보낸 다음 연주를 다시 시작한다. 실제로 연주를 하는 사람은 지휘자가 아닌 연주자이기 때문에 그들의 기를 살리고 그들의 연주를 존중해주는 것이 가장 좋은 처방이 되기 때문이다.

하나마나한 잔소리로 직원들의 사기를 떨어뜨릴 것이냐, 그들에게 신뢰를 선물하고 놀라운 실적을 얻어낼 것이냐, 전적으로 CEO가 선택할 문제다.

오케스트라와 협력의 리더십

CEO는 말하기 전에 보여준다

프로 오케스트라 단원들은 대부분 솔로 연주자로 활동해도 전혀 손색이 없을 만큼 훌륭한 실력을 갖추고 있다. 실제로 베를린 필하모닉 오케스트라의 플루트 수석 연주자 엠마누엘 파후드Emmanuel Pahud는 세계적으로 손에 꼽히는 솔로 연주자다. 하지만 아무리 훌륭한 솔리스트라 해도 오케스트라 단원이 된 이상 그 존재가 두드러져서는 안 된다. 그래서 지휘자의 역할이 중요하다. 어떤 단원이라도 오케스트라에 자연스럽게 녹아들게 해야 한다.

오케스트라 음악은 어느 한 파트만 계속해서 멜로디를 연주하는 것이 아니다. 멜로디는 한 곡이 연주되는 동안 이 파트에서 저 파트로, 저 파트에서 이 파트로 계속 움직인다. 400미터 계주를 하는 선수들을 생각해보자. 아무리 개인적 기량이 뛰어난 선수라 해도 시합에 들어가면 자기 구간에서 최대한 실력을 발휘한 후에는 다른 주자에게 바통을 넘겨줘야 한다. 오케스트라 단원들도 자기 파트에 멜로디가 넘어왔을 때 최고의 연주를 하고 다음 파트에게 안전하게 멜로디를 넘겨주어야 한다. 그런데 연주자가 멜로디의 흐름과 상관없이 자신의 연주만 돋보이게 연주한다면 어떻게 될까. 그러면 음악은 엉망이 될 수밖에 없다.

오케스트라를 경영하는 경영자로서 나는 단원들에게 협력과 신뢰를 말로 강요하지 않는다. 목표를 설정해주고, 경영자인 나부터 단원들과 아주 작은 것에서부터 큰 것까지 협력을 하려고 한다. 협력은 대단한 것이 아니다. 나부터 인식을 바꾸면 된다. 연주는 내가 하는 것이 아니라 단원과 함께하는 것이다. 지휘자가 연주를 만들어가는 것이 아니라 단원들과 함께 만들어가는 것이다. 지휘자는 연주와 단원들을 잇는 가느다란 끈일 뿐이다. 그러므로 눈에 띄는 행동을 하는 직원, 나만 잘났다고 독불장군식으로 일하는 직원을 먼저 감싸 안아야 한다. 먼저 그들과 함께해야 한다. 협력하는 것이 무엇인지 보여줘야 한다. 나 혼자 똑똑하다고, 나 혼자 알아서 다 할 수 있다고 생각하는 단원이나 직원의 마음을 보듬어야 한다.

멀리 있는 악기 소리는 옆에 있는 악기보다 더 쉽게 듣지는 못하는 법이다. 그렇기 때문에 단원들이 서로 멀리 있는 악기들까지 듣고 화성을 이루어낼 수 있도록 지휘자가 도와주는 것이다. 지휘자가 지휘대에 선

것처럼 높은 곳에 있는 리더는 모든 소리를 조합하여 각각의 자리에 있는 팀원들 간, 서로 협력과 소통을 할 수 있도록 도움을 주어야 한다. 이것이 팀워크의 핵심이다.

직원의 불만은 100퍼센트 CEO 잘못

한번은 연주를 마치고 나서 지인들과 인사를 나누는데, 어떤 이가 마치 엄청난 비밀을 이야기하는 것처럼 목소리를 낮추더니 내 귀에 대고 이런 말을 했다.

"근데 아까 연주 중에 어떤 단원이 자꾸 딴짓을 하던데요. 도대체 왜 그런대요?"

처음엔 이게 무슨 소린가 잠시 당황했지만 어떤 상황인지 대강 짐작하고 되물었다.

"아! 금관파트 말이죠?"

그랬더니 그 지인은 맞다고 고개를 끄덕였다. 나는 웃으면서 오해한 상황에 대해 정확한 설명을 해주었다.

관악기는 악기에 입을 대고 소리를 낸다. 특히 그중에서도 금관파트는 악기에 입김을 불어넣어서 소리를 내기 때문에 연주를 하면 악기 내에 수분이 쌓인다. 그래서 금관파트 연주자들은 연주 중에도 잠시 쉬는 틈이 있으면 악기에 있는 수분을 빼내는데, 그것을 잘 이해하지 못하는 사람에게는 몸을 굽혔다 폈다, 트럼본의 슬라이드를 뺐다 끼웠다 하는 동작이 좀 정신없어 보일 수도 있다. 때로는 바로 옆에서 멜로디를 연주하는 단원 또한 마치 연주에 집중하지 않는 듯한 이런 행동 때문에 불쾌한 느낌이 들 수도 있다.

하지만 금관파트 단원은 나름대로 최상의 연주를 위해 짧은 틈을 이용해서 악기 상태를 최상으로 만들고자 노력하는 것이다. 만약에 이런 이유로 오케스트라 단원들 사이에 오해가 생긴다면 그건 전적으로 지휘자 잘못이다. 각자 맡고 있는 파트가 다르기 때문에 평면적으로 옆자리를 들여다보기는 어렵다. 그러므로 지휘자는 단원들을 내려다보는 위치에서 넓은 시야와 통합적인 판단으로 전체를 소통시켜야 한다.

나와 고등학교를 함께 다닌 동창 중에 홍보대행사를 운영하는 친구가 있다. 가끔 그 친구 사무실에 들러서 차도 마시고 연주회나 행사에 대한 의논도 한다. 한번은 찾아갔더니 마침 친구가 잠시 자리를 비운 참이었다. 곧 들어온다고 해서 잠깐 자리에 앉아 평소 얼굴을 익힌 경리 담당 직원과 이런저런 이야기를 나누었다. 입사한 지 2년째라는 직원은 야근도 많이 하는데 영업팀 직원들은 출퇴근도 마음대로 하고 너무 편하게 일하는 것 같다며 은근히 불평을 늘어놓는 것이다. 홍보대행사에서 영업 파트가 얼마나 중요한지 그가 모를 리는 없을 것이다. 자유롭게 밖에서 일하는 영업 직원이 부러워 심술이 나 불평하는 것이었다.

후에 친구에게 직원 이야기를 해줬더니 친구는 대뜸 화부터 냈다. 하지만 직원에게서 불만이 터져 나온 건 무조건 경영자의 잘못이다. 직원들끼리 오해 없이 사이가 좋아야 하는데 친구의 회사는 그 반대였다.

직원들끼리 오해와 불신이 있을 수는 있다. 하지만 경영자는 그 오해와 불신을 먼저 알고 있어야 한다. 그들을 어떻게 소통시킬 것인지, 어떻게 오해와 불신을 누그러뜨릴지 항상 대비해야 한다. 그래서 리더의 역할이 중요한 것이다.

이런 문제는 회사가 크든 작든 어디서든 발생한다. 내가 소속된 팀은 밤낮없이 열심히 뛰어다니는데, 다른 팀은 사무실에서 설렁설렁 놀고 있는 듯한 느낌을 받는다면 괜히 손해보는 것 같고 의욕도 떨어질 것이다. 이렇듯 업무를 평면적으로 비교하면 오해가 생길 수밖에 없다. 때문에 경영자가 나서서 입체적인 시야를 제공해야 한다.

Concert 03
마에스트로 리더십

최고의 지휘자는 화합을 이끌어내는 방식이 다르다

쇼펜하우어는《의지와 표상으로서의 세계》에서 음악은 가장 높은 경지의 예술로 다른 모든 예술과 분리되어 있고, 세상에 존재하는 어떠한 생각을 모방하거나 반복하지 않는다고 했다. 또한 그럼에도 불구하고 음악은 인간의 내면에 막대한 영향을 미치고, 그 어떤 보편적 언어보다도 더 깊이 이해되는 위대한 예술이라고 했다.

그는 일찍이 음악의 창조성, 그리고 인간의 내면에서 깊은 공감을 이끌어내는 감동을 강조한 것이다. 창조경영을 강조하는 이 시대에 가장 높은 경지의 창조 예술인 음악에 대해 관심을 갖는 것은 어쩌면 당연한 일일 것이다.

우리가 흔히 지휘자를 마에스트로Maestro 라고 부른다. 원래 마에스트로 Maestro는 마에스터Master에 대한 경칭으로 지휘의 대가를 이르는 말이다. 마에스트로는 최고 수준의 지휘자뿐만 아니라 악기를 만드는 명장을 비롯한 예술 분야의 최고 전문가들에게 붙이는 호칭이기도 하다.

그렇다면 최고의 지휘자란 어떤 사람인가. 비록 지휘자는 무대 위에서 객석을 등지고 서 있지만 최고의 음악을 만들어서 관중을 매료시키고자 단원들 한 명 한 명에 집중하는 사람이다. 지휘자란 수십 명의 단원이 다양한 악기로 내는 각양각색의 소리를 잘 조화시켜서 통일된 하나의 음악으로 만들어내는 사람이다. 오케스트라에서 단원들에게 최고의 연주 기량이 필요하다면 지휘자에게는 강력하면서도 부드러운 최고의 예술 리더십이 필요하다.

오케스트라에 똑같은 단원을 모아놓고 연주를 하더라도 지휘자에 따라 곡 해석이 다르고, 단원들의 화합을 이끌어내는 방식이 다르다. 특히 지휘자에 따라 음악의 느낌은 그때그때 많은 차이가 난다. 예를 들어 지휘자와 단원 간 불협화음이 있을 때면 연주에 고스란히 묻어나는 경우가 있다.

같은 곡을 여러 번 연주할 수는 있지만, 이미 지나간 공연에서 저지른 실수는 만회할 수 없다. 이것이 마에스트로의 지휘봉을 보며 CEO가 각성해야 할 부분이다.

역경이 많을수록 빛나는 리더십

악기를 연주하는 것은 결코 쉬운 일이 아니다. 끈기 있는 도전과 강한 인내심으로 고행을 감수해야만 하나의 악기를 마스터할 수 있다. 많은 사람이 음악은 특별한 소질이 있어야 한다고 생각한다. 물론 재능이 중요한 것은 사실이다. 하지만 노력 없이 타고난 재주만으로 대가의 자리에 오를 수는 없다. 유명한 작곡가 로베르토 슈만은 원래 독일 출신의 피아니스트였다. 그의 아내이며 브람스가 평생 사랑한 클라라 슈만과 로베르토 슈만은 클라라의 아버지 프리드리히 비크 교수의 문하생이었다. 당시 슈만은 독일에서 가장 영향력 있는 음악가 중 하나였다. 그러나 더 훌륭한 연주를 위해 손가락을 지나치게 혹사하다가 그만 손가락을 다쳤고, 결국 피아니스트로 대성하는 꿈을 접은 후 작곡가로 전향했다. 물론 그가 작곡해서 후세에 남긴 주옥 같은 곡들을 보면 그가 겪은 불행이 우리에겐 오히려 다행이라는 생각이 들기도 한다. 여기서 우리가 주목해야 할 것은, 슈만처럼 타고난 재능을 가진 음악가도 피아니스트가 되기 위해 엄청난 고행을 겪었음에도 결국은 그 관문을 통과하지 못했다는 점이다.

관중은 무대 위에서 화려한 조명을 받는 연주자들에게 박수를 보내지만, 그들이 그곳에 서기까지 얼마나 피나는 연습을 했는지 그 고통을 실감할 수 없을 것이다. 그들이 훌륭한 연주로 관객을 매료시킬 수 있는 것은 그동안 쉼 없이 땀과 눈물을 쏟아내면서 연습에 열중하고, 수없이 좌절을 맛보면서도 주저앉지 않았기에 가능했다. 하느님은 성공을 고난이라는 보자기에 싸서 수고한 사람에게 선물로 주신다는 얘기가 있다.

지독한 역경 속에서 탄생한 예술 작품일수록 사람들에게 더 많은 위로와 감동을 준다.

인간에게는 살아가면서 필요한 세 가지 지수가 있다. 지성지수Intelligence Quotient, 감성지수Emotional Quotient, 그리고 역경지수Adversity Quotient.

역경지수는 미국의 커뮤니케이션 이론가 폴 스톨츠가 1997년 발표한 개념으로 역경에 굴하지 않고 목표를 성취하는 능력을 가리킨다. 스톨츠는《역경지수Adversity Quotient : Turning Obstacles into Opportunities》에서 역경지수가 높은 사람이 IQ나 EQ가 높은 사람보다 성공할 확률이 높다고 주장했다.

스톨츠는 역경지수의 정도를 퀴터quitter, 캠퍼camper, 클라이머clibmer의 세 가지 유형으로 분류해 설명했다. 퀴터는 역경지수가 낮은 이들로 힘든 일이나 역경에 부딪혔을 때 포기하거나 도망가버리는 사람이다. 캠퍼는 장애물을 극복하기보다 적당히 안주하는 스타일로, 보통 조직의 80퍼센트 정도가 이 유형에 속한다. 마지막으로 클라이머는 가장 역경지수가 높은 사람들이다. 이들은 자신의 능력을 십분 발휘해서 역경이나 장애물을 극복한다. 뿐만 아니라 역경을 극복함으로써 더욱 발전한다. 역경지수가 높은 사람들은 어려움 속에서 자신을 탓하거나 남을 비난하지 않는다. 자신이 그 역경을 헤쳐나갈 수 있다고 굳게 믿을 뿐이다.

역경지수가 가장 높은 인물로 자주 인용되는 인물이 바로 파나소닉의 창업자 마쓰시타 고노스케다. 그는 역경을 '하느님이 주신 선물'로 생각하며 자신을 발전시키는 동기로 삼았다.

94세로 운명할 때까지 570개 기업에 종업원 13만 명을 거느리는 대

기업을 이룩한 마쓰시다 고노스케는 생전에 성공 비결을 묻는 직원에게 이렇게 대답했다.

"나는 하늘에서 세 가지 은혜를 받고 세상에 태어났다. 첫째는 가난. 나는 가난한 집에서 태어났기 때문에 부지런히 일하지 않으면 잘살 수 없다는 것을 깨달았다. 둘째는 허약함. 나는 허약한 몸으로 태어났기 때문에 몸을 아끼고 건강에 힘을 써서 90이 넘도록 강한 체력을 유지하고 있다. 셋째는 못 배운 것. 초등학교를 중퇴했기 때문에 항상 이 세상 모든 사람을 스승으로 받아들이고 배우는데 노력해서 많은 지식과 상식을 얻었다."

오케스트라의 아름다운 연주는 '개구리 손'이라고 놀림을 받을 만큼 보기 싫게 변형된 첼리스트의 손가락과, 굳은살이 흉하게 박인 바이올리니스트의 어깨와, 부르트고 갈라진 관악기 주자의 입술이 있었기에 가능했다. 사실 지휘자도 무대에서 격렬한 몸놀림과 함께 연주에 열중하고 나면 2시간 만에 체중이 2~3킬로그램 줄어드는 건 예사다. 그만큼 한 사람 한 사람의 피땀이 최고의 연주를 가능하게 한다. 이 시대의 리더가 되기를 꿈꾸는 사람이라면, 역경을 기회로 삼는 혜안을 가져야 할 것이다.

음악의 3요소에서 배우는 리더의 조건

리듬 _ 유연한 생각을 가진 리더

음악의 3요소 중 첫 번째 요소는 리듬rhythm이다. 리듬은 여러 가지 길고 짧은 음과 셈여림이 시간적으로 결합된 것을 말하며 이것은 음악의 기초와 토대를 이루는 가장 중요한 요소다. 리듬의 한 단위는 박拍, beat으로, 주어진 마디 안의 박 수는 같다. 박에 악센트가 붙어 여러 박자가 모인 그룹으로 나눌 수 있는데 이를 박절拍癤, meter이라 한다. 그러니까 넓은 의미의 리듬은 음의 시간과 박, 박절이 적당히 배합된 것을 말한다.

지휘자가 여러 가지 리듬을 익히지 못하고 자유롭게 그 리듬을 타지 못하면 변화무쌍한 음악을 제대로 표현해내지 못한다. 고집이 아무리 센 지휘자라 하더라도 변하는 리듬을 하나의 리듬만으로 연주할 수는 없다.

경영자의 '리드미컬'한 사고로 기업을 정상에 올려놓은 가장 좋은 사례로 사람들은 '닌텐도'를 든다. 75퍼센트의 초등학생이 닌텐도를 가지고 있을 정도로 닌텐도의 인기는 대단하다. 초등학생들 사이에 '닌따'라는 말이 생길 정도다.

닌텐도는 지금은 전 세계적으로 게임업계에서 대표적인 기업으로 인정받고 있지만, 약 120년 전인 1889년 9월 일본 교토에서 화투를 제조하는 개인 가게에서 시작되었다. 닌텐도의 1대 야마구치 회장은 화가였다. 1대 야마구치 회장은 1년 열두 달을 상징하는 그림을 그린 다음, 4장씩 세트를 맞춰 총 48장의 그림을 그렸는데, 이 그림을 활용한 게임이 오늘날의 화투다. 요즘의 용어로 말하자면 그림은 하드웨어Hardware고 게임의 규칙은 소프트웨어Software인 것이다. 이런 가게에서 만든 화투 게임이 사람들에게 인기를 끌면서 작은 가게는 계속해서 성장해나갔다. 닌텐도 기업은 당시 와세다대학교 법학과에 다니던 3대 야마구치 회장이 기업을 물려받으면서 고속성장을 이룬다. 고속성장의 중심에는 3대 야마구치 회장의 안목과 유연한 사고가 있었다.

3대 야마구치 회장은 회장으로 취임하기 전 선대 회장에게 회사 내에 있는 모든 인척을 정리해줄 것을 건의했고, 그 건의는 그대로 받아들여졌다. 그런 3대 야마구치 회장에게 친구가 찾아와 화가인 아들의 취업을 부탁했고, 친구의 청을 거절하지 못해 입사시켰는데 그의 이름이 미야모토였다. 미야모토는 언제나 검은색이 주조를 이룬 그림을 그리기를 좋아하는 사람이었다. 어느 날 야마구치 회장은 미야모토가 그린 맨홀 속의 세상 같은 그림을 보면서 그 그림에서 게임을 만들 것을 지시했다. 그리고 미야모토는 맨홀 속을 돌아다니는 게임과 캐릭터를 만든다. 그 게임이 바로 기네스북에 오른 최고의 게임인 슈퍼마리오다. 이것은 3대 야마구치 회장의 유연한 사고와 미야모토의 창조성이 이룬 성공신화다.

이 게임이 나오자 닌텐도의 고속성장은 더 가속화되었고 지금은 전 세계가 주목하는 게임 시장의 선두주자가 되었다. 닌텐도는 그동안 여러 차례 위기를 맞기도 했지만 유연한 조직문화로 그것을 극복해왔다. CEO가 직접 임직원들을 만나서 '위기 돌파를 위해 무엇을 해야 하는가'를 묻고 그 대답을 진지하게 들어 임직원들의 중지를 모았다. 이런 대화가 계속되면서 '기술' 중심의 게임기가 아니라 '고객' 중심의 게임기를 만들어야 한다는 공감이 형성되었고, 기존 고객이 아니라 현재 게임을 전혀 하지 않는 잠재 고객을 대상으로 하는 게임기를 개발하자는 '발상의 전환'에 도달했다.

또한 위기상황에도 급진적인 구조조정을 하는 대신 임직원들의 사기가 저하되지 않도록 배려하고, 특히 게임 개발에 실패한 경험이 있는 엔지니어들을 모아서 CEO 직속 프로젝트팀을 운영해 실패를 두려워하지 않는 조직 분위기를 만들었다. 이처럼 유연한 경영 전략 덕분에 닌텐도 디에스Nintendo DS와 닌텐도 위Nintendo Wii가 연달아 히트를 치면서 닌텐도는 또다시 고속성장을 하게 되었다.

멜로디 _ 표현력이 뛰어난 리더

음악의 3요소 중 두 번째는 멜로디melody다. 멜로디는 갖가지 음 높이와 길이를 가진 음을 연결해서 형성하는 선율을 말하는데, 음악적 표현과 인간의 감정을 가장 잘 나타내는 요소다. 멜로디는 곧 표현력이다. 리더는 언제나 자신의 생각을 정확하고 소신 있게 전달해야 한다. 그 표현에는 핵심과 주제, 그리고 메시지가 포함되어야 한다.

1970년대 미국 공립학교들은 아시아에서 이민 온 학생들을 받아들이면서 아시아권 학생들과 미국 학생들의 문화적인 차이 때문에 몹시 당황했다고 한다. 예를 들어 미국인은 질문이나 대답에 적극적이고 윗사람 앞에서도 의사를 정확하게 표현하는 반면, 아시아 학생들은 조용히 듣기만 할 뿐 선생님과 눈을 마주치는 것조차 어려워했기 때문이다. 모두가 그런 것은 아니지만 대체로 동양인들은 내향적이고 소극적이며 자신을 낮추는 것을 덕으로 아는 반면, 서양인은 외향적이고 적극적이며 자기주장이 강한 편이다.

요즘 전통적인 가치관의 변화와 함께 자기표현의 방식에도 많은 변화가 생겼지만, 아직 동양인은 가족이나 친구, 동료를 중요시하고 혼자 판단하기보다는 의견 교환을 통해 의존적인 면을 보이는 경우가 많다. 학생이든 기업인이든 국가를 뛰어넘어 경쟁을 해야 하는 세계화시대에 아무리 실력이 좋다 해도 자기표현에 소극적이라면 남들보다 뒤처질 수밖에 없다.

대한상공회의소가 주한외국상공회의소와 공동으로 개최한 '글로벌 커리어포럼'에서 시몽 뷔로Simon Bureau 주한 캐나다 상의 회장은 글로벌 기업이 원하는 인재의 핵심 역량으로 '논리성, 비전, 문제해결력, 자신감' 네 가지를 꼽았다. 뷔로 회장이 글로벌 인재를 식별하는 첫 번째 조건으로 든 것이 바로 논리성이다. 이는 직원의 경우 의사결정자에게 핵심적인 내용을 보고할 수 있는 논리력을 갖추고 있어야 한다는 뜻이고, 경영자의 경우 직원에게 또는 소비자나 연관 기업에 자신의 입장을 납득시킬 수 있는 표현력을 갖춰야 한다는 의미다.

하모니 _ 화합하는 리더

음악의 3요소 중 세 번째는 하모니harmony다. 하모니는 높이가 다른 두 개 이상의 음이 동시에 울리는 상태며, 멜로디와 리듬의 배후에서 이들을 보강하여 음색의 효과를 더하는 구실을 한다. 이 하모니로 음악은 더욱 폭이 넓어지고 또 깊어지며 풍부해진다.

'구슬이 서 말이라도 꿰어야 보배'라는 말이 있다. 아무리 뛰어난 인재들을 모은 조직이라 해도 그들의 능력을 잘 엮어내지 못하면 충돌이 생기기도 하고 조직에 화가 될 수도 있다. 안목이 부족한 리더들은 경쟁과 갈등을 부추기면서 말로만 화합을 강조한다. 하지만 진정한 리더는 솔선수범으로 화합을 체질화시킨다.

얼마 전 휴넷이라는 기업에서 특강을 끝내고 회사를 둘러볼 기회가 있었다. 그런데 그 회사에는 사장실이 따로 없었다. 물론 부사장실도 없었다. 사원들 책상이 놓인 사무실 한 귀퉁이에 사장과 부사장의 책상이 놓여 있었다.

규모가 작지 않은 회사에서 사장실을 따로 꾸미지 않은 것이 좀 의아했다. 그런데 이 회사에는 사장실 대신 여러 개의 회의실과 사원들이 휴식을 취할 수 있는 사랑방이 있었다. 또 사장실 운영에 드는 경비를 아끼는 대신 사무실 곳곳에 비치된 책장에 다양한 책들을 가득 채워놓았다.

이 회사에 들어서면 가장 눈에 띄는 곳에 이런 글이 걸려 있다.

'정년은 만 100세로 하고 정년에 도달한 월에 퇴직한다.'

대표이사의 말에 따르면 이 문장은 휴넷 취업규칙 제8장 55조로, 지식사회에서 사람들의 지적 능력은 정년과 함께 끝나는 것이 아니라, 자신의 경험·지식이 유용하면 육체적 나이를 떠나 얼마든지 일할 수 있다는 생각으로 '정년 100세'를 명문화했다고 한다.

화합은 말로만 외쳐서 되는 것이 아니다. 아랫사람은 선임자의 지혜와 경륜을 존중하고, 윗사람은 선험자로서 후배를 품는 가족적인 분위기 속에서 자연스러운 화합이 형성된다.

Concert 05

〈베토벤 바이러스〉로 살펴보는 리더십

흥미로운 클래식 실험

우리는 인생에서 참 의외의 순간을 많이 만난다. 생각지 않았던 뜻밖의
만남, 그리고 설명하기 힘든 이끌림에 의해 우연히 선택한 길에서 운명
을 만나기도 한다. 내 인생에 새 장을 열어준 MBC 드라마 〈베토벤 바이
러스〉와의 만남도 그렇게 시작되었다.

  나의 아내 소프라노 고진영은 오래전부터 지상파 방송의 여러 드라
마에서 주제곡을 불렀다. 그중 SBS 드라마 〈패션 70's〉 주제곡을 맡았
을 때 MBC 드라마 〈다모〉의 연출가로 유명한 이재규 감독과 함께 작업
을 했는데 덕분에 나도 이 감독과 자연스럽게 몇 번 만날 수 있었다. 그

때만 해도 TV 연출가와 나와는 전혀 다른 세계에 속해 있다고 생각했다. 그런데 어느 날 이재규 감독이 긴한 용건이 있다며 나를 만나자고 청했다. 그 자리에서 이 감독은 나에게 한국 최초로 클래식 드라마를 만들어보자고 제안했다. 처음에는 많이 당황스러웠다. 음악 이외에는 관심을 가져본 적이 없는데 과연 내가 잘할 수 있을까란 생각이 들었다. 묘한 긴장감과 두려움이 결정을 망설이게 했다. 기회가 있을 때마다 '클래식의 대중화'를 외쳐왔기에 좋은 기회라는 생각도 들었지만 그래도 이건 엄청난 도박이었다.

주변에서도 우려의 시선이 많았다. '과연 우리 대중문화에 클래식이 잘 녹아들어갈 수 있을까?' '일본 드라마〈노다메 칸타빌레〉를 베낀다는 비난을 넘어설 수 있을까?' '까다로운 연주 장면을 연기자들이 잘 소화해낼 수 있을까?' 등등 숱한 걱정이 시작을 불안하게 했다.

하지만 그 결과는 기대 이상이었다. 2008년 MBC 방송연기대상에서 〈베토벤 바이러스〉는 거의 상을 휩쓸다시피 했다. 지휘자 강마에 역을 맡은 김명민 씨가 대상을 수상했고, 강건우 역을 맡은 장근석 씨는 남자 신인상을, 송옥숙 씨는 황금연기상 중견배우 부문을, 박철민 씨는 황금연기상 조연배우 부문을, 그리고 치매 증세를 숨기며 오케스트라에 헌신하는 역으로 열연을 한 원로배우 이순재 씨는 특별상 PD상을 수상했다. 또 2008년 '시청자가 뽑은 올해의 드라마상'을 수상해 더욱 의미가 있었다.

그리고 무엇보다 기뻤던 것은 이 드라마의 성공이 방송사만의 화제만은 아니었다는 점이다. 삼성경제연구소가 발표한 '2008년 10대 히트상품'에 드라마 〈베토벤 바이러스〉가 당당히 5위로 뽑혔을 뿐만 아니라, 서울대학교 소비트렌드 분석센터의 '2008년 트렌드'에도 선정되었다.

사실 되돌아보면 드라마를 시작할 당시 제작진을 제외하고는 성공을 확신한 사람이 거의 없었다. 물론 나도 한국 드라마 역사상 최초의 클래식 담당 예술감독으로 참여하는 것을 많이 망설였다. 그리고 상상 이상으로 엄청난 고생을 했기에 괜한 선택을 한 건 아닌가 후회한 적도 있다. 하지만 결과적으로 드라마는 시청자들의 눈과 귀를 사로잡았다. 그로 인해 한국 드라마 역사에 또 하나의 새로운 장르를 탄생시켰다. 죽을 만큼 고생하며 만들어낸 〈베토벤 바이러스〉가 숱한 화제를 뿌리면서 클래식 시장에까지 영향을 미치는 걸 보고 나는 음악인으로서 또 하나의 성과를 이뤄냈다는 성취감을 맛보았다.

만약에 애초에 많은 이들이 이 드라마의 성공을 두고 우려했을 때 내가 그 모든 갈등을 극복하고 도전하지 않았다면 지금과 같은 영광은 없었을 것이다.

나의 도전은 여기에만 그치지 않았다. 2009년 여름 김연아 선수가 출연하는 아이스쇼에서 쇼트프로그램의 음악을 오케스트라로 연주한 것이다. 아이스쇼에 오케스트라나 밴드가 실제로 연주하는 경우가 드물게 있긴 하지만 그것은 단지 프로선수들의 쇼를 위한 경우로 제한되는 것이 대부분이다. 짧은 시간 안에 많은 기술을 보여줘야 하는 쇼트프로그램에서는 사소한 템포의 차이도 매우 심각한 결과를 가져올 수 있기 때문에 실제 연주로 공연하는 것은 거의 모험에 가깝다.

게다가 대한민국의 피겨 여왕 김연아 선수의 연기에 배경음악을 실제로 연주한다는 것은 엄청나게 긴장되는 일이었다. 악보에 선수들의 동작 하나하나를 빼곡하게 적어두고 피나는 연습을 했다. 이러한 철저한 준비와 연습으로 3번의 공연은 모두 성공적이었고 이를 두고 세계 언론에서도 극찬을 아끼지 않았다. 지금 생각해보면 그 어떤 때보다 힘들었지만 김연아 선수를 내 음악으로 리드했던 그 시간이 내 인생에서 가장 행복했던 순간이었던 것 같다. 그래서 나는 이제 자신 있게 말할 수 있다. '도전하지 않는 자에게는 영광도 없다'라고.

내 인생에서 최대의 전환기를 마련해준 〈베토벤 바이러스〉는 클래식 음악에 대한 재조명과 함께 리더십의 실패와 성공을 실감나게 그려냈다. 때문에 드라마 전개와 함께 오케스트라와 기업경영 그리고 리더십을 분석해보는 도전도 나에겐 참으로 소중한 경험이다.

드라마 〈베토벤 바이러스〉의 예술감독을 맡기 위해 나는 학교강의, 개인레슨, 연주활동, 사생활, 수입 등 참 많은 것을 포기해야 했다. 하지만 그런 과감한 도전이 있었기에 지금의 내가 있었다고 확신한다.

독단적인 CEO에서 신뢰하는 CEO로

드라마 〈베토벤 바이러스〉에서 천재는 아니었지만 노력으로 이름을 떨친 지휘자 강마에는 처음부터 독단적이고 이기적인 지휘자의 모습으로 비쳐졌다. 항상 친구이며 음악적으로 경쟁관계에 있었던 천재 정명환의 그늘에 가려 아무리 노력해도 일인자가 되지 못하는 모습을 비관하면서 삐뚤어진 성격을 갖게 되었고, 그로 인해 지휘자로 성공한 후에도 다른 사람에게 독설을 아무렇지도 않게 내뱉는 사람이 되었다.

"니들은 그냥 개야. 난 주인이고."
"니들은 내 악기야."

'똥덩어리'를 스스럼없이 내뱉는 남자, 강마에.

정통 엘리트 코스를 밟으면서 실력을 인정받았지만 독선적이고 자기중심적인 세계관에 사로잡혀 세상에 소속되지 못한 마에스트로.

고전시대의 고집스러운 음악가를 대표하는 베토벤처럼 타협은 없고 오로지 자신이 생각한 대로만 밀어붙인 그는 많은 사람들과 적대적인 관계를 만들어갔고, 언제나 일방통행식의 사고방식으로 많은 사람들의 마음에 상처를 주며 살아갔다. 그러나 노력은 그 대가를 인정해주듯 강마에는 결국 훌륭한 지휘자가 되었다.

드라마 〈베토벤 바이러스〉의 줄거리는 대략 이러했다.

오케스트라 킬러로 유명한 지휘자 강마에가 한국의 한 시에서 주최하는 프로젝트 오케스트라에서 10년 만에 초청을 받고 귀국하지만 이 오케스트라는 직원의 실수로 모든 예산을 사기로 날려버리는 바람에 전문가들로 구성하려고 했던 처음의 기획 의도와는 달리 전혀 생각지도 않았던, 음악을 사랑하는 열정 하나로만 묶인 엉망진창의 오케스트라로 구성된다. 강마에는 이런 오케스트라의 지휘를 맡는다.

이 말도 안 되는 오케스트라의 정체를 알게 된 강마에는 미련 없이 떠나지만 어쩔 수 없는 상황들이 벌어지면서 결국 원하지 않는 오케스트라와 공연을 할 수밖에 없게 된다.

한 번으로 끝내려고 했던 그들과의 인연은 강마에의 마음속에 남몰래 품고 있던 그의 감성을 자극하면서 강마에가 그들의 진심 어린 행동에 감동해 점점 빠져들고 급기야 이 오케스트라의 수호천사가 된다.

아무도 성공하지 못하리라 생각한 이 프로젝트 오케스트라는 그럼에도 불구하고 관객들에게 감동을 주는 공연을 성공적으로 이끈다.

강마에는 단원들이 처음에는 자신과는 아무런 상관이 없다고 느꼈던 사람들이었지만 음악에 대한 열정 하나만으로 갖은 모욕과 힘든 과정 속에서도 꿈을 잃지 않는 모습을 보면서 음악에 대한 열정 하나만으로 힘든 삶을 견뎌왔던 자신의 모습을 발견하고 그들을 지켜주는 지휘자로 거듭나게 된다.

나는 지금도 종종 드라마 중반에 이르러서 강마에가 시장을 향해 외치던 소리를 환청처럼 듣는다.

"내 악장입니다! 여기 이 사람들, 내 오케스트라 악장이고, 내 단원들입니다! 함부로 무시하는 거 나 못 봐줍니다! 이 사람들 무시할 권리는 오직 저한테만 있습니다! 내 겁니다! 시장이 아니라 대통령이 와도 그건 월권 못 합니다!"

우리나라의 경제성장을 이끈 기업인 1세대들은 대부분 무無에서 유有를 창조해냈다. 기적과 같은 성공 신화 속의 그들의 모습은 때로는 타협하지 못하는 CEO를 연상시키지만 사실 그들에게는 강마에처럼 따뜻한 보호본능이 있다.

〈베토벤 바이러스〉를 보면 강마에가 단원들을 대놓고 무시하는 장면이 나온다. 대통령 내외가 참석한 공연에서도 오케스트라가 자기 마음에 들지 않는다고 연주 중에 "지금 들으신 음악은 쓰레기입니다"라며 지휘를 그만두고 자리를 박차고 나온다. 재미난 것은 이상하게도 이런 강마에의 모습에 사람들은 대리만족을 느꼈다는 것이다.

툭하면 무시하고 단원들에게 "니들은 내 악기야! 늙은 악기, 젊은 악기, 울며 뛰쳐나간 똥덩어리 악기, 카바레 악기, 회사 다니는 악기, 대드는 악기! 아니!! 니들은 그냥 개야! 난 주인이고! 그러니까 잔말 말고 시키는 대로 짖으란 말야!!!"라는 말을 함부로 하는 그에게서 말이다.

그런 강마에게 기억조차 하기 싫은 경쟁자 정명환의 환생처럼 강건우라는 젊은이가 나타난다. 타고난 절대음감, 악보를 보지 않아도 듣기만 하면 모조리 외워버리는 그야말로 모차르트와 같은 음악 천재다.

어느 날 강마에는 늦은 시각 우연히 연습실에서 들려오는 음악 소리를 듣고 오케스트라 연습실을 엿보다 큰 충격을 받는다. 경쟁자이자 친구였던 천재적인 지휘자 정명환의 조언처럼 자신에게는 없는 '배려'가 건우에게는 있었기 때문이다. 아마추어지만 건우는 강마에의 호통에 주눅이 들어 있는 단원들을 자신의 음악적 재능으로 칭찬도 해주고 달래기도 하면서 자상하고 따뜻하게 가르쳐 오케스트라는 날이 갈수록 그 실력이 늘게 된다.

그 사실을 안 강마에는 자존심 때문에 당장 떠나겠다고 한다. 그때 악장 두루미는 강마에를 더 이상 붙잡지 않고 단원들의 능력에 맞춰 부족한 실력이지만 따뜻하게 대해주는 강건우와 연주하겠다고 한다. 자존심이 상한 강마에는 다음 날 단원들에게 마지막이라는 말과 함께 진정 음악 속에 빠진다는 것이 어떤 것인지 체험하게 해준다.

이러한 경험을 하면서 강건우는 마에스트로 앞에서 미천한 재주로 아는 척했던 자신의 경솔했던 행동을 반성하면서 진심으로 강마에에게 음악을 사사받기를 간청한다. 이 진심이 통했는지 강마에는 그들을 지휘하게 된다.

그러나 계속 문제가 생긴다. 곧 선거가 다가오는데 준비 중인 음악의 도시 프로젝트 중 가장 중요한 오케스트라 연주에 문제가 제기되어 시장이 직접 오케스트라의 연습을 참관하러 와서 문제를 일으킨 악장 두루미를 내쫓으려 하자 강마에는 "내 오케스트라, 내 악장이라며 시장, 아니 대통령이 와도 월권할 수 없다"고 단원들을 감싸 안는다.

그때부터 강마에는 "내가 지휘자로 무대에 있는 한, 공연을 중단하는 일은 있어도 망치진 않아"라며 단원들을 당근과 채찍으로 이끌어가고 비로소 모든 단원은 강마에의 리더십을 인정한다.

드라마 5부는 참 많은 것을 남겼다. 5부에는 강마에와 프로젝트 오케스트라의 첫 공연 장면이 나오는데 잠도 자지 않고 2박 3일 동안 찍은 장면이다. 그러다보니 그 힘든 과정을 견디지 못하고 쓰러지는 단원도 있었고 앉은 채로 우는 사람도 있었다. 밤새우며 뭔가를 해본 적이 없는 오케스트라 멤버들이었으니 오죽했으랴….

밤낮을 안 가리고 하는 촬영에 어떤 연주자는 "이제 새벽 네 시가 안되면 소리가 안 난다"라며 농담을 하기도 했다.

보통 TV에서 오케스트라가 연주하는 프로그램이 나오면 1초도 망설임 없이 채널을 돌리는 사람들을 무려 20퍼센트나 TV 앞에 숨죽이게 만든 바로 그 장면이다.

5부의 공연이 시작하기 전 강마에는 관객들에게 "가진 것 없는 사람들도 이만큼 할 수 있다는 반란을 보여줄 겁니다. 충분히 그럴 거라고 전 믿습니다"라고 말한 뒤 연주에 들어간다. 비록 처음에는 보잘것없는 연주자들이었지만 이미 자신의 손을 거쳐 관객 앞에 섰을 때는 그 누구보다도 자신의 연주자들을 믿고 그들로 하여금 자신 있게 연주할 수 있도록 감동시키는 지휘자, 그가 바로 강마에였다.

또한 5부의 공연 장면 중에 보면 강마에가 귀가 먹기 시작하여 혼란스러워하는 여주인공 두루미에게 이런 말을 한다.

"어딜 보는 거야… 나를 봐야지. 좀 더 부드럽게… 슬로우… 좀 더 작게… 아득히 멀리 들려오는 느낌으로…"

앞서도 계속 강조했지만, 지휘자와 단원 간의 교감에 있어서 가장 중요한 것은 신뢰다. 강마에와 두루미의 교감처럼 지휘자에 대한 믿음이 연주자에게 가장 치명적인 청각 상실도 극복하게 한다.

어둠에 둘러싸여 있어도 믿으면 보이고, 귀를 막아도 믿으면 들린다. 어떤 어려움에 빠져 있더라도 CEO가 직원들과 소통 창구를 열어놓고 비전을 함께 공유하면 상상 이상의 힘이 생겨난다.

강마에에게서 부드러운 카리스마를 배우다

강마에를 연기한 김명민은 분명 철저한 프로였고 훌륭한 배우였다. 김명민 씨는 시놉시스만 보고 계약이 이뤄지기도 전에 나를 찾아와 자신이 맡을 역할을 준비했다. 자신이 하겠다고 마음먹은 이상 지체한다는 것은 괜한 시간 낭비라 생각했던 것 같다.

드라마 촬영이 시작된 후에도 김명민 씨는 밤늦게까지 촬영하고 집에 가서 잠깐 쉬고 새벽에 우리 집으로 달려와서 지휘를 연습하다 바로 촬영장으로 달려갔다. 그의 연기에 대한 집념은 놀라웠다. 그는 절대 자신의 실수를 용납하지 않았다.

강마에의 모습은 고전시대에 살았을 법한 지휘자로 콘셉트를 잡았다. 지금 시대의 인물이 아닌 과거 하이든, 모차르트, 베토벤이 활동하던 고전시대에서 툭 튀어나온 듯한 인물로 만들었다. 의상이나 헤어스타일, 심지어 말투까지도 고전적인 느낌이 물씬 풍기게 했다. 옷의 깃을 최대한 높이고, 정장을 특별하게 갖춰 입고, 줄 시계를 걸고 머리 모양도 베토벤 스타일로 고전적으로 연출했다.

의상을 선택하고 캐릭터를 실감나게 설정하는 것을 보면서도 놀랐지만, 그는 그 긴 대사를 거의 NG 없이, 또 수도 없는 반복 연습으로 독일어 대사도 완벽하게 해내 더 놀라지 않을 수 없었다.

극중의 모든 곡을 다 외운 김명민 씨는 나에게 배운 지휘법 역시 완벽하게 해냈다. 음악의 흐름과 감정까지도 정확하게 파악해 연기했다. 그는 바늘로 찔러도 피 한 방울 나지 않을 듯한 극중 강마에의 역을 정확하게 소화해냈다. 그러나 그런 강마에는 언제나 외로웠다. 그때 그 외로움을 깨고 들어오는 여주인공 두루미의 투박하고 작은 사랑에 흔들린다.

그는 이런 말을 한다.

"나이 마흔… 자존심 하나 꿋꿋이 지켜내며 사는 것도 버거웠다. 세상 모든 편견과 싸우고, 타협하지 않으며, 무릎 꿇지 않으며… 나는 나의 모든 걸 버리고 버리며… 세상의 안의 모든 것과 등지며… 오로지 음악 하나만을 위해 나를 존재토록 했다. 그런데… 그 모든 게 흔들린다. 옳고 그름을 따질 수도 없고, 떠나려 해도 이젠… 발걸음을 돌릴 수조차 없다. 작은 새 한 마리가 내 가슴에 둥지를 틀고, 사랑이란 걸 낳아버렸다. 세상 그 무엇도 무섭지 않았던 내게, 두려울 것이 없던 내게, 두려움을 알게 했고… 외로움… 그리고 그리움을 알게 했다."

그리고 극 후반에는 표현은 서툴지만 마음 한편에 따뜻한 정을 가진 강마에의 모습을 보여준다. 첫 시작에서는 상상할 수 없었던 강한 카리스마에서 부드러운 카리스마로 변한 모습은 시청자의 얼굴을 미소 짓게 했다. 그리고는 자신의 열정을 쫓아 뒤돌아보지 않고 자신의 길을 떠나는 뒷모습은 부드러운 리더십의 모습을 보여준다.

연주자가 악기를 자기의 몸과 같이 아끼듯 리더가 그런 마음으로 직원을 대한다면 그 지도자는 분명 성공한다. 예술경영을 통한 감성경영은 직원과 고객들에게 최상의 만족을 줄 수 있다.

연주자가 우산 없이 걸어가다가 갑자기 비를 만나면 프로 연주자라면 분명 악기를 몸에 감싸 안고 비에 젖지 않게 할 것이다. 사진작가 로

베르 두아누Robert Doisneau의 작품 중에 'Musician in the Rain'이라는 사진이 있다. 트렌치코트를 멋지게 차려입은 중년 신사가 자신은 비를 흠뻑 맞으면서 옆에 세워놓은 첼로 위에 우산을 씌워주는 모습이다. 이 사진을 보고 뮤지컬 작가 '조이 손'은 사진 속의 신사가 이런 말을 하는 것 같다고 했다.

"내 꿈을 비 맞게 할 수는 없다"라고.

이처럼 연주자에게 악기는 생명이요, 꿈이요, 미래다. 오케스트라 지휘자에게 악기는 곧 단원들이다. 즉, 지휘자에게는 단원들이 곧 생명이요, 꿈이요, 미래인 것이다.

나는 지휘자로서 나의 악기인 단원들을 배려하고 그들이 불편한 것이 무엇인지 필요한 것은 무엇인지 알려고 노력한다. 그들이 최상의 컨디션으로 연주할 수 있도록 이끌어간다. 연습이 부족한 단원은 스스로 노력할 수 있도록 이끌고, 부족한 부분이 있더라도 기회를 주어 스스로 자신을 채울 수 있게 한다. 물론 전체 연주에 방해가 되는 연주자는 처음부터 선발하지 않지만 혹시 선발되었다 하더라도 전체를 위해 과감하게 제재를 가하기도 한다. 나는 드라마 속 강마에처럼 독선적이지도 강한 카리스마도 없다. 하지만 단원들을 배려하고 그들을 마음으로 헤아리려는 부드러움과 진정한 애정이 있다. 단원들과 대화하기를 즐거워하고 무언가를 공유하는 것을 좋아한다. 그런 가운데서도 자칫 지휘자로서의 품위와 질서를 흐트러지지 않도록 늘 긴장한다. 때로는 관객과 단원들을 위해 나만의 음악적인 욕심은 과감하게 내려놓을 줄도 알게 되었고, 새로운 장르에 대한 경계심을 풀고 여유 있게 수용하는 유연한 사고를 갖게 되었다.

이러한 노력과 배려가 단원들에게 고스란히 전해져 이제 웬만한 단원들하고는 눈만 마주쳐도 서로의 마음을 읽을 수 있는 경지(?)에 올랐다.

과거 지식 위주의 사회에서는 강마에 같은 CEO도 통할 수 있었는지 모르지만 미국의 심리학자 대니언 골먼의 "인간의 총명함을 결정하는 것은 IQ가 아니고 EQ다"라는 말처럼 이미 감성지수EQ의 중요성이 대두된 사회에서는 더 이상 강마에와 같은 일방통행식의 리더십은 각광받지 못한다.

Chapter 04

대한민국
아트경영 CEO를
만나다

문 화 · 예 술 을 통 해 경 영 의 한 계 를 넘 다

|

"현재 기업 인지도나 이미지 제고, 품질과 서비스의 고급화 등

이 모든 것에 문화·예술이 필수적인 요소로 자리 잡고 있고,

이제 문화·예술을 도외시하는 기업과 사회는 더 이상 경쟁력을 갖지 못한다.

문화·예술은 한 개인의 삶은 물론 사회를 변화시키며,

나아가 세계화의 추세에서 국가경쟁력을 키우고

정체성을 확립시킬 수 있는 가장 중요한 원동력이다."

_ (주)대원홀딩스 김일곤 회장

Concert 01

대한민국 창조적 예술 CEO

창조적인 열정이 확실한 경쟁력

21세기는 문화가 생산성의 질을 높여주고, 든든한 경제의 기둥이 되는 시대다. 이런 시대의 조류 속에서 기업 CEO들은 스스로 감성 계발에 주력하고 그것을 기업 발전의 새로운 동력으로 삼아야 한다. 최근 최고경영자들을 위한 문화·예술 강좌에 수강생들이 몰리는 것도 이러한 시류의 반영이 아닐까.

기존의 기업 문화는 CEO들이 경영 합리화에 치중하다보니 직원들 간 과잉경쟁을 자극하고 이기적 풍토를 조장하면서 직장 분위기를 경직시켰다. 이것은 오히려 조직 내의 피로감을 가중시켜 조직 전체의 경쟁력이 떨어지는 결과를 초래했다.

조직은 살아 있는 유기체다. CEO가 권위적인 카리스마를 내세워 상명하복만 중시한다면 그 기업은 죽은 것이나 다름없다. 시대의 흐름을 읽는 CEO들은 직원들을 보듬고 격려하면서 자발적 참여를 이끌어내는 부드러운 리더십을 이미 실천하고 있다. 또한 내부 경영은 물론 생산 현장, 마케팅에서도 문화·예술적 감성과 창조성을 강조함으로써 생산성과 기업 이익을 높이고 있다.

우리가 한국인의 특성을 이야기할 때 많이 쓰는 말이 '은근'과 '끈기'다. 그러나 한국인의 진면목은 그 안에 잠재된 뜨거운 열정과 창의력에서 나타난다. 외국에서 최고의 인기를 누리는 유명 매장들이 한국에 지사를 내거나 매장을 냈을 때 고전을 면치 못하고 심지어 철수하는 경우를 종종 본다. 한국인들의 감수성이 그만큼 예민하고 독창성이 뛰어나다는 증거다. 이제 아트경영의 시대를 맞이하여 한국인의 창조적인 열정이야말로 한국 경제의 확실한 경쟁력이라는 것을 증명하는 문화·예술 CEO들의 신념과 성과를 살펴보겠다.

Concert 02

과자에 꿈을 담는 예술경영

| 크라운 해태제과 그룹 윤영달 회장 |

클래식음악으로 크래커를 만들다

1945년에 설립된 해태제과와 1947년에 설립된 크라운제과는 설립 후 60년 동안 우리 국민들의 입맛을 사로잡으며 성장해오다 2005년 1월 크라운제과가 해태제과를 인수하면서 크라운 해태제과 그룹으로 새롭게 태어났다.

크라운 해태제과 CEO 윤영달 회장은 임직원들의 지능지수IQ와 감성지수EQ를 높여서 매출을 늘리는 건 한계가 있다고 주장한다. 감성지수 EQ가 예술을 받아들이는 수동적인 의미였다면, 예술지수AQ는 '예술 작품을 직접 만드는 창조적 능력으로 상대의 마음을 움직일 수 있는 지수'를 의미한다. 예술지수가 높아져야 제품의 가치가 높아지고 이것이 장차 기업이 살 길이라는 것이 윤 회장의 소신이다.

윤 회장은 직원들의 예술지수 함양을 위해 뮤지컬, 연극, 시 낭송 등으로 구성된 '모닝아카데미'와 목조공예, 병아트, 박스아트 등과 같은 '예술지수 체험 프로그램'을 운영하고 있다. 예술을 받아들이는 것에 그치지 않고, 듣고 보면서 다양한 문화를 직접 제작하고 체험해봐야 감각과 실력이 높아진다는 확신을 갖고 있다. 이처럼 예술지수를 높이는 다양한 활동은 크라운 해태제과의 매출과 영업 이익 신장에 엄청난 효과를 발휘했고, 예술가적 창의성을 경영과 마케팅에 접목한 결과 제과업계 2위 자리를 굳힐 수 있었다.

윤 회장은 클래식, 특히 국악을 유난히 사랑하고 후원에 앞장서는 것으로 유명하다. 심지어 클래식음악을 들려준 밀가루 반죽으로 크래커를 만들었는데, 좋은 음악은 효모의 활동을 촉진해 과자 맛을 부드럽게 하는 효과가 있다는 연구결과를 근거로 한 선택이었다. 반죽이 숙성되는 19시간 동안 모차르트·바흐 등의 고전음악을 들려준 것이다. 그렇게 해서 탄생한 제품이 바로 '아이비' 크래커다. 음악의 소리와 파장이 생명체에게 직접적인 영향을 미친다는 것은 여러 연구를 통해 확인된 사실이다.

또한 제품 포장에도 예술적 창의성을 가미하고 있는데, 몬드리안 추상화를 모티브로 한 '발리' 초콜릿, 포장박스마다 명화 엽서를 넣은 '오예스', 엘리자베스 루이 비제 르 브룅의 〈딸과 함께 있는 자화상〉과 빈센트 반 고흐의 〈밤의 카페테라스〉를 넣은 아이스크림 제품들은 고급스런 이미지와 감성을 전달하고 있다.

또 크라운제과는 '렘브란트를 만나다'라는 서양미술 거장전에 고객을 초청해 기업의 예술적인 이미지를 직접 전달하려는 노력을 기울였으며, 추첨을 통해 선발된 고객들에게 로마 바티칸, 프랑스 파리 루브르 박물관, 영국 런던 대영박물관을 두루 탐방하는 고급문화 체험 기회를 제공했다.

두 기업을 하나로 만들 때엔 서로 다른 기업문화가 충돌하면서 조직원들의 불화와 반목이 생기기 쉽다. 크라운제과는 2005년 해태제과를 인수한 후 양쪽 임직원 간의 조직 융화를 위해 앞서 언급한 '모닝아카데미'란 프로그램을 마련하고, 매주 수요일 임직원들을 한자리에 모아 음악과 미술 등 다양한 문화·예술 교양 강좌를 듣게 했다. 또 2007년에는 경기도 장흥에 330여만 평의 '송추 아트밸리'를 열고 그룹 내 5천 5백여 명 전 직원이 돌아가며 매주 이곳에서 조각·공예를 실습하는 예술 교육을 시작했다. 이곳에 가면 직원들이 직접 만든 예술 작품이 곳곳에 전시되었는데, 특히 '박스 아트'라는 교육과정에서는 버리는 과자 포장박스를 재활용해 멋진 예술 조형물을 만들기도 했다. 이 조형물을 대형마트에 전시해 고객들의 좋은 반응을 얻었다.

그것뿐이 아니다. 크라운 해태제과 그룹은 2007년부터 '락음악단'을 창단하고, 해마다 '창신제'라는 국악제를 열어 우리 전통음악인 국악의 저변 확대에도 많은 노력을 기울이고 있다. 이는 기업이 전통문화와 지역 경제에 얼마나 긍정적인 영향을 끼칠 수 있는지를 보여준다.

문화 마케팅에 선뜻 나서지 못하는 기업인들은 문화경영이나 예술 마케팅의 효과를 체감할 때까지 시간이 많이 걸릴 거라는 생각 때문에 많이 주저하지만 크라운 해태제과 그룹의 매출 성장을 보면 그런 의심은 바로 사라질 것이다. 크라운제과가 해태제과를 인수한 다음 해인 2006년엔 9천 4백억 원이던 매출이 2009년에는 1조 7백 20억 원으로 상승했다. 제품 개발과 마케팅 전략을 윤 회장 특유의 예술경영 방식으로 운영해 매출에 적잖게 기여했다는 것이 자체적인 분석 결과다.

소비자의 감성을 자극하지 않으면 제품 하나라도 그냥 팔 수 없는 시대다. 기업 내부적으로는 예술지수 향상에, 대외적으로는 문화 마케팅에 힘을 기울인 윤영달 회장은 예술경영이 이 시대 기업의 화두가 될 것이란 확신을 이미 가지고 있었다. 예술적인 감성은 하루아침에 생기는 것이 아니다. 어려서부터 다양한 예술을 자주 접하고 이해하고 음미하면서 예술적 감성이 몸에 배는 것이다. 이 시대가 원하는 예술 CEO, 창조적인 기업인이 되기를 원한다면 클래식음악을 포함한 다양한 예술 분야에 많은 관심을 기울여야 한다. 그 속에서 창조적인 아이디어와 시대를 이끌어나갈 수 있는 힘이 나온다.

문화·예술은 사회의 영혼이다

| 한화증권 김연배 부회장 |

예술경영은 기업경영의 원동력

지휘자인 나를 비롯해 많은 예술인들은 기업이 문화·예술 지원, 그리고 기업 메세나활동에 적극적으로 참여하는 데에 많은 기대와 희망을 갖고 있다. 어떤 의도든 기업에서 문화·예술활동이 늘어난다는 것은 음악인들에 대한 격려일 뿐만 아니라 예술 부문의 사회적 공헌력과 영향력을 인정한다는 면에서 뿌듯한 일이 아닐 수 없다. 물론 일회성 행사나 단기간의 활동에 그치기도 하지만, 기업가의 전폭적인 지원 속에서 장기간에 걸쳐 그 영역을 확장하는 활동이 점점 늘어나고 있다.

일 때문에 자주 드나들 수밖에 없는 예술의 전당에서 몇 년 전 '한화

대한민국 아트경영 CEO를 만나다

●

125

그룹과 함께하는 예술의 전당 교향악축제'를 우연히 접했다. 당시만 하더라도 기업에서 오랜 기간 정기적으로 후원하는 예술 행사가 그리 많지 않았다. 그런데 이 행사는 이후 해마다 계속되었고, 2010년 올해로 벌써 11년째다. 대부분 형식상 1년이나 2년 안에 행사가 중단되었던 것을 생각한다면 11년간 이어진 한화의 후원은 고무적인 일이다. 이는 CEO가 예술활동에 대한 확고한 믿음과 의지가 있었기 때문에 가능한 일이다. 일반적으로 스포츠나 유명 연예인의 공연, 영화, 뮤지컬 같은 분야가 대중의 사랑을 직접적으로 받는 것에 비해 클래식 분야는 상대적으로 인기가 없는 것이 사실이다. 클래식 분야에 이렇게 장기적인 후원을 하는 기업이 있다는 것은 뿌듯하고 감사한 일이다.

김연배 부회장이 한화와 인연을 맺은 지는 벌써 50년이 다 되어간다. 1968년 입사해 뉴욕지사장 등을 거쳐 1986년에 임원으로 승진, 1999년에는 구조조정 본부장을 맡아 성공적으로 외환위기를 극복하고 그룹이 재도약하는 데 큰 기여를 했다. 이후 한화증권 부회장을 거쳐 2007년부터 그룹의 사회봉사단장을 맡아 사회공헌활동에 매진하고 있다.

김 부회장은 외환 위기 이후 정신적으로 피폐해 있던 사회 분위기 속에서 '우리 사회를 보다 밝고, 정신적으로 건강하게 만들 수 있는 것이 무엇일까?'에 대해 고민하던 중에 생각해낸 것이 '한화사회봉사단'이었다고 한다. 마침 외환위기를 겪고 난 2002년이 한화그룹 창립 50주년이었고, 그동안 성원해준 국민들을 조금이라도 더 행복하게 만들 수 있는 일을 하자는 취지에서 본격적으로 사회공헌 전담조직을 구성하고 활동을 펼쳤다. 이후 창립 55주년인 2007년에 '한화사회봉사단'으로 확대·출범하고 '사랑의 친구, 미래의 친구'라는 구호 아래 사회복지, 문화·예술, 자원봉사, 자매결연, 공익사업 등 5개 분야에 걸친 다양한 사회공헌활동을 전개했다.

한화사회봉사단은 다양한 사회공헌활동 중에서도, 특히 문화·예술에 중점을 두고 있다. 김 부회장은 평소 '문화·예술은 사회의 영혼과도 같다'는 생각으로 문화·예술 분야에 투자하고 있고, 사회공헌활동 중, 문화·예술 분야는 약 30퍼센트 정도의 비중을 차지하고 있다. 그동안 한화그룹이 힘든 경제 환경 속에서도 문화·예술 분야의 사회공헌활동을 적극적으로 이끌어온 것은 바로 이런 소신에서 비롯되었다. 기업을 경영하는 CEO가 '문화·예술은 사회의 영혼과도 같다'는 생각을 갖고 있다는 것은 다른 기업의 CEO는 물론 예술인에게도 큰 자극이다.

한화사회봉사단은 2000년부터 지금까지 '예술의 전당 교향악축제'를 후원 중이며 2004년부터 매년 문화 혜택을 받지 못하는 지방 소도시들을 순회하며 '찾아가는 음악회'를, 2006년부터는 '청계천 문화예술마당'을 개최하고 있다. 최근에는 한국 메세나 협의회와 함께 '한화 예술 더하기'라는 이름으로 저소득층 아동을 위한 예술 교육 프로그램 사업을 시작했다. 심층 실기 교육을 위해 혜심원(서울시 용산구 후암동 소재 사회복지관, 보육원)을 비롯해 이 사업의 예술 교육 지원을 받는 전국의 45개 복지기관 중 음악교육 기관 22개소에 바이올린, 첼로, 플루트 등 500여 대의 악기를 전달했고, 예술 교육에 참여하는 복지기관 교사와 한화사회봉사단의 봉사자들에게도 악기를 증정했다.

최근에는 예술 방면에 관심이 있거나 문화적인 감수성을 강조하는 분위기에 자극받은 CEO들이 개인적으로나 기업 홍보 목적으로 공연이나 전시에 투자나 후원을 많이 한다. 그러나 대중적인 관심도나 홍보 효과가 크지 않기 때문에 단발성에 그치는 경우가 많다. 그러나 한화는 오랫동안 문화·예술 분야 사회공헌활동을 지속해왔다는 점에서 확실하게 차별화된다. 김 부회장은 이것 또한 한화라는 기업의 뚝심으로 설명한다.

"한화사회봉사단은 어떤 활동이든 한번 시작하면 꾸준히 하는 특징이 있다. 문화·예술 지원은 지속적이지 않으면 효과를 보기 어렵기 때문이다. 모든 것에는 때가 있다. 사정이 어렵다고 미룬다면 때를 놓치기 때문에 경제 위기를 겪으면서도 행사를 계속했다."

이런 지속적인 활동 속에서 김 부회장은 예술경영에 대한 나름의 철학과 이론을 정립했다. 특히 그는 오케스트라와 기업경영의 유사성, 그리고 중요성에 대해 일찍부터 간파하고 있었다. 김 부회장은 예술경영, 감성경영을 선도하는 CEO으로서 다음과 같은 철학이 있다.

"모든 일은 노력과 타이밍이 중요하다. 오케스트라가 세계적인 무대에 서기 위해 아무리 연습을 많이 했다 해도 실제 연주를 할 때 한 사람이라도 자신이 연주해야 할 부분에서 실수를 한다면 그동안의 노력은 헛된 결과가 된다. 결국 부단한 노력과 함께 정확한 타이밍을 잡아내야만 세계 최고 수준의 연주가 될 수 있다. 회사를 경영하는 것도 마찬가지다. CEO는 급변하는 경영 환경을 끊임없이 연구하고 결정적인 기회가 왔을 때 잡아야 한다."

외환 위기가 채 가시기도 전인 2000년부터 10년이 넘게 계속되어온 한화의 '예술의 전당 교향악축제'는 메세나활동에 관심이 있는 많은 기업에게 좋은 본보기가 되었다. 문화와 예술은, 특히 짧은 기간에 효과를 보기 힘들기 때문에 이런 지속적인 기업의 후원은 문화·예술 기획자들에게 엄청난 힘이 될 수 있다. 1989년 예술의 전당 음악당 개관 1주년을 기념하여 시작된 '예술의 전당 교향악축제'는 우리 음악계에서 확실하게 자리 잡은 국내 최고, 최대의 음악 축제로 수도권뿐 아니라 전국 각지에 있는 여러 오케스트라들이 한자리에 모여 다양한 레퍼토리와 신선하고도 과감한 시도를 통해 한국 음악 발전에 큰 역할을 하고 있다.

문화·예술과 관련해 수도권 집중 현상이 심각한 요즘, 이런 축제를 통해 서울과 지방의 음악적 벽을 허물고 지방 오케스트라가 서울에서 음악 애호가들에게 어필할 수 있는 좋은 기회를 제공해 지속적인 발전을 견인하고 있다. 이런 배경 아래서 실험적이고 진취적인 새로운 시도가 가능하고, 새로운 시도는 또 다른 창조의 원천이 되고 있다.

문화·예술에 대한 지속적인 후원은 기업 이미지를 개선할 뿐만 아니라 기업 자체의 창조성과 유연성을 확대시킨다. 한화사회봉사단의 문화예술 후원은 곧 한화 그룹의 예술경영, 창조경영의 근간을 이루면서 기업 발전의 원동력이 되고 있다.

Concert 04

실내악에서 자유로운 사고를 누리다

| 대우건설 서종욱 사장 |

클래식에서 얻은 경영 철학

지휘자로서 클래식과 리더십, 클래식과 창조경영의 접목을 시도해본 것
은 오래된 일이 아니다. 그런데 일단 시작하고 보니 보통 재미있는 일이
아니라서 틈나는 대로 사례를 연구하고 관련 서적들을 뒤적인다.

　나는 경영학을 전공하지도 않았고 회사를 경영해본 일도 없지만, 요
즘 경제단체, CEO 모임, 관공서 같은 곳에서 창조경영에 대한 강의를
해달라는 제의가 계속 들어오고 있다. 또 고객들을 많이 상대하는 기업
이나 사업장에서 '렉처콘서트' 제안을 많이 받는다. 건설회사 중에서 처
음으로 직원들을 위한 렉처콘서트를 해달라는 제의를 한 곳이 바로 대

우건설이다.

렉처콘서트란 강연과 연주를 함께하는 독특한 형식의 콘서트로, 강연의 주제에 맞게 기업의 이미지와 특성을 고려한 다양한 프로그램을 접목시키는 것을 말한다. 예를 들어 대우건설은 기업 이미지가 남성적이기 때문에 남성들이 좋아할 수 있는 금관 5중주에 드럼을 접목시켜 렉처콘서트를 진행해 큰 호응을 얻었다. 때로는 시대 변화에 따라 진화하는 클래식을 주제로 한 '클래식, 댄스를 입다' 같은 독특한 공연을 포함, 수십 개의 콘텐츠를 만들어서 다양하게 진행해왔다.

건설 회사는 왠지 사내 분위기도 거칠고 건조할 것 같은 생각이 든다. 그래서 나 역시 부드러운 클래식보다는 투박한 망치 소리가 더 어울릴 법한 건설사의 이런 제안이 좀 의외였지만 한편으론 더욱 열의가 생겼다. 좀 더 효과적인 특강을 준비하기 위해 대우건설 사옥으로 서종욱 대표를 직접 만나러 갔을 때 대우건설은 첫 느낌부터 예사롭지 않았다.

대우건설 1층 로비는 들어서는 순간부터 다른 기업과는 다른 분위기가 느껴진다. 대부분의 사옥이 로비에 직원 편의를 위한 커피숍이나 매출을 위한 편의시설을 배치해놓는 것과는 달리 대우건설 로비에는 직원들에게 음반, DVD, 도서를 대여해주는 종합 도서관이 있다. 한국 굴지의 기업들이 밀집된 서울 종로 한복판 건물 1층에 알짜 매출을 올릴 수 있는 매장 대신 직원들을 위한 문화공간을 배치한 것이다. 뿐만 아니다. 대우건설의 사장실과 접견실, 비서실에는 고급 사양의 오디오 기기가 설치되어 있고 언제나 클래식이 공기처럼 자연스럽게 흐른다. 물론 이 배경음악은 서 대표의 개인적 취향이지만, 외부 손님을 맞이할 때 건축회사의 고정된 이미지를 누그러뜨리는 데 큰 역할을 한다. 서 대표와 클래식의 인연은 월남전 참전 때로 거슬러 올라간다. 1972년 월남에서 돌아올 때 그가 유일하게 사온 물건이 오디오였다. 7년 동안 리비아에서 근무할 때 삭막한 사막에서 서 대표를 굳건하게 지켜준 것은 클래식이었다. 그는 클래식을 통해 위로와 휴식을 얻었다. 그가 감성경영 CEO로 남보다 한 발짝 앞설 수 있었던 건 이런 개인적인 취향이나 습관이 바탕이 됐기 때문이다. 서 대표는 자신의 경영관에 대해 이렇게 말한다.

"흔히 건설회사라고 하면 딱딱하고 엄격한 위계질서와 철저한 시스템 관리, 군대식 문화를 떠올리지만 이제 상명하복식 직장문화는 통하지 않는다. 상하좌우가 막힘없이 소통하는 분위기 속에서 직원들은 창의성을 발휘하고 더 많은 성과를 이룬다. 대외적으로도 고객과의 직접적인 소통은 중요한 문제다. 소비자에게 좀 더 가깝게 다가가고 소비 트렌드를 파악하려면 감성적인 접근은 필수다. 아파트 설계, 고객 상담, 마케팅에서 고객들과 감성적으로 교감하는 것은 무엇보다 중요하다."

서 대표의 이러한 경영 철학은 대우건설이 해외 건설 시장에서 국내 건설사 중 '최초' '최대'라는 수식어를 달게 했다. 국내 최초로 아프리카(나이지리아, 알제리)와 러시아 사할린 시장에 진출했고, 또 원자력 시스템 일괄 수출, 독자 개발한 DWS 공법으로 이탈리아 수출을 성사시켰다.

DWS 공법은 'DAEWOO Multi-Room Modular System'의 약칭으로 단기간 내에 고품질의 건축물을 튼튼하고 경제적으로 생산하는 최첨단 주택시설 시스템이다. 기존의 판넬 공법보다 안정성이 우수하고 15퍼센트의 공사비 절감 효과까지 있어 국내 건설업계 최초로 해외에 기술을 수출한 신공법이다. 대우건설은 1990년 4월 24일 미국의 앤더슨 빌딩 시스템Anderson Building System과 기술 사용에 관해 독점 계약을 체결하고 그해 6월 22일 과학기술처에 신기술 도입에 대한 승인을 얻어 DWS 공법을 개발했다.

해외 건설 시장에서 밀고 당기는 수주전이 벌어질 때도 서 대표는 클래식으로 피로를 푼다. 집에서, 집무실에서, 자동차 안에서, 해외출장 중에도 그는 늘 클래식과 함께한다. '음악을 왜 듣는가?' 하는 질문에 만족감과 위로, 무엇보다 음악을 듣고 있으면 사고가 자유로워진다고 답한다.

서 대표는 오케스트라보다 실내악을 좋아한다. 그는 오케스트라는 모든 게 갖춰진 구조물을 짓는 대형건설 같은 느낌이 들어 성악곡이나 실내악과 같은 소 편성의 세밀한 음악에 더 정이 간다고 한다. 업계의 마당발이라 불릴 만큼 매우 활동적인 그의 이면엔 정적이고 세심한 면모가 내재되어 있어 감성경영이 자연스럽게 이뤄진 것이다.

서 대표는 직원을 뽑을 때도 예술적 감각을 중요하게 생각한다. 과거에는 법대, 경영대, 공대 출신을 많이 뽑았지만 최근 들어서는 창의적인 생각을 표출할 수 있는 채널이 필요하기 때문에 다양한 전공자들을 채용한다. 또한 미래 혁신성과 창조성을 지닌 인재를 뽑기 위해 면접장에서 어떤 질문을 할 것인가 늘 고심하는데, 때로는 "음악회에 몇 번 가봤는가?" 하는 질문을 넣기도 한다. 대우건설에 지원할 정도면 표면적인 스펙은 어느 정도 갖추고 있을 것으로 보고 지원자가 전공 외에 외연을 넓히는 일에 얼마나 정성을 쏟고 있는지 알아보려는 것이다. 음악뿐 아니라 미술, 스포츠 같은 다양한 영역을 넘나들면서 업무 스트레스를 풀고 감성을 충전하는 데 적극적인 사람이 창조적인 인재라는 생각을 갖고 있다.

또 서 대표는 음악회를 자주 찾는다. 현장에서 직접 보고 듣는 연주는 어떤 좋은 오디오에서도 느낄 수 없는 또 다른 감동이 전해지기 때문이다. 지휘자와 악단의 호흡을 따라가다 보면 조직의 지휘자로서 권위적인 생각이나 행동을 버릴 수 있어 연주회장을 찾는 이유도 있다.

그리고 그는 직원들의 개인적인 대소사를 직접 챙기는 것으로 유명하다. 이것이 직원들을 감동시키고 조직의 친화력과 동료애를 높이는 바탕이 되고 있다. 지킬 것은 지키되 다양한 사고를 폭넓게 수용하는 CEO의 철학이 대우건설을 인재의 산실로 만든 것이다. 국내 건설사 중 대우건설 출신 CEO가 무려 17명이나 된다는 사실만으로도 대우건설에 얼마나 인재가 많은지 증명된다. 사옥에서 가장 큰 공간인 1층 로비를 사원들만을 위한 문화공간으로 꾸민 것만 보아도 대우건설이 경영에 있어 문화적 감성과 창의성을 얼마나 중시하는지 잘 알 수 있다. 물론 서 대표의 앞선 시도가 벽에 부딪친 적도 있었지만 현실에 안주하면 곧 침체로 이어진다는 소신을 갖고 있었기 때문에 그는 이상과 현실이 다르다는 비판 속에서도 꾸준히 이상 쪽에 무게를 두었다. '선善을 추구하는 이상주의', 이것이 바로 클래식에서 얻은 그의 경영 철학이다.

서종욱 대표는 음악가 중에서 특히 모차르트를 좋아한다. 성악곡을 좋아하는 그는 악기 중에 가장 좋은 악기는 사람의 목소리라고 말한다. 그는 일종의 의식처럼 먼저 모차르트 음반을 찾아 오디오에 걸고 나서 인터뷰를 시작했다. 자기가 가장 좋아하는 음악 속에서 상대방에 대한 편견을 갖지 않고 자유로운 대화를 할 수 있기 때문이다.

일반적으로 건축은 형식과 이론을 중시하는 작업이라 생각하기 쉽지만 건축과 토목 현장에 직접 가보면 온갖 예술적인 상상력과 창의력이 총동원된다는 걸 알 수 있다. 기술적으로 해결되지 않는 문제를 창의적 발상으로 뚫어내는 놀라운 기적은 건설 현장에서 수시로 일어난다. 직원들의 창의력 계발에 건설회사의 미래가 달려 있다는 서 대표의 소신 또한 여기서 비롯됐다. 결국 서 대표의 클래식 사랑이 개인적인 감성 훈련을 넘어 기업의 문화와 조직의 미래를 좌우하는 경영 철학을 만들어냈다.

Concert 05
작곡하듯이 새로운 것을 창조하다

ㅣ 대우조선해양 남상태 사장 ㅣ

이상과 현실 사이의 갈등, 클래식으로 해결

조선소 경기가 어려울 때 지하 음악실에서 마음을 다스리고 중요한 선택의 기로에서도 음악을 들으며 여유를 찾는 CEO. 업계에서 소문난 클래식 마니아, 대우조선해양의 남상태 사장이다. 서울 중구에 있는 대우조선해양 본사의 1층 로비에 들어서면 가장 먼저 눈에 띄는 것은 흰색 그랜드 피아노와 그 위에 디스플레이된 트럼펫이다. 조선 회사라면 커다란 배 모형이 더 어울릴 법도 한데 로비 곳곳에는 악기와 더불어 미술작품이 전시되어 있고, 형형색색의 아기자기한 소파들을 늘어놓아서 마치 갤러리에 들어선 듯한 느낌을 준다.

내가 남상태 사장을 특별하게 기억하는 것은 지면 인터뷰에서였다.

"경영과 예술은 비슷한 데가 많습니다. 둘 다 창조적인 작업이거든요. 늘 새로운 아이디어를 찾아야 한다는 점도 같습니다. 경영은 과학보다는 예술에 훨씬 더 가깝습니다."

남 사장을 만난 자리에서 좀 더 구체적인 이야기를 듣고자 했을 때, 그는 이렇게 대답했다.

"그것은 사실 한예종(한국예술종합학교) 최고경영자과정CAP 입학원서에 썼던 내용이다. 기술은 과학에 가깝지만 경영은 변화무쌍한 시장에서 살아남기 위해 예술과 같은 창의성이 필요하다. 경영은 시장 상황과 원천기술, 그리고 직원의 마음을 알고 그것을 잘 뭉치는 것이다. 다시 말해 경영은 작곡가가 새로운 음악을 작곡하듯이 계속 새로운 것을 창조하는 것이다."

즉 경영에는 정형화된 어떤 원칙보다는 창조적이고 감성적이고 상상력이 풍부한 것들이 훨씬 많은 도움을 준다는 얘기다.

남 사장의 이력을 보면 이런 창의적 발상이 하루아침에 생겨난 것이 아니라는 걸 알 수 있다. 1962년 중1 때 아버지 직장을 따라 고향인 경상도를 떠나 서울로 이사를 왔는데 아버지는 대청소를 할 때마다 클래식을 크게 틀어놓으셨다. 하기 싫은 청소도 음악의 힘을 빌리면 즐겁게

할 수 있다는 아버지의 배려였지만 그때만 해도 클래식의 맛을 제대로 느끼지 못했다. 그리고 군 제대 후 당시 서울시 제1 부시장이었던 부친이 서울시향 단장까지 겸할 때 서울시향의 연주를 자주 들으며 자연스럽게 클래식에 빠져들었다.

남 사장은 1978년 결혼 직후 약 4년 정도 아파트에서 생활한 것을 빼고는 30년 넘게 단독주택을 고집하고 있다. 그 이유는 오로지 하나다. 남의 눈치 보지 않고 마음껏 음악을 감상할 수 있기 때문이다. 사실 음악을 하는 나도 음악 감상을 위해 집을 이사한다는 것은 쉬운 선택이 아니다. 그러나 남 사장은 이것을 실제로 실천하고 있다. 남 사장 저택 지하에는 음향시설이 제대로 갖춰진 음악감상실이 있을 정도다. 그곳에는 그가 직접 구매한 음반들이 가득하다. CD 500여 장, LP 600여 장, LD(레이저디스크) 100여 장, SPstandard play(옛날 축음기용으로 일명 돌판이라고 한다)도 여러 장이다. 자신만의 아지트와 같은 지하 음악감상실에서 한 장 한 장 사 모은 음반들을 쓰다듬고 흐뭇한 미소로 음악을 듣고 있을 남 사장의 모습을 떠올리면, 그곳이 바로 창조경영의 원천이구나 하는 생각이 든다. 그가 일찌감치 금연을 한 것도 유별난 음악 사랑 덕분이다.

"1981년, 1500만 원짜리 전셋집에 살고 있을 당시 마음에 드는 오디오가 있었는데 가격이 170만 원가량 했습니다. 그 당시 주식으로 70만 원가량을 벌었는데 나머지 돈이 부족해서 고민하던 중 아내가 결혼 지참금으로 가져온 300만 원이 있다는 말을 듣고 담배를 끊는 조건으로 100만 원을 받아서 오디오를 샀지요. 그 이후 담배를 완전히 끊었습니다."

담배를 피워본 사람은 안다. 담배를 끊는 것이 얼마나 어려운 일인 지를.

남 사장은 평소 클래식 마니아답게 선박회사 경영이 오케스트라 경영과 어떤 점에서 비슷한지를 조목조목 짚어냈다.

"선박은 언제나 똑같이 만드는 것이 아니다. 쉽게 말해 트렌드를 알아야 한다. 어떤 물건을 실을 배인지, 어느 바다에 나가는 배인지 잘 파악해야 한다. 선박은 바다의 깊이, 파도의 크기에 따라 다르게 만든다. 오케스트라에서 모든 악기가 악보에 맞춰 화음을 이뤄내는 것처럼 배를 만들 때도 이 모든 것이 조화를 이뤄야 명품 선박이 나온다. 속도를 위한 배는 짐을 적게 실을 수밖에 없고, 짐을 싣기 위한 배는 속도를 내기 힘들다. 오케스트라에서 같은 악보를 보고 연주해도 지휘자마다 다른 음악을 만들어내듯이 배를 만들 때도 같은 설계도면을 가지고 작업을 해도 그 목적에 따라 정밀한 수작업은 다르다."

나는 사립 오케스트라인 밀레니엄 심포니 오케스트라의 지휘자로서 이상과 현실 사이에서 수시로 갈등한다.

'관객들은 한국 최고의 오케스트라 서울시향이 연주하는 말러를 듣고 싶어 할까? 사립 오케스트라인 밀레니엄 심포니 오케스트라의 말러를 듣고 싶어 할까?'

단원들은 이상을 가지고 더 어려운 곡을 연주하고 싶어 하지만 지휘자며 관리자인 나는 대중이 원하는 그들을 공연장으로 이끌 수 있는 음악을 연주할 수밖에 없다. 오케스트라 경영에 탁월한 안목을 가진 CEO 남 사장도 이 문제로 많은 고민을 했다. 그리고 나름의 해법을 다음과 같이 제시했다.

"엔지니어들은 제일 좋은 배를 만들면 팔린다고 말한다. 세일즈맨들은 성능도 좋지만 가장 많이 팔릴 수 있는 배를 만들어야 한다고 한다. 이럴 때마다 난 이상에만 치우친다 싶으면 사장으로서 과감하게 현실적으로 대처한다. 하지만 미래를 위해 연구소에는 끊임없는 연구를 유도하고 이상을 대비한다."

역시 남 사장의 해법은 명쾌했다. 나는 이것을 지휘자의 입장에서 나름대로 이렇게 정리했다.

"미래를 위해 말러를 연주할 기량은 키우지만 연주는 대중이 원하는 것으로 한다."

남 사장은 클래식을 포함해 문화·예술에 대한 지식과 이해를 경영에 적용할 뿐만 아니라 비즈니스 현장에서도 효과적으로 활용하고 있다.

남 사장은 그리스에 가서 선박업주를 만나 협상을 벌일 때도 미리 그리스의 전통악기와 유명한 작곡가 데오도라 키스Mikis Theodorakis, 그리고 카잔차키스 소설《그리스인 조르바》까지 광범위한 문화 지식을 쌓고 갔을 정도다. 협상 장에서 자연스럽게 그리스 문화·예술에 대한 관심을 화제로 삼을 때마다 대우조선해양의 호감도는 급속도로 상승했다. 첫 번째 만남을 유쾌하게 끝낸 후 호텔로 돌아왔을 때 남 사장의 방에는 데오도라 키스의 음반이 도착해 있었고, 남 사장은 즉시 우리 전통 정서가 담긴 음반 몇 장을 답례하면서 협상은 성공적으로 마무리되었다.

비즈니스는 실무진에서 하는 것이지만 그 이전에 리더끼리 친교를 통해 믿음을 주는 것이 아주 중요하다. 상대 회사의 문화도 물론 알아야겠지만 그보다 그 지역의 전통이나 문화, 음악에 대해 미리 알아두면 친밀감을 높이는 데 큰 도움이 된다.

남 사장은 조선업은 아무래도 딱딱하고 남성적인 이미지가 강하기 때문에 그런 고정관념을 깨는데 많은 공을 들이고 있다. 학벌도 지역도 한쪽에 치우치지 않도록 배려하고, 예술성을 가진 인재를 발굴해서 다양한 생각이 균형을 이루는 가운데 창조적인 문화가 조성되도록 유도하고 있다. CEO의 오랜 클래식 사랑을 통해 오케스트라에서 배우는 조화와 균형의 리더십, 이것이 대우조선의 미래를 이끌어가고 있는 것이 아닐까.

Concert 06
이직률 0퍼센트의 기적

| (주)성도 GL 김상래 대표 |

인재경영의 비밀

이 세상에는 수많은 기업 CEO가 있다. 대기업이든 중소기업이든 CEO가 어떤 경영 철학과 소신을 갖고 있느냐에 따라 기업의 진로와 성과가 달라진다. 우리 속담에 '곳간에서 인심난다'는 말이 있다. 가진 것이 많아야 베풀 수도 있다는 얘긴데 대부분의 대기업에서 문화·예술을 지원하고 후원하는 전담팀을 두고 있는 걸 보면 이 속담이 일리가 있는 것 같다.

　이런 분위기 속에서 중소기업 CEO로는 흔치 않게 '문화를 통해 기업과 예술이 하나 되는 사회'를 외치는 대표적인 경영인이 바로 성도 GL 김상래 대표다. 성도 GL은 그리 많이 알려진 회사는 아니지만 어느 대기업보다 현실적인 예술경영으로 착실히 성장하고 있는 인쇄출판 장비업체로 유명하다. 그렇다면 김상래 대표는 도대체 어떤 생각으로 척박한 중소기업 풍토에서 예술경영에 앞장서게 된 것일까.

김 대표는 우리나라 인쇄업계의 산증인 김남춘 회장의 아들로 2세 경영인이다. 대학 졸업 후 씨티은행, 다우재팬을 거쳐 1996년 (주)성도 GL 대표이사로 취임했다. 김 대표가 취임한 후 성도 GL은 문화경영에 힘을 기울이기 시작했고, 파주 헤이리 심포니 오케스트라 운영을 비롯해 복합 문화공간인 '공간퍼플' 후원, 한국 메세나 중소기업 매칭펀드 조성, 직원을 대상으로 한 문화펀드 운영 사업을 진행해오고 있다.

김 대표는 평소 회사 경영에 대한 소신을 '시간을 알려주는 사람보다는 시계를 만드는 사람을 만든다'는 말로 대신한다. 직원들에게 시간을 알려주는 사장이 되기보다는 직원들 스스로 시계를 만들어서 시간을 터득하고 방향을 세울 줄 아는 사람이 되도록 돕겠다는 뜻이다.

"성공하는 기업은 회사의 비전과 가치관이 정확하게 정립되어 있다. 회사의 존재 목적이 무엇인지 전 직원이 깊게 고찰하고 회사가 이루고자 하는 꿈을 구성원 모두 공유해야 한다. 창업 후 10년을 못 버티는 회사들을 보면 기술은 뛰어나지만 그 회사가 반드시 이루어야 할 사명과 가치를 직원과 공유하지 못해서 망하고 만다."

그래서 성도 GL은 '우리 회사는 무엇을 위해 존재하는가' '다른 회사와는 무엇이 다른가' '고객들과 무엇을 나눌 것인가' '회사의 비전과 핵심 가치, 즉 시대 상황과 시장구조는 바뀌어도 변하지 않는 기업의 핵심 가치는 무엇인가'와 같은 문제에 대해 함께 고민하고 공유하는 시간이 많아지면서 자연스럽게 문화경영이라는 화두가 등장했다. 성도GL의 문화경영은 고객에게는 감동을 주고 조직원들 간에는 창조적 소통을 가능케 하는 최고의 경영 전략으로 자리를 잡게 된 것이다.

김 대표는 오래전 아주 우연한 만남을 통해 문화경영에 눈을 떴다. 그는 미국 씨티은행에서 근무하던 1984년 무렵, 뉴욕 맨해튼의 센트럴 파크에서 뉴욕 필 공연을 본 적이 있다. 수천 명이 자유로운 차림으로 맥주나 음료수를 마시며 평화롭게 공연을 즐기는 광경은 무척이나 감동적이었다고 한다. 그때만 해도 한국의 공연 풍토는 척박했을 뿐더러 기업의 후원 같은 건 엄두도 내기 어려운 시기였기 때문에 더욱 감동적일 수밖에 없었을 것이다. 당시 뉴욕 필의 스폰서가 씨티은행이었는데, 감동적인 센트럴 파크 공연을 본 이후로 김 대표는 기업의 존재 의미에 대해 생각했고, 언젠가 회사를 경영하면 그런 감동을 직원들에게도 느끼게 해주겠다는 꿈을 가졌다.

이런 일도 있었다. 그가 씨티은행에 입사하자마자 직장 상사가 브로드웨이에 가서 뮤지컬 두 편을 무조건 보라고 명령을 내린 일이다. 그때 김 대표는 안소니 퀸이 출연하는 〈희랍인 조르바〉를 앞자리에서 봤는데 회사에서 문화생활을 지원해주는 것이 얼마나 좋은지, 회사에 대한 존경과 감사의 마음이 절로 솟아났다고 했다.

사실 성도GL의 주요 사업인 인쇄나 출판은 그 자체만으로도 한 시대를 기록하고 저장하는 하나의 예술활동이다. 그런 면에서 김 대표가 기업의 사회적 역할과 가치에 대해 다른 경영자보다 더 많은 생각을 할 수밖에 없었을 것이다.

김 대표가 취임할 당시 사회 분위기를 보면 기업의 문화 지원은 미미했고, 특히 중소기업의 문화 지원은 거의 없었다 해도 과언이 아니다. 성도 GL의 문화경영의 시작은 소박했다. 직원들과 함께하는 예술 체험으로 명사 초청 강연이나 공연 관람을 하는 것에서 출발해, 거래처에 음주나 향응 접대를 하지 않는 대신 거래처 직원을 공연에 초대했다. 물론 초기에는 반발도 있었다. 한번은 거래처 직원들을 뮤지컬 공연장으로 초대했는데 아무 연락 없이 오지 않은 사람들이 30퍼센트 정도여서 천여만 원의 돈을 날리기도 했다. 그런 시행착오를 거쳐 최근엔 참석률이 거의 100퍼센트를 기록하고 있다.

보통 문화 행사에는 부부를 함께 초대하는데, 행사를 꾸준히 하다 보니 이제는 거래처 CEO 부인들이 "성도와 일할 땐 무조건 잘하라" 그리고 "초대받으면 반드시 응하라"라고 남편에게 압력을 넣는다고 한다.

공연도 한 장르로 정형화하지 않고 다양한 장르를 시도하고 있다. 대형 뮤지컬, 오케스트라는 물론 헤이리의 작은 연주회장에서 국악 공연을 열기도 하고 미술관 탐방이나 다양한 분야의 전문가 초청 강의도 진행한다. 그중 의미 있고 인기 있는 프로그램은 근무시간에 거래처 실무자들을 초청해서 함께하는 브런치 콘서트다. 오전 11시부터 공연을 관람하면서 커피와 샌드위치를 곁들이는 프로그램으로, 그 어떤 고급식당에 초대 받는 것보다 훌륭한 대접이라는 인사를 받는다.

성도 GL은 예술 행사를 지원하는 대신 술을 곁들인 회식은 되도록 하지 않는다. 기업 관례상 술 접대 문화를 폐지하는 것이 쉬운 일은 아니었다. 초기엔 접대하지 않는다고 계약이 파기된 적도 있었지만, 꾸준히 설득하고 노력한 끝에 거래처나 고객들도 문화를 나누고자 하는 진정성을 이해해 이제는 문화경영의 마인드를 함께 공유하고 있다.

김 대표는 기업 메세나활동에도 관심이 많다. 중소기업 매칭 펀드를 처음 만든 장본인이기도 하다. 이 펀드는 매년 기업에서 2천만 원, 정부에서 2천만 원, 총 4천만 원을 조성해 지원하고 있다. 2007년부터는 물류센터가 있는 파주에 '헤이리 심포니 오케스트라'를 창단해서 후원하는데, 초연 때 참석한 이어령 전 문화부 장관은 '헤이리 오케스트라는 전 세계에서 가장 작은 행정구역인 '리' 단위 오케스트라입니다. 이런 오케스트라를 운영하는 것은 음악당 하나 짓는 것보다 더 위대한 일입니다'라고 격려의 말을 해줄 정도로 성도 GL의 메세나활동은 혁신적이었다. 이후 경남 메세나 협회에서도 성도의 후원 문화를 배우고자 사례와 정보를 나누고 적극 지원하고 있다.

김 대표는 직원들이 해외출장을 가면 반드시 현지에서 공연을 보게 한다. 다양한 문화 경험을 통해서 일에 대한 재미를 느끼고 직장에 대한 존중심까지 우러나올 수 있다고 믿기 때문이다. 또 파트너십을 맺은 외국 회사들과도 문화적인 소통으로 친밀감을 높이는데, 작년 말 크리스마스카드 대신 조수미 음반과 우리 전통문화를 소개하는 영어 책자를 보냈더니 반응이 무척 좋았다고 한다. 김 대표는 이런 것도 문화경영의 한 방식이라고 생각한다.

2009년 문화체육관광부, 한국 메세나 협의회 주관으로 숙명여대에서

'문화경영 효과'에 대해 조사한 적이 있다. 직원들이 회사의 문화경영에 동의하는지, 경영진에 대한 신뢰는 어느 정도인지에 관한 조사였는데, 성도 GL은 직원 만족도를 비롯한 많은 부분에서 매우 높은 성적이 나왔다. 심지어 '타 회사에서 급여의 10퍼센트를 인상해준다면 이직하겠는가?'라는 질문에도 대부분은 이직하지 않겠다고 대답했다. 성도 GL은 2004년만 해도 이직률이 22퍼센트였는데 불과 몇 년 사이에 이직률 0퍼센트에 도달했다. 김 대표는 꾸준한 문화경영의 효과라고 믿고 있다.

그렇다면 그의 인재경영의 비밀은 무엇일까. 김 대표는 언제나 문제점을 직원들과 공유하고 개선방안을 함께 논의한다. 예를 들어 직원 결혼기념일엔 직접 전화를 해서 "우리가 이렇게 함께하는 것은 가족들의 헌신 때문에 가능하다"며 축하와 안부 인사를 전하고, 다음에 보고 싶은 공연은 무엇인지도 넌지시 물어본다. 김 대표는 정기적으로 직원 가족과 통화하는 시간을 무척 소중하게 생각한다. 이런 배려 덕분에 직원 가족들, 특히 남직원 부인들의 애사심이 유별나다. 이것이 바로 직원은 물론 가족의 마음까지 움직이는 김 대표의 인재경영의 비밀이다.

성도 GL의 문화활동과 사회활동을 위한 예산은 연 매출의 약 1퍼센트 정도다. 그 예산은 이 회사의 특별한 적립금인 문화 펀드에도 지원된다. 문화 펀드는 직원들이 급여의 1퍼센트를 자발적으로 내고 거기에 상응하는 1퍼센트를 회사가 보태서 총 급여의 2퍼센트를 '아름다운 재단'에 기부하는 것이다. 이 기부금은 문화·예술에 재능이 있는 청소년과 소외계층의 문화 관람비로 쓰인다. 비록 큰 금액은 아니지만 직원들은 이 사회의 문화 발전에 조금이나마 기여한다는 자부심을 갖는다. 문화 펀드 기부를 시작한 이후 가장 놀라운 변화는 매출이 두 배로 늘었다는 것이다.

김 대표는 중소기업을 움츠러들게 하는 사회 분위기 속에서 자신이 해야 할 가장 중요한 일은 직원들에게 용기를 부여해주고 자부심을 살리는 것이라고 생각한다. 큰 기업은 아니지만 직원들 한 사람 한 사람의 만족과 행복을 위해 실질적인 문화경영에 힘을 쏟는 김 대표의 경영은 2008년 중소기업 문화대상, 문화체육관광부 장관상 수상이라는 성과로 증명되었다.

김상래 대표는 자신의 경영마인드를 '3S+Three S plus 정신'이라고 표현한다. '3S+ 정신'이란 '더 똑똑하게Smart+' '더 빠르게Speedy+' '더 즐겁게Smile+' 일하자는 경영 방침인데, 이중에서 'Smile+'가 바로 문화경영의 핵심이다.

김 대표의 문화경영은 중소기업 CEO들에게 많은 화두를 던져주고 있다. 감성경영으로 직원을 감동시키고 그것을 성장 동력으로 만드는 것은 대기업보다 작은 기업체가 더 유리할지도 모른다. 그런 면에서 중소기업의 지속적인 문화경영과 효과적인 메세나활동에 대해 계속 고민하는 김상래 대표의 존재는 더욱 귀해 보인다.

Concert 07

예술을 사랑한 CEO

| 금호아시아나 그룹 故 박성용 회장 |

아이들을 위한 클래식 지원 사업에 힘쓰다

경제계에서 기업의 사회공헌, 특히 문화사업에 대한 지원활동을 얘기할 때 가장 먼저 떠올리는 인물은 故 박성용 금호아시아나 그룹 명예회장이다. 그룹 창업주 박인천 회장의 5남 3녀 중 맏아들로 태어난 그는 부친이 타계한 후, 그룹 총수직을 이어받아 금호아시아나 그룹의 제2 도약을 성공적으로 이끌어냈다.

예술을 애호하고 적극적인 지원을 아끼지 않아 재계의 '문화전도사'로 불린 박성용 회장은 금호문화재단 이사장으로 활동하며 '금호현악4중주단' 창단, 금호미술관과 갤러리 운영, 금호학술상 및 예술상 제정 등 음악·미술·학술 발전에 크게 기여해왔다.

고인이 기업경영에 입문할 당시만 해도 기업의 문화 지원은 돈이 남아야 할 수 있는 활동 정도로만 인식하는 수준이었다. 하지만 지금은 분명한 목표와 전략을 가지고 문화·예술을 지원하는 기업들이 늘고 있다. 이런 변화를 이끌어낸 일등 공신이 박성용 회장이다. 이름 앞에 늘 '예술을 사랑한 경영자'라는 호칭이 붙는 박성용 회장은 한국인으로서는 처음으로 독일몽블랑문화재단이 선정하는 '2004년 몽블랑 예술후원자상'을 수상하기도 했다.

고 박성용 회장은 문화·예술을 온몸으로 사랑한 사람이었다. 특히 고전음악을 즐겨 공연장에 가면 호기심 많은 어린 학생처럼 맨 앞줄에 앉았고, 피날레가 울리면 제일 먼저 일어나 기립박수를 치곤 했다. 그러면 뒷사람들도 따라 일어나 박수를 쳐서 그가 찾는 음악회는 우레 같은 박수 소리와 환호 덕분에 연주자들이 더욱 신바람이 났다. 해외출장에서 돌아오자마자 공항에서 바로 연주장으로 달려갈 정도로 클래식을 열정적으로 사랑했고, 집에도 자신의 아호를 딴 음악홀 '문호(雯湖·구름 무늬의 호수)홀'을 만들고 국내외 연주가들을 초빙해 작은 음악회를 수시로 개최했다.

고 박성용 회장은 1996년 동생인 고 박정구 회장에게 그룹 총수직을 물려준 뒤에는 문화·예술 사업으로 제2의 인생을 살았다. 금호문화재단 이사장에 취임해 다양한 문화·예술 분야에 지원을 아끼지 않았으며, 특히 음악 영재를 발굴하고 육성하는 데 관심을 기울였다. 음악 꿈나무들에게 장학금을 지급하고, 명품 악기를 무상으로 빌려주고, 항공권을 제공하는 등 파격적인 지원을 통해 이유라, 손열음, 권혁주, 김소옥 같은 연주자들을 키워냈다. 경제적 지원만 한 것이 아니라 손주뻘 되는 어린 연주자들의 손을 잡고 수영장을 가기도 하고 이메일로 상담도 해주면서 진심 어린 교감을 나누었다. 심지어 어린 연주자의 키가 자라서 연주복이나 구두가 작아지면 직접 데리고 다니며 새 옷과 신발을 맞춰주기도 했다. 특히 예술적 소양을 길러주는 일에 심혈을 기울였는데, 인생에서 적당한 시기를 놓치면 평생 예술을 이해하기 힘들다는 생각을 갖고 있었기 때문이다.

박 회장이 이렇게 아동을 위한 클래식 지원 사업에 깊은 관심을 가진 것은 개인적인 경험에서 비롯되었다. 생전 회고담을 보면 클래식과의 인연은 일찍이 중3 때 용돈을 아껴 베토벤 교향곡 '전원'을 사서 수백 번을 들었던 시절로 거슬러 올라간다. 그렇게 불붙기 시작한 클래식에 대한 열정은 갈수록 타올랐다. 서울대학교 재학 시절 학교 옆 돌체 다방에서 커피를 마시며 클래식음악을 닥치는 대로 듣기 시작했다. 그때부터 클래식에 심취한 것이 평생 음악에 대한 열정을 샘솟게 하는 원천이 되었고, 종내는 우리 경제계는 물론 문화·예술계에까지 영향을 미치는 결과로 이어졌다. 한창 감수성이 예민한 시기에 접한 클래식이 자신의 인생을 바꿨다고 생각했던 그였기에 한국 메세나 협의회 회장 취임 후 평소 문화·예술을 접하기 힘든 소외계층의 아동들을 위한 지원 사업에 본격적으로 나선 것이다.

또 대한민국 최초로 '1기업 1문화운동' 등 본격적인 기업 문화·예술 지원 활동을 주도하는가 하면 각 기업 대표들을 직접 찾아다니며 '문화·

예술이 발전해야 경제도 발전한다'는 소신을 알리면서 적극적인 메세나 활동 지원을 부탁했다. 각 기업 CEO들에게 "어린 시절에 본 한 편의 연극, 음악회, 책이 주는 감동만큼 평생 가져갈 선물은 없다"는 내용의 글을 보내서 메세나 동참을 호소한 것이 화제가 되기도 했다.

그가 일찍이 초석을 놓은 문화경영, 예술경영의 메시지는 기업경영의 기본 코드가 되었다. 기업인으로는 처음으로 1998년 예술의 전당 이사장을 맡아서 예술활동에 경영 마인드를 불어넣은 것도 그의 큰 공적으로 꼽힌다. 또 경제계와 문화·예술계의 가교 역할을 하며 두 분야의 소통과 융합을 이끌어냈다. 통영국제음악제 이사장, 외교통상부 공연자문위원장, 외교통상부 문화대사 등 문화 분야의 여러 직책을 역임했고, 로린 마젤Lorin Maazel, 펜데레츠키Krzysztof Penderecki, 주빈 메타Zubin Mehta 같은 세계적인 거장들과 교류하며 한국의 젊은 아티스트들을 세계 무대에 적극 소개하는 문화 지원 활동을 하면서 '한국의 에스테르하지Esterhazy'라는 별명을 얻기도 했다. 또한 전국의 소년 보호 교육시설과 교도소, 어린이 병동, 공부방, 독거노인 및 장애인 시설, 외국인 노동자 시설, 오지 초등학교 등을 골고루 찾아다니는 메세나활동으로 '한국의 메디치'로 불리기도 했다.

사실 금호아시아나 그룹을 빼고는 한국의 메세나를 이야기할 수 없다고 해도 과언이 아니다. 그동안 금호아시아나는 메세나 발전에 큰 역할을 해왔다. 고 박 회장의 메세나에 대한 의지는 박삼구 회장으로까지 변함없이 이어져서 금호아시아나 문화재단은 재능 있는 음악도들을 꾸준히 발굴하고 장학금 지원, 명품악기 무상대여, 해외연주를 위한 무료탑

승권 제공 등 다방면으로 후원을 계속하고 있다.

고 박 회장의 클래식경영 추진사업은 한국의 클래식경영을 포함한 문화·예술을 통해 창조경영 환경을 10~20년 앞서게 했다. 특히 항공 회사의 경우 비행기 사고가 나면 대형 재난으로 이어지기 때문에 어느 기업보다 불안하고 긴장된 분위기가 조성된다. 그런 면에서 금호아시아나 그룹은 클래식음악을 접목한 창조경영으로 불안감을 해소하고 이미지를 개선하는 데 큰 효과를 얻었다.

Concert 08
기업의 가치를 높이는 창조경영

| 이건창호 박영주 회장 |

예전의 것을 발전시키는 클래식

언제부턴가 우리 주변에서 기업의 이름을 딴 미술관, 공연장, 음악회가 늘어나는 걸 느낀 사람이 많을 것이다. 한 시민으로서 또 예술인으로서 정말 기쁘고 행복한 일이 아닐 수 없다. 기업의 문화·예술 활동이 생소했던 1990년, 체코의 '아카데미아 목관 5중주단' 초청 공연을 시작으로 매년 가을 이뤄지는 이건창호의 '이건 음악회'는 문화·예술을 통해 사회 환원을 하는 대표적인 예로 인정받고 있다.

이 음악회를 만든 이건창호 박영주 회장은 그야말로 문화·예술을 생활화한 인물이다. 어린 시절 예술 애호가이던 아버지 덕에 피아노, 가야

금을 강제로 배우다시피 했고, 고등학교 시절에는 합창반에서 노래를 불렀는데 선생님이 성악을 하라고 1년 동안 채근할 정도였다. 대학에서는 박물관, 미술관 등 문화공간을 찾아다니며 문화적 체험과 지식을 쌓았다. 예술적 기질이 넘쳐흐르는 집안에서 태어나고 자란 박영주 회장은 고 박성용 회장과 마찬가지로 문화·예술은 감수성이 예민한 어린 시절에 배워야만 자발적으로 즐기고 이해할 수 있다는 지론을 가지고 있다.

예술적 체험을 하고 성장한 사람과 그렇지 못한 사람과의 차이가 크다는 것을 직접 체험한 그는 입시경쟁의 한 과목으로만 예술을 대하는 우리 현실이 몹시 안타깝다고 했다. 베네수엘라의 저소득층 청소년 음악교육 프로그램인 '엘 시스테마El Sistema'에서 예술이 한 인간, 나아가 한 사회를 바꾸는 엄청난 힘을 발현하는 것을 보고 어린 시절의 예술적 체험을 더욱 중요하게 생각했다.

또 그는 고 박성용 금호아시아나 그룹 명예회장 타계 이후 메세나 협의회 회장직을 물려받아 소외계층에 대한 메세나활동에 적극 나서고 있다. 해외 시장에서도 어떤 지역에 진출하든 반드시 한 가지 문화 사업은 한다는 소신에서 비롯된 생각이다. 특히 칠레에서 개최하는 음악회와 어린이 사생대회는 회사 브랜드를 드높이는 유명한 행사로 자리를 잡아 2001년 칠레 정부가 수여하는 최고훈장 베르나르도 오이긴스 커멘더 Bernardo O'Higgins Comendador를 받기도 했다.

이건창호의 남다른 경쟁력은 소통과 예술경영이라는 독특한 기업문화에 있다. 인천 도화동에 위치한 이건창호는 본사 건물 자체가 예술 작품이다. 2층 중앙 현관에는 고 백남준 선생의 비디오아트 '색칠하는 아이'가 설치되어 있고, 전시공간인 '이건갤러리'에서는 중견 신예작가의 작품이 전시되어 있다. 또 월요일부터 목요일까지 매주 저녁이면 음악 동아리 '이건 앙상블'이 연주하는 음악이 흘러나온다. 소통과 문화를 강조하는 예술경영의 대표적인 사례라고 할 수 있는 '이건 앙상블'은 바이올린, 첼로, 색소폰, 플루트 등 악기와 성악을 배울 수 있는 사내 오케스트라다. 물론 악기는 회사에서 대여해주고 매주 한두 차례 현직 음악 강사들에게 연주 과외를 받는다.

지금이야 기업들의 문화 지원 활동이 활발하지만 20여 년 전 처음 박 회장이 이건 음악회를 제안했을 때는 사내에서조차 '나무 공장에서 무슨 음악회냐'며 반대가 심했다. 하지만 박 회장은 소신을 갖고 묵묵히 자신의 철학을 경영 현장에 접목시켰다.

사실 내가 지금 설명하는 클래식 창조경영 또한 많은 사람에겐 낯설고 배부른 소리로 들릴 수 있다. 급변하는 경제 환경에서 기업들이 먹고 살 길을 찾기도 바쁜데 무슨 클래식이냐고 투덜거릴 사람도 있을 것이다. 그러나 어떤 분야에서든 멀리 내다보고 자신의 길을 찾는 자가 남보다 풍성한 열매를 맺을 수 있다. 돈만 있다고 창조성을 단기간에 살 수 없듯이 클래식을 통한 창조경영 또한 짧은 시간 안에 만들어질 수 없다. 창조경영 마인드에 대한 CEO의 확고한 믿음이 없다면 그 기업은 급변하는 시대의 조류 속에서 방향을 잡지 못하고 이리저리 떠밀려 다니다 좌초하고 말 것이다.

요즘 화제인 스마트폰만 봐도 불과 20~30년 전에 누가 이런 창조물이 나오리라고 짐작이나 했을까? 요즘 애플사가 이뤄낸 놀라운 성과물은 창의성이 예술에서 나온다는 것을 확인해주고 있다. 애플사 창립주로 이 시대의 아이콘이 된 스티브 잡스는 고등학교 졸업 후 리즈 칼리지 대학교에 입학해 6개월 만에 자퇴했다. 대학 졸업장이 미래를 보장해주는 것이 아니라는 생각이 들었기 때문이다. 그 이후 흥미 없는 필수과목들 대신 정말 듣고 싶은 수업을 자유롭게 도강했다. 그러다 학교 곳곳에 붙어 있는 포스터와 상표들의 아름다움에 끌린 그는 서체교육 수업을 받았다. 스티브 잡스는 수업을 통해 과학적인 방식으로는 따라 하기 힘든, 아름답고 유서 깊고 예술적인 서체의 매력을 발견했는데 그것이 첫 번째 매킨토시 컴퓨터를 구상할 때 그대로 빛을 발했고, 오늘날 창의적 발상으로 이 시대를 선도하는 애플 제품 개발의 토대가 된 것이다.

대기업과 견주어 비교적 규모가 작은 이건창호에서 지원활동을 꾸준히 하는 것이 쉬운 일은 아니다. 그럼에도 박 회장은 '예술적 체험은 삶의 아름다움을 느끼고 발견하며 살아가는 생활 방식'이라는 생각에서 예술경영에 앞장서왔다. 지속가능경영과 창의경영이 기업의 화두가 된다는 점에서 문화·예술에 대한 투자야말로 두 마리 토끼를 함께 잡을 수 있는 원동력이 된다는 믿음을 갖고 있다. 또 기업 메세나활동에 대해서도 기업이 문화·예술을 후원함으로써 문화도 발전하고 기업의 품격과 이미지가 높아져서 기업도 발전하는 선순환 사이클을 갖는다는 점을 강조한다.

이건산업은 이미 사양 산업으로 인식돼온 합판 분야에서 세계적인 종합 목재 기업으로 성장하기 위해 솔로몬 군도(남태평양 1천여 개의 섬으로 이루어져 있다) 뉴조지아 섬에 여의도의 90배가 넘는 넓은 숲을 조성하고 있고, 제주도의 2배 면적인 초이셀 섬의 원목 자원도 확보하여 고부가 가치를 창출했다. 기업의 이윤보다 환경을 먼저 생각하는 기업으로 그 가치를 인정받고 있다.

한편으로 박 회장은 21세기라는 변화와 도전의 시대에 어제의 지식이 오늘이 되면 낡은 지식으로 변해버린다는 점을 강조하며 CEO들에게는 빠른 적응력과 창의성을 주문하기도 한다. 박 회장의 창의적인 안목은 이건창호의 해외 창호 공사 수주실적을 해마다 급속하게 성장시켰고, 특히 2007년과 2008년 사이 실적은 두 배 이상 늘어서 2008년 말 해외수주액은 3천만 달러를 돌파했다.

이건창호는 2010년부터 앞으로 3년간 30억 원 이상의 정부 지원금을 받아 '수요자 맞춤형 염료감응형 태양전지 태양광창호와 태양전지 고속공정을 개발하는 과제'를 수행하는 주관기관으로 선정됐으며, 한국거래소와 한국기업지배구조센터가 공동으로 주관하는 '지배구조 우수 기업'에서 지배구조 개선 기업에도 선정됐다. 이처럼 박영주 회장의 창조적 경영 마인드는 기업 환경은 물론 기업 실적을 놀랍게 증대시킴으로써 다른 기업인들에게도 큰 자극이 되고 있다.

진정한 메세나의 가치를 이루다

| (주)대원홀딩스 김일곤 회장 |

국내 음악의 발전에 힘쓰다

재계와 문화계 인사들에게 진정으로 클래식이라는 순수음악의 가치를
인정하고 사랑하는 기업인을 꼽으라고 하면 언급되는 인물 중 한 명이
(주)대원홀딩스의 김일곤 회장이다. 김 회장은 평소 문화·예술에 대한
사랑을 좀 더 구체적으로 실현하기 위해 대원문화재단을 설립했다. 그
취지를 밝힌 인사말에서 문화경영 철학이 확실하게 드러난다.

"미래학자 엘빈 토플러는 현대사회를 이끌어가는 원동력으로 정보화
나 첨단 과학이 아닌 문화·예술의 힘을 꼽았습니다. 현재 기업 인지도나

이미지 제고, 품질과 서비스의 고급화 등 이 모든 것에 문화·예술이 필수적인 요소로 자리 잡고 있습니다. 이제 문화·예술을 도외시하는 기업과 사회는 더 이상 경쟁력을 갖지 못합니다. 문화·예술은 한 개인의 삶은 물론 사회를 변화시키며, 나아가 세계화의 추세에서 국가경쟁력을 키우고 정체성을 확립시킬 수 있는 가장 중요한 원동력입니다."

대원문화재단은 '음악을 사랑하는 순수한 열정으로 진정한 메세나의 가치를 이룬다'는 김일곤 회장의 뜻에 따라 국내 문화·예술 분야 중에서도 가장 지원이 열악한 순수음악계를 집중 지원하는 것을 목적으로 2004년 설립됐다. 이후 음악 영재를 발굴하고 육성하는 장학 사업과 다양한 문화 사업을 통해 국내 음악의 발전에 크게 이바지하는 것은 물론 장기적으로 국가의 위상을 높이는 역할을 하고 있다.

특히 2006년, 우리나라에서 가장 큰 고전음악상으로 자리 잡은 대원음악상을 제정하고, 매년 국내외 클래식 발전에 현저하게 공헌한 한국인을 선정해서 음악대상, 음악연주상, 음악작곡상 및 공로상을 시상하고 있다. 그동안 지휘자 정명훈, 한국예술종합학교 음악원, 피아니스트 백건우, 바이올리니스트 강동석 등이 대상을 수상했고, 그 외 다수의 연주자와 연주단체가 수상했다. 그 외에도 2005년에는 대원예술인 제도를 만들었는데 제1대 대원예술인으로 선정된 피아니스트 김선욱은 2006년 세계 권위의 '리즈 국제 피아노 콩쿠르'에서 순수 국내파로서 한국인 최초로 우승하기도 했다. 이를 통해 조수미, 장한나, 정명훈 등이 소속된 세계적인 클래식 아티스트 매니지먼트사인 아스코나스 홀트Askonas Holt Ltd.

와 전속계약을 하며 본격적으로 세계 무대에 진출했다.

또한 영아티스트 장학 지원 사업도 추진하는데, 장래성 있는 젊은 음악도들과 기업 간에 장학 후원을 주선하여 장학 결연을 적극적으로 추진해 성사시키는 등 차세대 한국 클래식음악계의 거장이 될 젊고 유망한 음악도들을 발굴하고 지원하고 있다.

특히 지휘자인 내가 김일곤 회장을 더욱 존경하는 이유는 대원문화재단이 지휘자들을 전폭적으로 지원하고 있기 때문이다. 대원문화재단은 2006년부터 (사)한국 지휘자 협회가 주최하는 '지휘 캠프'를 후원하고 있다. 국내·외 저명한 지휘자들을 초빙해 집중적인 교육과 실습을 제공하고, 신진 지휘자들을 발굴하고 양성해 한국 지휘계가 안정적으로 발전할 수 있게 촉매제 역할을 하는 음악인 교육 지원 사업이다. 또 삼성경제연구소와 공동으로 2007년부터 '뮤직 앤 컬처' 프로그램을 기획해 CEO들이 자연스럽게 클래식음악을 접할 수 있게 제공하고 있다. 이 프로그램은 음악 공연의 수준 향상에 기여하는가 하면, 기업과 음악인 간, 즉 문화적 수요자와 공급자 사이의 원활한 만남을 지원한다. 결국 이 프로그램은 CEO들의 메세나활동에 불씨가 되고 있다. 수강생이었던 신상훈 신한은행 행장은 '신한아트홀'을, 현대산업개발 정몽규 회장은 '포니정홀'을 개관했을 정도다. '로비 음악회'로 유명한 포스코 이구택 회장, 남중수 KT 사장 등도 이 강좌의 수강생이었다. 또한 1기에 50~70명이 되는 CEO들은 강좌가 끝난 뒤에도 소규모 '살롱콘서트' 모임을 계속하며 영재를 후원하고 있다.

또 2007년부터 매년 '서울 스프링 실내악축제', KBS교향악단 일본 순회 연주, 백건우 베토벤 피아노 소나타 전곡 연주회, 부천 필하모닉 오케스트라, 구스타보 두다멜이 이끄는 시몬 볼리바르 유스 오케스트라 내한 공연 후원 등 의미 있는 국내외 클래식 공연들을 지원하고 있다.

또 음악 교육에도 지속적으로 힘쓰고 있다. 서울대학교 음악대학 예술문화기금, 한국예술종합학교 발전기금 등 국내 음악대학을 후원하고 석좌기금을 조성해 2009년 3월 이강숙 한국예술종합학교 석좌교수를 지원했으며, 2010 객석예술평론상 서양음악 부문을 후원하는 등 한국 클래식음악이 발전할 수 있는 인프라를 구축하고 저변의 안정적인 확충을 위한 지속적인 지원을 아끼지 않고 있다. 이러한 김일곤 회장의 끊임없는 순수음악 사랑은 많은 음악가에게 큰 용기와 힘을 주고 있다.

김일곤 회장은 평소 '어느 정도 돈을 벌면 음악 후원에 쓰겠다'고 스스로의 꿈을 말해왔는데 대원문화재단의 설립으로 그 꿈을 실현하고 있다. 김 회장은 항상 음악의 문화적인 부가가치 측면을 강조했다. 제1회 대원음악상 대상을 수상한 정명훈의 예를 들어 훌륭한 한 명의 음악가의 문화적 부가가치는 탁월한 외교관 1,000명의 역할 못지않다고 역설한다.

올해 초 서울대 미술대학원의 김두이 씨는 기업의 문화·예술 지원 활동이 주식가치에 어떤 영향을 미치는가를 분석한 논문 〈문화·예술 지원 활동이 기업의 주식가치에 미치는 영향〉을 발표했다. 논문을 보면 기업의 문화·예술 지원활동이 공표된 당일의 주가수익률은 평균 0.561퍼센트 증가했고, 이를 시가총액에 적용해보면 약 773억 원의 가치 증가가 발생했다고 한다. 기업의 문화·예술 지원 활동은 특히 1년 이상의 주기를 갖고 꾸준히 실시한 후원 활동과 상업적인 의도가 노출되지 않은 후원일 경우, 주가 수익에 더욱 긍정적인 상관관계를 보였다고 한다.

비록 나는 비전문가라 이런 상관관계의 면밀한 분석은 불가능하지만, 우리 기업들이 경영 현장에서 예술경영, 문화경영의 폭, 특히 클래식경영의 폭을 더욱 넓힌다면 구체적인 효과가 속속 입증될 것이라 확신한다.

공연장의 명당은 어딜까?

많은 이들은 무조건 앞자리를 선호한다. 하지만 무조건 앞자리가 명당은 아니다. 물론 비싼 자리가 좋은 자리라는 건 의심의 여지가 없다. 하지만 공연의 특징에 따라 예매만 잘 하면 적은 비용으로도 최고의 효과를 얻을 수 있다.

첫째, 연주자의 생생한 표정과 얼굴, 그리고 그들의 거친 호흡소리를 듣고 싶다면 두말할 것 없이 앞자리 중앙이 좋다.

둘째, 그날 공연에 협연이 있다면 가급적이면 객석에서 무대를 바라보고 왼쪽에 앉는 것이 좋다. 일반적으로 협연자는 객석에서 무대를 바라보고 왼쪽에서 연주를 한다. 특히 피아노 협연이 있을 때 왼쪽 좌석에서는 연주자 손의 움직임을 볼 수 있기 때문에 그 어떤 곳보다 최고의 명당이다. 그런 날 오른쪽에 앉으면 피아노에 가려 연주자의 얼굴이나 움직임을 보기가 어렵다.

셋째, 대규모 관현악단의 연주일 경우 가급적 2층 앞줄을 권하고 싶다. 일반적으로 소리는 떠오르는 성질을 가지고 있어서 아래층보다는 위층에서 들을 때 더 좋은 사운드를 들을 수 있다. 뿐만 아니라 모든 연주자가 한눈에 들어와 감상하기에 좋다. 더구나 아래층의 앞자리는 좌석에서 가까운 악기의 소리가 다른 악기의 소리에 비해 상대적으로 크게 들리는 현상이 있어서 전체 오케스트라의 화음을 듣기에는 좋지 않다. 유럽의 고풍스러운 오페라극장이나 콘서트홀의 경우 언제나 공연장의 2층 중앙에 로열석을 두는 이유도 여기에 있다.

넷째, 만약 공연장이 예술의 전당과 같은 무대 뒤에 좌석이 있을 경우, 좋아하는 지휘자가 연주한다면 나는 잠시도 주저하지 않고 무대 뒤의 좌석(일명 합창석)을 살 것이다. 그곳에서는 지휘자의 생생한 표정과 연주자들의 모습을 가까이에서 볼 수 있다. 자, 이제 인터넷을 켜고 좌석 배치도를 보면서 최고의 명당을 찾아보자.

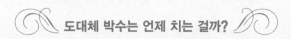

도대체 박수는 언제 치는 걸까?

모 유명 오케스트라의 공연을 보러 갔을 때의 일이다. 이날의 주요 레퍼토리는 차이코프스키의 '바이올린 협주곡 D장조 작품 35'와 드뷔시의 교향시 '바다' 등으로 짜여 있었다.

공연장에 갈 때마다 느끼는 거지만 우리 청중의 수준은 갈수록 높아진다. 1부에서 3악장으로 구성된 차이코프스키 바이올린 협주곡을 연주할 때 악장과 악장 사이에 박수를 치지 않는다는 것쯤은 모두 알고 있는 듯 모든 관객이 숨을 죽인 채 연주를 감상했다. 그런데 문제는 2부에서 일어났다. 2부에서 드뷔시의 교향시 '바다'를 연주할 때였다. 이 작품의 부제는 '3개의 교향적 스케치'로 제1악장 '해상의 새벽부터 정오까지'와 제2악장 '바다의 희롱 또는 파도놀이' 그리고 제3악장 '바람과 바다의 대화'로 구성되어 있다. 그런데 1악장이 끝나고 2층의 몇몇 관객이 박수를 치기 시작한 것이다. 순간 일부 관객들의 웅성거림과 지탄의 눈길 속에 박수를 친 사람들은 무슨 죄인이라도 된 양 움츠러들었고, 연주자들 또한 약간 무안한 표정을 지음으로써 잠시 어색한 분위기가 되었다.

물론 이날 공연 주의사항에는 '악장 사이의 박수는 삼가해주시기 바랍니다'라는 문구가 분명히 들어 있었다. 이런 요구를 하는 것은 연주자에게는 악장과 악장을 긴밀하게 연결해서 호흡이 흐트러지지 않게 하려는 뜻이 있고, 또 청중에게는 침묵하는 가운데 이전 악장의 여운을 되새기면서 다음 악장을 기다리라는 의미다.

 ## 그렇다면 이런 전통은 언제부터 왜 생겼을까?

바흐나 모차르트시대는 물론이고 1930년대까지만 하더라도 악장과 악장 사이 관객들의 박수는 연주자의 자신감을 높이고 관객과 교감을 이루는데 아주 중요한 행위였다. 그런데 지휘자 빌헬름 푸르트뱅글러가 이런 관행에 문제를 제기했다. 그는 "모든 악장은 유기적으로 연결되어 있기 때문에 전곡이 끝날 때까지 그 흐름은 유지되어야 하며 관객들도 전체적인 흐름을 파악하고 감상하기 위해서는 악장 사이의 박수는 의미가 없으므로 삼가해달라"는 말로 악장 사이의 박수를 금지하도록 유도했고 당시 비평가들과 동료 지휘자들에게 대부분 동의를 얻어 관례화되었다.

 ## 클래식과 친해지는 방법은?

해마다 연말연시에는 유독 송년음악회니, 신년음악회니 해서 어느 때보다 많은 공연으로 관객들을 불러 모은다. 한 해를 보내는 아쉬움, 허탈함, 조급함을 달래고 차분하게 마음을 정돈하는데 클래식 공연 감상만큼 효과적인 것은 없다. 그런데 아직도 많은 사람들이 클래식 공연에 대해 잘못된 고정관념을 갖고 있거나 관람에 대한 심리적 부담을 갖고 있다. 클래식은 너무 어렵다, 따분하다는 생각에서부터 클래식 공연 관람에는 격식이 필요할 거라는 두려움까지. 클래식이라는 말만 들어도 공연히 주눅이 들어서 기피하는 사람들이 의외로 많다.

이런 사소한 오해들이 클래식을 외면하게 만든다면 너무나 안타까운 일이 아닐 수 없다. 이어서 나열하는 몇 가지만 기억하면 누구나 언제든지 클래식 공연을 즐길 수 있다.

첫째, 클래식에 대해 잘 모른다면 되도록 유명한 연주자의 공연을 선택하라.

물론 타 공연에 비해 가격이 좀 비쌀 수는 있지만, 그들이 유명해지기까지 오랜 기간 실력을 바탕으로 대중의 사랑을 받아왔음을 생각한다면 그 정도 출혈은 감수하자.

둘째, 가급적이면 음향이나 시야 면에서 좋은 좌석을 골라라.

연주장에서 음향은 앉는 위치에 따라 천차만별인 경우가 많다. 많은 사람들이 앞좌석을 선호하는데 사실 앞좌석은 연주자를 가까이에서 볼 수 있다는 장점 외에 음향적으로는 그다지 좋은 자리가 아니다. 지휘자가 왜 연주자들 정중앙에 그리고 그들보다 높은 곳에 서는지 생각해보면 금방 그 이유를 알 수 있다. 소리는 위로 떠오르는 성질을 가지고 있어서 무대 전체가 보이고 무대보다 조금 높은 곳이 가장 좋은 좌석이라고 생각하면 된다.

셋째, 박수와 의상에 대한 걱정은 하지 마라.

연주회에 가면서 슬리퍼에 비키니 차림(?)을 하지는 않을 것이다. 그저 계절에 맞게, 남들 눈살 찌푸리지 않을 정도로만 입으면 된다. 그리고 곡을 잘 몰라 언제 박수를 쳐야 할지 고민이라면 다른 관객들이 박수치는 것을 보고 눈치껏 따라 하면 된다. 혹 실수하더라도 부끄럽게 생각할 필요가 없다.

넷째, 공연 중에는 숨소리도 내지 말고 감상해야 한다는 강박관념은 던져버려라.
연주자들이 집중해서 연주할 때, 가급적 좋은 연주를 위해 숨소리마저 낮추다 보
면 정적 속에서 들려오는 아름다운 자연음향이 주는 맑고 신선함을 느낄 수 있
다. 그러다가 연주가 고조되면 관객들도 연주자와 함께 호흡하고 연주가 마쳤을
때 환호로 화답한다면 아마 최상의 연주가 될 것이다. 부자연스러운 침묵이 아
닌 자연스러운 몰입 속에 연주를 즐기고 공연장을 빠져나올 때 느껴지는 뿌듯함
은 그 어떤 것과도 비교할 수 없다.

다섯째, 내가 아는 곡이 한 곡이라도 있는 공연을 봐라.
예를 들어 연말에는 귀에 익은 베토벤 9번 '합창' 교향곡이 제격이고 신년에는 요
한슈트라우스 '일가의 왈츠'와 '폴카'가 제격이다.

이상 다섯 가지만 잘 기억한다면 자연스럽게 클래식 공연의 매력에 푹 빠지게
될 것이다.

Chapter 05

고전음악가에게 창조적 리더십을 배우다

고 전 음 악 가 에 게 창 조 적 리 더 십 을 배 우 다

|

"창조경영의 출발점은 예술이다.

시와 음악, 미술, 공연 등은 세상을 다르게 볼 수 있는 실마리를 제공한다.

여기서 바로 창의력이 나온다."

_《생각의 탄생》 저자 로버트 루트번스타인

Concert 01

고전음악가들의 리더십

고전음악가들의 창조적 리더십

급속하게 변화하는 세상에서 어떻게 적응해나갈 것인지를 고민할 때 자주 언급하는 이야기가 있다.

"이 세상에서 변하지 않는 단 하나의 진리는 '세월 속에서 변하지 않는 것이란 없다'는 명제다."

세상의 변화는 사람들을 불안하게 만든다. 하지만 깊은 눈으로 '고전'을 들여다보면 조금씩 변형은 됐을지언정 인류의 번영을 지탱해온 변하지 않는 가치관을 찾을 수 있다. 이런 가치관은 기본적인 도덕이나, 사회규범, 인간관계를 넘어 경제활동에까지 모두 적용할 수 있다.

클래식과 창조경영의 접점을 찾고자 할 때 가장 큰 동력을 제공한 것 중 하나가 바로 고전음악가들의 리더십이었다. 특히 카리스마 리더십의 시대가 가고 감성 리더십, 소통 리더십, 따뜻하고 부드러운 카리스마 같은 신조어들이 속속 등장하는 최근 경영 환경에서 고전음악가들의 리더십이 좋은 전범이 될 것 같아 이번 장에서 소개한다.

이 장에서는 이미 잘 알려진 작곡가들의 삶과 그들의 음악을 통해 알지 못했던 도전과 성공스토리, 그리고 그들의 리더십과 창조경영에 대해 알아본다. 또한 세계적인 오케스트라인 베를린 필하모닉 오케스트라가 지휘자의 리더십에 따라 어떤 변화를 겪었는지 소개한다.

새로운 것을 창조하는 '하이 컨셉트'

| 작곡가 베드르지흐 스메타나 |

하이 컨셉트형 CEO

조국의 식민지 역사를 고스란히 간직하고 결코 순탄하지 않은 삶을 살았던 스메타나는 수많은 실패와 좌절, 그리고 성공을 경험하며 음악에 대한 열정 하나로 누구도 흉내 내지 못할 멋진 작품들을 남겼다. 그의 삶을 깊숙이 들여다보면 우리에게 끝없는 도전을 자극하는 리더의 모습을 발견할 수 있다.

작곡가로서 스메타나의 성공은 일단 기회를 잡았다 하면 끈질긴 노력으로 기회를 놓치지 않는 그의 성격에서 비롯되었다고 해도 과언이 아니다. 프라하에서 음악 공부를 하고 있을 때 그는 헝가리 출신으로 독일 바이마르에서 피아노 연주와 작곡의 거장으로 이름을 날리던 리스트가 프라하를 방문한다는 소문을 들었다. 스메타나는 리스트를 한 번도 만난 적이 없었지만 과감하게도 리스트에게 자신이 작곡한 곡을 보내서 체코보다 더 훌륭한 음악환경을 가진 독일의 출판사를 소개해달라고 부탁했다. 리스트는 스메타나의 청을 받아들여 라이프치히의 출판사 키스트너를 소개해주었고, 스메타나는 이를 계기로 유럽 전역에 본격적으로 이름을 알린다.

스메타나는 오랜 연애 끝에 1849년 사랑하는 카체리나 콜라르조바와 결혼해서 네 딸을 낳았다. 1856년 스웨덴 고텐부르크의 필하모닉 협회 전임지휘자로 초빙받아 그곳에서 수년간 지휘자와 피아니스트, 교육자로 활동하며 프라하와 다른 편안한 삶에 안주하기 위해 모든 수속을 마쳤을 때만 해도 모든 일이 순조롭게 진행되는 듯했다. 그런데 네 딸 중 셋이 어린 나이에 병으로 사망하고 그토록 사랑하던 부인마저 결핵으로 건강이 나빠져 세상을 떠나고 말았다. 이 불행한 일은 스메타나에게 분명 심각한 위기였다.

하지만 스메타나는 이런 불행 속에서도 자포자기하지 않고 도리어 리스트가 있던 바이마르와 멘델스존, 슈만이 있던 라이프치히를 방문해 대가들에게 음악적 영향을 받는다. 특히 새로운 음악장르인 교향시의 창시자 리스트에게 많은 영향을 받는다. 스메타나가 초기에 발표한 교향시(일반적으로 4악장으로 구성된 오케스트라곡을 교향곡이라고 하는데 교향시는 한 악장으로 된 자유로운 형식의 관현악곡을 말한다)는 모차르트음악에 심취해 있던 당시 체코 국민들의 정서에 잘 맞지 않았다. 그뿐 아니라 당시 리스트와 그의 사위인 바그너의 영향을 받아서 규모가 큰 교향시를 만들었기 때문에 바그너를 추종하던 사람들은 그를 어설픈 바그너라며 비아냥대기까지 했다.

스메타나는 첫 부인이 죽은 후 1860년 열여섯 살 연하의 두 번째 아내 베티 페르디난디와 재혼해서 다시 스웨덴의 고텐부르크로 가지만 스메타나의 음악성을 이해하지 못하는 그녀에게서 위로를 받지 못했다. 그래서 스메타나는 오스트리아 정부가 체코 국민에 대해 탄압정책을 완화하는 것을 보고 1861년 고국으로 돌아와 체코의 민족음악을 창조하기 위한 작품 활동에 매진했다.

1866년 작곡한 오페라 〈팔려간 신부〉가 우여곡절 끝에 성공을 거두면서 스메타나는 보헤미아 국민 가극장의 지휘자로 활동을 시작하지만 그 행복은 그리 오래가지는 못했다. 1874년 10월 한순간에 청각을 잃고 은퇴를 해야 했기 때문이다. 그러나 그는 경제적으로 안정을 잃은 상황에서도 여전히 창작 의욕을 불태우며 훌륭한 작품들을 만들어냈다.

스메타나는 천재적인 재능을 가진 음악가였음에도 불구하고 체코가 격동의 시대를 건너고 있어 그에 대한 몰이해와 내내 싸워야 했다. 또 항상 어려운 처지에 놓여 있었음에도 이에 굴하지 않고 타고난 낙천적인 성격으로 체코 국민음악의 선구자로서 큰 업적을 남겼다.

자유분방한 생활을 좋아하며 낙천적이고 즐거운 민족성을 가진 보헤미안 기질을 가진 스메타나. 그는 보헤미아의 오랜 전통 위에서 근대적인 음악을 구축한 하이 컨셉트형 민족 음악가였다.

전통적 가치를 세계적인 예술 작품으로 승화시키다

스메타나는 예술과 인간에 대해 이런 명언을 남겼다.

"예술적인 사상을 형성하고 표현하는 사람만이 완전한 인간이다."

스메타나의 이 명언에서 즉각적으로 떠오르는 말은 '하이 컨셉트'다. 1991년 일본의 아오모리 현에 시련이 닥쳤다. 수확을 앞두고 불어온 태풍 앞에서 과수원의 사과는 90퍼센트 이상 떨어졌고, 농민들은 시름과 절망에 빠졌다. 이때 한 농민이 침묵을 깨고 이런 제안을 했다.

"괜찮아. 우리에겐 아직 나무에서 떨어지지 않은 10퍼센트의 사과가 있잖아. 우리가 이 사과를 '떨어지지 않는 사과'로 포장해서 수험생들에게 '합격 사과'로 팔면 승산이 있을 거야."

그렇게 해서 탄생한 '합격 사과'는 보통 사과보다 10배나 비싼 가격임에도 날개 돋친 듯이 팔려나갔고 당시 일본에서는 물론 우리나라에도 큰 화제가 되었다.

세계적 석학인 다니엘 핑크는 이처럼 관점을 바꿔서 기능적인 가치 뒤에 숨어 있는 감성 가치 또는 문화·예술적 가치를 창조해내는 것을 '하이 컨셉트high concept라고 이름 붙였다. 스메타나는 물리적인 불행을 수없이 겪었지만 그럴수록 자신의 내면에서 더 많은 것을 끌어냈고, 그것을 민족적 감성과 융합시켜서 훌륭한 작품들을 생산해낸 것이다.

하이 컨셉트란 대부분 기존의 그 무엇과, 이전에 상상하지 못했던 또 다른 어떤 무엇이 결합하면서 탄생한다. 그래서 경영에서 인문학과 문화, 예술이 중요한 것이다. 훌륭한 기술을 보완해줄 다양한 문화와 예술의 통섭을 통해 하이 컨셉트를 마련해야 한다.

그런 면에서 스메타나는 서양의 주류문화에서 볼 때 변방에 지나지 않았던 보헤미아, 즉 체코의 민속음악을 서양의 주류음악에 훌륭히 접목시켜 새로운 가치를 지닌 음악을 선보인 '하이 컨셉트 CEO'라 할 수 있다. 결과적으로 체코음악은 예술적 소명의식에 전통의 힘을 보탠 음악가 한 사람으로 인해 한층 업그레이드되어 세계에 널리 전파될 수 있었다.

우리의 산조나 예악을 세계적인 작품으로 남긴 작곡가 고 윤이상 선생이나 대장금과 같이 한국적인 소재로 만들어진 드라마가 해외로 진출해서 한국의 전통문화에 대한 관심과 품격을 높인 것 또한 이와 다르지 않다.

Concert 03

제3자의 시각을 가진 음악가

| 작곡가 안토닌 드보르작 |

끊임없이 도전하다

모차르트가 오페라를 써서 처음으로 무대에 올린 나이가 14세였다. 모차르트만큼은 아니지만, 하이든과 슈베르트는 왕실 성가대에서 노래할 만큼 고운 목소리를 가졌고, 쇼팽과 리스트는 각각 폴란드와 헝가리에서 태어나 일찌감치 중부유럽으로 유학을 한 천재들이었다. 이렇게 극적인 천재들의 일화가 많다 보니 30대 중반을 넘겨서야 세상에 존재를 드러낸 음악가는 자신의 처지에 대해 꽤 오랫동안 고민했을 것이다. 시작이 늦은 만큼 남다른 활약을 보였던 그 음악가는 바로 '신세계교향곡' '슬라브 무곡집''유모레스크'를 작곡한 안토닌 드보르작이다.

30대 초까지 변변한 작품 하나 무대에 올리지 못한 드보르작은 매우 우울했다. 실제로 많은 음악가가 교회에서 반주하고 약간의 레슨을 하면서 살고 있었으니 자신도 그렇게 살게 될지 모른다는 불안에 빠지기도 했다. 그러나 그 어떤 상황도 드보르작의 창작욕을 막지는 못했다. 작곡가가 언제 무대에 올라갈지 모르는 작품을 하염없이 만들고 있다는 것은 어찌 보면 허망한 작업이다.

그러나 30대의 나이에 보헤미아 시골 출신의 작곡가였던 그는 많은 작품을 만들고 그리고 또 버리면서 무명의 시간을 버텼다. 심지어 오페라 '왕과 숯쟁이'는 당시 극장의 음악감독이던 스메타나에게 '상연하기 어렵다'는 얘기를 들었다. 드보르작은 그때 자신의 처지에 대해 "하녀가 주방에 불을 피울 때마다 내가 불쏘시개가 될 만한 오선지를 가지고 있다는 것을 알고 있었다"고 말하며 무참함 속에서 간신히 버텨낸 자신을 회고하기도 했다. 자신이 쓴 모든 작품이 책상 서랍 안에서 잠자고 있었음에도 드보르작은 계속해서 오선지를 그려나갔고, 그것을 다시 수정하고 또 마음에 들지 않는 것은 찢어버리면서 묵묵히 그 시절을 견뎠다. 그러나 이 작품들 덕분에 드보르작은 기회가 왔을 때 그 기회를 잡을 수 있었다. '쉬지 않고 작품을 발표하는 작곡가'로서 큰 슬럼프 없이 대작곡가의 삶을 살 수 있었던 것이다.

그는 어느 날 문득 눈을 뜨니 유명해진 스타 작곡가는 분명 아니었다. 하지만 끊임없는 도전에 감명한 하늘은 그의 손을 들어주었다. 장학금을 받기 위해 정부에 제출한 작품이 심사위원인 브람스의 눈에 든 것이다. 드보르작의 작품에 마음이 끌린 브람스는 자신의 작품을 전문적으로 출판하는 출판업자 짐로크에게 드보르작을 소개했고, 그 이후 드보르작의 인생은 180도 바뀌게 된다. 그는 발표하지 못한 작품들을 차례로 꺼내어 손질했고 연달아 큰 성공을 거두었다.

체코의 작곡가, 미국 흑인 음악을 새롭게 읽다

상품을 생산하는 기업이 자사 제품에 대해 여론조사를 의뢰하거나 막대한 비용을 들여 컨설팅을 받는 이유는 '제3자의 시각'이 중요하기 때문이다. 그런 의미에서 드보르작은 당시 음악계에서 제3자의 시각을 가진 작곡가였다.

드보르작이 음악을 배우던 학창 시절에 가장 영향력 있는 작곡가는 독일의 바그너였다. 바그너는 음악극(바그너 스타일의 대규모 오페라)을 발표하면서 유럽 전역의 작곡가에게 전형이 될 음악적 이상을 제시했다. 드보르작이 대작곡가로 알려진 계기는 대부분 보헤미아, 혹은 동부유럽의 음악적 유산을 발전시킨 음악을 작곡하면서부터다. 이러한 작품으로 그는 영국에까지 진출했고, 유럽인들은 그의 작품에서 이국적인 느낌, 그리고 또 다른 친숙함을 발견한다.

드보르작은 음악가로서 좋은 환경에서 성장하지 못했다. 그러나 그 척박한 배경은 오히려 드보르작에게 더 깊고 풍부한 감성적 토양을 제공했고, 쉽고 빠르게 성공하려는 헛된 욕심을 자제할 줄 아는 유연성을 길러주었다. 또 유럽의 다양한 음악을 받아들여서 문화적 정체성을 찾는 미국음악에 가장 중요한 자원을 포착하는 안목을 키워주었다. 젊은 시절 가난으로 고생을 많이 했지만 40세를 전후로 조국뿐 아니라 전 세계적으로 명성을 떨쳐 1890년 프라하의 카레르대학교, 1891년 영국의 케임브리지대학교에서 명예박사학위를 받았고, 1892년에는 미국 뉴욕의 내셔널 음악원의 초대원장으로 초빙되기도 했다.

드보르작이 미국에 도착한 시기에 미국음악은 정체성이 없었다. 당시 미국에는 많은 유럽 민족들이 있었고, 뉴욕 음악원에는 흑인 학생들이 상당수 있었다. 드보르작이 미국에 체류했던 짧은 기간에 파악한 미국 고유의 음악은 '인디언음악과 흑인음악'이 전부였다. 당시 뉴욕 음악원장이 된 드보르작은 신문 인터뷰 기사에서 "미국의 미래의 음악은 흑인 선율에 기초해서 만들어져야 하며 이것이 미국의 근원적인 작곡의 기초가 되어야 한다"라고 주장했다.

물론 이 인터뷰는 커다란 파문을 일으켰다. 그때만 해도 미국에 정착한 다양한 민족에게 인디언과 흑인의 정서가 담긴 음악은 그다지 달갑지 않았고, 관심을 끌 만한 음악도 아니었기 때문이다. 그러나 지금 와서 보면 드보르작의 주장은 거의 정확했다. 1920년대 유럽은 미국의 재즈 음악에 열광했다. 조지 거슈인George Gershwin, 아론 코플랜드Aaron Copland 등 미국 작곡가들이 작품을 쓸 때도 흑인음악과 인디언음악의 유산에 기초한 작품들을 주로 썼다.

드보르작이 처음 음악 교육을 받았을 때는 서양음악은 이방인의 것이었다. 왜냐하면 그는 독일, 프랑스, 이탈리아 같은 주요한 음악 중심지에서 떨어진 보헤미아 출신이기 때문이다. 하지만 이런 심적·거리적 소외감은 오히려 드보르작이 제3자의 시각을 익히는 데 도움이 되었다. 덕분에 미국 음악의 미래와 자산을 일찌감치 파악할 수 있었고, 노골적으로 드러나진 않지만 그의 교향곡 9번 '신세계로부터'에는 흑인 영가 '스윙 로우 스위트 채리엇Swing low, Sweet chariot'의 선율까지 들린다. 그는 뉴욕 음악원에 재학 중인 흑인 학생들의 음악까지 흡수해 자신의 것으로 만든 것이다.

1895년에 귀국해서는 프라하 음악원의 교수와 원장, 1901년에는 오스트리아 종신 상원의원으로 추대되는 등 그의 말년은 그 누구보다도 화려했다. 1904년 63세로 타계한 드보르작의 장례는 조국 체코의 국장國葬으로 치러져 뒤늦게 성공한 국민 음악가를 예우했다.

드보르작의 뒤늦은 성공이 우연히 이뤄진 것이라고 믿는 사람은 아무도 없다. 신경과학자인 다니엘 레비틴Daniel Levitin은 어느 분야에서든 세계 수준의 전문가가 되려면 1만 시간의 연습이 필요하다는 연구 결과를 내놓은 바 있다. 1만 시간의 법칙을 좀 더 많은 사람들에게 각인시킨 저널리스트 말콤 글래드웰은 저서《아웃라이어》에서 베를린 음악 아카데미 학생들을 분석한 심리학자 K. 앤더스 에릭손의 연구 결과를 소개하고 있다. 이 연구는 바이올리니스트를 대상으로 장래에 세계 수준의 솔리스트가 될 수 있는 엘리트 학생들, 그냥 '잘한다'는 평가를 받는 학생들, 프로급 연주를 해본 적이 없고 공립학교 음악교사가 꿈인 학생들, 이렇게 세 그룹으로 나눠서 연습량을 비교했는데 결론은 이렇다.

에릭손 교수는 그들에게서 '타고난 천재', 즉 다른 사람이 시간을 쪼개 연습하고 있을 때 노력하지 않고 정상에 올라간 연주자는 발견하지 못했다. 더불어 어느 누구보다 열심히 노력하지만 정상의 자리에 오르기엔 뭔가 부족한 사람도 발견하지 못했다.

그런 예를 통해서 글래드웰은 어떤 전문적인 분야에서 탁월한 능력을 발휘하려면 그만큼 많은 연습이 필요하고, 최고 중의 최고가 되려면 그냥 열심히 하는 게 아니라 훨씬, 훨씬 더 열심히 해야 한다는 점을 강조했다. 요즘 취업난 속에서 많은 젊은이들이 소위 스펙 쌓기에 열중하고 있지만 실제 기업에서 입사 면접을 담당하는 실무자들은 취업 희망자들의 비슷비슷한 자격증과 연수 경력에 대해 그다지 신뢰가 가지 않는다고 고충을 토로한다. 이런 형식적인 경력은 현장 실무와 연관성이 떨어지기 때문이다. 그러나 자신에게 맞는 성실한 스펙을 쌓는다면 드보르작의 책상 서랍 속에 쌓였던 악보들처럼 언젠가 기회가 왔을 때 그 기회를 성공의 디딤돌로 만들 수 있을 것이다.

보헤미아인들은 드보르작과 스메타나를 두고 생존 당시는 물론 사후에까지 둘을 비교하고 재평가했다. 특히 체코슬로바키아가 사회주의 국가가 되면서 드보르작은 거의 연구대상에서 배제되었고 스메타나가 보헤미안의 정서에 더 잘 맞는 작곡가라는 평가를 받았다. 이런 배경에는 유럽은 물론 미국에 가서 활동한 드보르작에 대해 사회주의 국가에서 그리 달가워하지 않았던 측면도 있었을 것이다. 하지만 드보르작이 스메타나에 비해 출발도 늦었고 한때는 후세의 평가에서도 밀리기도 했지만, 지금은 보헤미아의 자긍심을 높여준 위대한 두 음악가로서 나란히 자리를 지키고 있다.

재능을 믿는 대신 착실하게 연습하고 서랍 속의 작품을 차곡차곡 쌓아나갔던 드보르작. 성공을 이루자 슬럼프 없이 대작곡가의 길을 순탄하게 꾸준히 걸어간 드보르작만 보더라도 무엇이든 열심히 노력하는 것 외엔 성취의 지름길은 없다는 사실을 알 수 있다. 우리 앞에 놓인 산이 크더라도, 공부든 취업이든, 경영이든 하나하나 차곡차곡 실력을 키워 나가야 할 것이다.

Concert 04
부드러운 카리스마 최고의 참모

| 작곡가 프란츠 요제프 하이든 |

아버지 같은 CEO '파파 하이든'

고전주의 음악을 완성한 두 거장으로 모차르트와 하이든을 이야기한다.
그런데 그 둘을 이야기할 땐 그 둘의 상반된 성격이 화제가 된다. 모차
르트는 음악가로서 천재적 재능을 가졌지만, 자기중심적이고 변덕스러
운 성격 탓에 비난을 많이 받았다. 반면에 하이든은 빈약한 배경을 성실
함으로 극복했으며 성격이 상냥하고 친절해서 주위 사람들에게 존경을
받았다. 그래서 사람들은 정직하고 근면한데다 유머까지 갖춘 하이든을
'파파 하이든'이라고 불렀다. 하이든은 100명이 넘는 제자를 양성하면서
도 온후한 성격으로 그 누구에게도 미움을 받지 않은 것으로 유명하다.

후배들의 길을 터준 하이든

하이든의 작품 중에 누구나 알 만한 가장 익숙한 음악으로 '현악 4중주 Op.3-5 2악장 세레나데'를 들 수 있다. 이 작품은 휴대폰 통화 연결음으로 가장 많이 사용하는 음악이다. 사실 '하이든의 세레나데'라고 불리는 이 곡은 하이든의 작품이 아니라 호프슈테터Roman Hoffstetter가 만든 곡이다. 호프슈테터는 취미 삼아 가끔 작곡을 했던 당시 수도원의 신부로 악보를 사지 못할 정도로 가난해 출판은 엄두도 내지 못했다. 당시엔 교향곡같이 큰 작품이 아닐 경우에는 한 번에 여러 작품을 묶어서 출판하는 것이 관례처럼 되어 있었기 때문에 하이든은 자신의 작품 속에 호프슈테터와 같이 실력 있는 무명 음악가의 곡을 끼워 넣어준 것이다. 물론 하이든의 이름으로 출판되긴 했지만 음악사에서는 호프슈테터의 이름도 기억하고 있다. 그렇게 많은 작품을 남긴 대작곡가의 가장 유명한 작품이 사실 그의 곡이 아니라는 점에 실망할 사람도 많겠지만, 최근 발매되는 음반에 원작가의 이름도 함께 표기되는 것을 보면 두 사람 모두에게 좋은 결과로 작용했다는 해석이 가능할 것이다.

그가 제자들의 길을 열어주기 위해 남모르게 노력한 일화는 또 있다. 하이든은 에스테르하지 후작이 1790년 72세로 서거하자 아이젠슈타트를 떠나 빈으로 이주한 후, 당시 최고의 작곡가와 지휘자의 명성을 갖고 영국으로 초대받아 옥스퍼드대학교에서 명예음악박사학위를 받고 살로몬 콘서트에서 지휘한 적이 있다. 이때 살로몬 콘서트의 라이벌이었던 프로페셔널 콘서트의 지휘자로 초빙된 자신의 제자인 플레이엘pleyel에게 콘서트 라이벌 관계를 떠나 자신의 곡을 주기도 했다. 또 당시 본에서 빈으로 이주한 젊은 베토벤을 제자로 두었는데, 제자임에도 불구하고 그의 창조적 영감을 키워주기 위해 1794년 자신의 두 번째 런던여행에 동행을 권했다(결국 함께 가지 못했지만 하이든이 제자들을 얼마나 아끼는지 알 수 있는 일화 중 하나다).

유머 감각이 있는 하이든

현대도 마찬가지지만 당시 귀족들 중에는 체면 유지를 위해 문화생활을 즐기는 부류가 많았다. 이런 귀족들은 파티 중에 이미 춤과 음식, 와인으로 피곤해져서 정작 교향곡 연주만 시작했다 하면 꾸벅꾸벅 졸기 일쑤였다. 하이든은 음악을 좋아하지도 않으면서 교양 있는 체하는 귀족들 때문에 몹시 화가 났다. 어떻게 하면 이런 귀족들을 골려줄 수 있을까 고심한 끝에 탄생한 곡이 바로 '교향곡 94번 G장조 '놀람Surprise'이다.

이 곡은 '빠르고 경쾌한 제1악장Adagio Cantabile, Vivace assai'이 끝나면서 '도도 미미 솔솔미 파파 레레 시시 솔…'의 제2악장Andante이 부드럽고 잔잔하게 시작된다. 이때가 바로 귀족들에게 졸음이 솔솔 찾아오는 시간이다. 아마 하이든은 이 곡을 초연할 때 몇몇 귀족들이 꾸벅꾸벅 조는 모습을 보고 오히려 회심의 미소를 지으며 더 조심스럽게 지휘를 계속했으리라. 그리고 어느 순간에 이르러 하이든은 숨을 크게 한번 들이쉰 후 큰 몸짓으로 지휘봉을 휘둘렀고, 그와 동시에 팀파니와 함께 모든 악기가 동시에 포르티시모fortissimo로 '쾅' 하는 소리를 연출해 졸고 있던 귀족들을 깜짝 놀라게 했다. 어쩌면 너무 놀란 나머지 의자에서 굴러 떨어진 사람이 있었을지도 모른다. 사람들은 이처럼 크게 놀라면서도 갑작스럽게 분위기가 변하는 이 곡을 재미있어 했다.

이 부분에 대해서 하이든이 2악장의 포르티시모가 잠자고 있는 청중을 깨우기 위한 목적으로 들어간 게 아니라 그의 제자였던 플레이엘에 뒤지지 않기 위해 뭔가 참신한 효과를 2악장에서 보여주려고 작곡했다고 그의 전기작가인 그리징거Griesinger에게 말했다는 설도 있다. 하지만 아무렴 어떤가! 이 재미난 이야기를 굳이 믿지 않을 이유가 있을까?

하이든의 유머를 찾아볼 수 있는 또 하나의 작품은 6곡으로 구성된 '러시아 4중주곡집 Op.33' 중 두 번째 곡이다. 이 곡은 아예 제목을 '농담The Joke'으로 붙였는데 마지막 악장을 들어보면 왜 이런 제목을 붙였는지 금방 알 수 있다. 마지막 악장이 끝나는 부분에서 연주가 끝난 줄 알고 박수를 치다보면 다시 멜로디가 시작되고, 또 끝났는가 하면 다시 시작하고를 무려 세 번이나 반복한다. 하지만 혹시라도 이 곡을 듣다가 박수를 미리 쳤다고 부끄러워할 필요는 없다. 그런 사람이야말로 작곡가의 의도를 바로 이해한 사람이니까.

하이든에게는 이렇게 따뜻하면서도 때로는 장난스러운 배려로 언제나 사람들을 편안하게 만드는 재주가 있었다. 또 다른 예는 바로 교향곡 45번 '고별Farewell in f# minor'과 관련이 있다. 이 곡은 일반적으로 4악장으로 구성되는 다른 교향곡과 달리 5악장으로 구성되어 있는데 마지막 악장은 연주자들이 한 명씩 보면대의 촛불을 끄고 무대 뒤로 퇴장하고 바이올린 두 대만 연주하도록 되어 있다. 이 곡의 연주 장면을 처음 보는 관객은 아마 한 사람씩 사라지는 연주자들을 보며 의아한 생각이 들 것이다. 하지만 바로 이 곡에 하이든의 따뜻한 배려가 숨어 있다.

한 부유한 가문에서 오케스트라를 초대해 장기간 지방에서 머무르는 동안 단원들이 가족에 대한 그리움으로 힘들어한다는 것을 하이든이 알게 된 것이다. 그래서 하이든은 마지막 악장에서 연주자들이 자기 파트를 마치고 나면 마치 짐을 싸서 집으로 가는 듯 무대 뒤로 가도록 작곡했다. '저 집에 가고 싶어요!' 이런 마음을 고용주한테 직접 얘기는 못하고 연주 내용으로 아주 간절하면서도 재치 있게 보여주었으니, 인간적이면서도 재미있는 장난을 좋아했던 하이든의 인품을 잘 보여주는 에피소드다. 물론 이 의미를 알아챈 고용주는 단원들을 집으로 돌려보내주었다고 한다.

물론 하이든의 의도를 알아차리고 이해해준 고용주의 넓은 아량이 있었기에 가능한 일이었지만 이 작품에는 단원을 배려하는 하이든의 따뜻한 마음과 유머가 잘 스며 있다.

부드러운 카리스마로 후배와 제자와 관객을 이끌었던 하이든. 그의 리더십에서 생각나는 고사가 있다. 노자의 도덕경에 있는 일화다.

임종을 앞둔 스승이 제자를 불러 자신의 입을 보여주며 물었다.

"내 입 안에 무엇이 보이느냐?"

"혀가 보입니다."

"이는 보이느냐?"

"스승님의 치아는 다 빠지고 남아 있지 않습니다."

"이는 다 빠지고 없는데 혀는 남아 있는 이유를 아느냐?"

"이는 단단하기 때문에 빠져버리고, 혀는 부드러운 덕에 오래도록 남아 있는 것 아닙니까?"

"그렇다. 부드러움이 단단함을 이긴다는 것, 그것이 세상 사는 지혜의 전부이니라. 이제 더 이상 네게 줄 가르침이 없구나."

대부분 치열한 경쟁이 이뤄지는 현대사회에서 강한 자만이 살아남는다고 생각한다. 하지만 부드러움이 강함을 이긴다. 모차르트는 겨우 35세에 세상을 떠났지만, 하이든은 그 두 배가 넘는 77세까지 장수를 누렸다는 사실이 이를 증명한다.

요즘은 하이든처럼 부드럽고 온화하고 유머러스한 CEO를 찾기 힘든 것이 현실이다. 직원들이 원하는 CEO는 바로 하이든 같은 지휘자다. 하이든처럼 조직을 이끌어나간다면 치열한 경쟁이나 각박한 분위기가 한결 부드러워지고 경쟁 또한 발전적이고 긍정적인 경쟁이 될 것이다.

Concert 05
지식을 창조하는 작곡가

| 작곡가 요한 세바스찬 바흐 |

지식을 창조하는 CEO

1685년 독일에서 두 명의 걸출한 작곡가가 태어났다. 바로 음악의 아버지라 불리는 요한 세바스찬 바흐와 음악의 어머니라 불리는 게오르그 프리드리히 헨델이다. 둘 다 음악가로서 업적이나 명성은 비슷하지만 생애는 상반된 면이 많았다.

바흐는 음악가 집안에 태어나 20명의 자녀를 두고 자신의 아들들까지도 음악가로 만든 반면에, 헨델은 평생 독신으로 지냈다. 헨델은 영국으로 귀화해서 영국의 합창음악을 최고의 수준으로 끌어올렸지만 바흐는 평생 독일에서 작품활동을 했다.

바흐와 헨델의 전기를 비교한다면 바흐의 생애가 훨씬 단조로워 보일지 모른다. 그러나 바흐의 작품 속에는 악전고투했던 그의 천재적인 삶이 반영되어 있다. 바흐가 살았던 시대의 지식, 특히 음악적 지식은 능동적으로 상호 작용을 할 수 있던 대상이 아니었다. 궁정음악가를 정점으로 하여 음악가들 간 계급이 엄연히 존재했기 때문에 교류 자체가 힘들었다.

바흐는 이전 시대 음악가들의 작품을 형의 서재와 도서관에서 열심히 필사했고, 고된 필사 과정에서 자연스럽게 음악적 지식을 체득했다. 그의 형은 이 필사본을 몰수해가는 야박한 행동을 하기도 했지만, 바흐가 특별히 서운해 하지는 않았던 것으로 보인다. 이런 과정 덕분에 바흐가 활동할 때 이전 시대의 어느 작곡가보다 훨씬 많은 지식을 가지고 소통하는 모습을 보여주었다.

지식 창조적 경쟁력을 대물림하다

최근 주목받는 경영서 중에 《창조적 루틴》이라는 책이 있다. 저자인 노나카 이쿠지로는 월스트리트 저널이 선정하는 '세계에서 가장 영향력 있는 경영사상가 20인'의 2008년 명단에 이름을 올린 단 한 명의 동양인이다. 피터 드러커에게 '현장을 제대로 아는 몇 안 되는 경영학자 중 한 사람'이라고 극찬을 받은 저자가 이 책에서 시종일관 강조하는 것은 '지식'이다. 일본의 공장 라인에 엔지니어들이 상주하는 이유는 현장의 지식을 공유하기 위해서라는 단순한 논리에 근거하고 있다. 노나카 교수가 지식의 특성을 언급한 부분은 아주 의미심장하다. 지식은 사용자 수가 많아져도 가치가 떨어지지 않고, 사람끼리의 상호 작용을 통해 탄생한다는 것이다. 또한 이 지식은 CEO와 직원이 자신의 회사와 경쟁사의 정보를 입수해 암기하는 것 이상의 의미를 갖는다고 이야기한다.

노나카 교수가 말한 지식의 특성 중에는 바흐의 음악활동과 일치하는 부분이 있다. 바로 '지식은 심미적이다'라는 주장이다. 노나카는 경영이 '효율성'을 추구하던 시대에서 윤리학과 미학을 아우르는 '유용성'으로 옮겨가야 한다고 주장했다.

심미적 지식은 새로운 통찰력과 자각을 창조해낼 수 있다. 바흐의 제자들은 바흐가 자신의 음악적 지혜를 거침없이 전해주고, 무엇보다 학생들 개개인의 소질을 계발하는 데 집중했다는 점에서 진심으로 존경을 바쳤다. 아들인 카를 필립 엠마누엘 바흐는 다음과 같은 회고를 남겼다.

"아버지는 맑고 깨끗한 소리를 만들어내기 위해 제자들에게 손가락 하나하나를 위한 연습을 별로도 시켰다. 반년에서 1년까지 계속되는 이 어려운 훈련을 피해갈 수 있는 제자는 아무도 없었다. 그러다, 누군가 이 연습에 지치면 아버지는 기꺼이 그를 위한 연습용 작품을 써주기도 했다."

《바흐, 천상의 선율》中

이러한 소통을 통해 바흐의 음악적 지식은 그의 제자, 아들들, 그리고 당시의 음악가들에게 전수되었다. 지금도 피아노를 연주하는 학생들이라면 반드시 거쳐 가야 하는 '인벤션'과 '신포니아'는 바흐의 제자들의 음악 수업을 위한 연습곡이었다. 물론 이 연습곡들 역시 음악적 가치 면에서 결코 다른 작품에 뒤지지 않는다. 바흐는 이런 형태로 제자들과 음악적 지식을 교류했고 음악적 비전을 제공하며 제자들의 귀감이 되었다. 많은 음악가들은 '이 세상의 모든 음악이 사라진다 하더라도 바흐의 '평균율 클라비어곡집' 두 권만 남는다면 그것을 기초로 다시 재건할 수 있으리라'고 단언한다. 그만큼 바흐의 음악은 중요한 위치에 있기 때문에 바흐를 '음악의 아버지'로 부르는 것이다.

실제로 1977년 8월 20일 미국의 보이저 2호 무인 우주선에는 세계 몇 나라의 민속음악 등 27곡의 음악이 담겨 있는데 클래식으로는 바흐의 '브란덴부르크 협주곡 2번 1악장' '무반주 바이올린 파르티타 제3번 중 가보트와 론도' 그리고 '평균율 클라비어곡집 제2권 중 전주곡'과 '푸가 제1번' 등 바흐 작품이 세 곡이나 들어 있다. 지금도 이 우주선은 지구 외곽의 행성 탐색을 마치고 태양계를 완전히 벗어나 기착지도 없이 우주 저편 깊숙한 곳으로 항진을 계속하고 있다고 한다.

앞서 소개한 《창조적 루틴》에서 노나카 교수는 지식의 단순한 이용이 아닌 지식의 창조를 위해 '창조적 루틴'의 모델을 등장시킨다. 창조적 루틴은 지식을 서로 공유하는 '공유화'에서 시작해, 그것을 객관적 지식으로 표현하는 '표출화', 다시 좀 더 체계적인 지식으로 확립시키는 '조합화' 단계를 거쳐 모두가 그 지식을 강력한 경쟁력으로 활용할 수 있는 '내면화' 단계에 도달한다는 모델이다. 이러한 창조적 루틴은 경영자와 직원 모두가 함께 만들어가야 가장 효과적이다. 경영자의 일방적 의지나 역량 있는 직원의 개인플레이로 지식은 습득할 수 있을지 모르지만,

'지식창조적' 경쟁력은 키울 수 없다고 강조한다.

　　바흐는 이전 시대 작곡가들을 열심히 필사하면서 습득한 지식을 체계화해서 제자들과 공유해, 그것을 바탕으로 계속 훌륭한 작품을 탄생시키며 제자와 후대 작곡가들에게 지대한 영향을 미쳤다. 당대뿐 아니라 후대 음악가들에게까지 지식 창조적 경쟁력을 대물림한 바흐. 당대 제자들뿐만 아니라 지금까지도 음악을 공부하는 이들에게 자신의 지식을 대물림해주는 그야말로 진정한 문화경영의 선구자다.

Concert 06
완벽을 지향한 리더십

| 작곡가 주세페 베르디 |

역경 속에서 더 견고해지다

세계 음악사를 돌아볼 때 유명 작곡가 중에는 가난에 찌든 생활을 하다
가 생전에 인기도 얻지 못한 채 요절한 인물들이 많은데 그에 비하면 베
르디의 생애는 그나마 평탄했다. 그러나 보통 사람들의 기준으로 보면
좌절, 불운, 또 불행을 적지 않게 겪었다. 음악적으로 뛰어난 재능을 보
였던 청년기에 밀라노로 유학을 갔지만 밀라노 음악원은 석연치 않은
이유를 들어 베르디의 입학을 거절했다(아이러니하게도 이 음악원이 훗날 베르디
음악원으로 이름이 바뀌었다). 다시 고향 부세토의 오케스트라 지휘자 자리로
돌아오려 했지만 자리를 둘러싼 잡음으로 2년 동안이나 자리를 잡지 못

하는 설움을 당하기도 했다.

또한 16세에 만나 오랫동안 사랑했던 마르게리타와 결혼해서 두 자녀를 두었지만, 베르디가 26세가 되던 해 첫 딸부터 둘째, 그리고 아내까지 차례로 잃는 비극을 겪었다. 이 비통한 와중에도 베르디는 희극 오페라 〈하루만의 임금님〉을 작곡하여 무대에 올렸으나, 이 작품은 단 1회 공연에 그쳤다. 이후 〈나부코〉로 재기하기까지 그는 깊은 상실감과 함께 고통스러운 시기를 보냈다.

그러나 〈나부코〉의 성공 이후, 베르디의 오페라는 훨씬 견고해진 그의 성격을 반영하기 시작했다. 개인적으로는 점령된 조국 때문에 번민했고 실제로 총기류를 사서 헌납할 만큼 조국에 헌신하기도 했지만 음악적인 면에서는 검열에 맞서는 대결을 피했다. 당시 베르디의 오페라가 대부분 남성 중심으로 이끌어가고 중심인물 대부분이 바리톤으로 힘찬 남성적 표현을 했다는 점에서 애국적인 모티브를 찾으려 한 사람들도 있지만, 전체적인 작품 방향은 등장인물들의 성격과 갈등에 초점을 맞추었다. 〈리골레토〉 〈라 트라비아타〉 등의 작품을 보면 베르디가 정치적 검열을 피하면서 새로운 인간관계를 드러내는 오페라를 썼음을 확인할 수 있다.

완벽을 지향하는 리더십

오페라는 말 그대로 종합 예술이다. 음악, 미술, 무대 장치, 의상 등이 총체적으로 어우러져 하나의 작품으로 만들어진다. 각기 다른 분야에서 일해 온 전문가들이 하나의 작품을 만들기 위해 끊임없이 의사소통을 해야 하는 일은 오페라 제작에서 가장 어려운 일이다. 이 거대한 종합 예술의 정점에 서 있는 오페라 작곡가는 음악가들 중에서도 특별한 재능이 있는 사람들이다. 천하의 베토벤과 하이든, 그 이전 시대의 비발디 같은 거장들도 오페라만은 그리 성공적인 결과물을 내놓지 못했다. 혹은 작곡가가 살아 있는 동안에만 연주되었다가 흐지부지된 작품들도 부지기수다. 특히 다른 장르의 음악 중에는 연주자들이 발굴을 해서 사후에 재조명되는 작품들이 제법 있지만, 오페라는 그런 경우가 극히 드물다. 즉 작곡가가 살아 있는 동안 작품을 무대에 올리고 어느 정도 성과를 얻은 작품이 아니면 기억되기 어렵다.

기록들을 살펴보면 베르디가 작품을 완성해서 리허설을 진두지휘하고 작품을 무대에 올리기까지 그 모든 과정에 참여했다는 것을 알 수 있다. 그는 개별적으로 성악가들의 노래뿐만 아니라 연기까지 직접적으로 지시했다. 또 하나의 오페라가 탄생하는 데 가장 결정적인 역할을 하는 작곡가로서 자신의 위치를 최대한 활용했다. 리허설에서는 거의 말을 하지 않는 대신 발을 구르거나 손을 젓는 정도의 제스처로 작품을 지휘했다. 리허설 도중 한 곡을 가지고 몇 시간씩 음악가들을 괴롭히는 일은 예사였고 연주자를 배려하는 모습은 보기 어려웠다. 그뿐만이 아니다. 베르디가 참석하는 리허설은 시간도 오래 걸렸고, 그가 원하는 수준에 이르지 못하면 다음 장으로 넘어가지 못하는 경우가 허다했다. 이러한 성격은 그가 80세가 되던 해 작곡한 〈팔스타프〉의 리허설에서도 여전했다. 베르디가 당시 공연 관계자에게 보낸 편지에는 이렇게 적혀 있다.

"리허설에서 재능이 없다고 판단되는 가수들을 바꿀 권리는 내게 있
　　소. 리허설은 우리가 항상 해왔던 것처럼 할 거요. 내 마음에 들지 않는
　　것이 있으면 떠날 것이고, 당신은 극장에서 공연 포스터를 떼어 내야 할
　　거요"

《베르디, 음악과 시극의 만남》中

　　철두철미한 그의 성격은 많은 극장 관계자나 오페라 가수, 그리고 연
주자들에게는 공포의 대상이었을지도 모르지만, 그는 성격 덕분에 확실
한 작품성으로 성공한 작곡가의 반열에 오를 수 있었다.

　　이탈리아인들에게 오페라는 그들이 열광해 마지않는 축구나 영화와
비슷하다고 해도 과언이 아니다. 유난히 성악을 즐겨 듣고 스스로 노래
하기를 즐기는 이탈리아인들에게 베르디가 갖는 위치는 각별하다. 19세
기 이탈리아인들을 열광하게 했던 그는 이름만으로도 그들의 자랑이었
고, 정치적인 구호였다. 그 애정이 지나쳐 베르디는 재혼마저 방해를 받
을 정도였다. 베르디의 성격은 외골수에 무뚝뚝했다는 기록들이 지배
적이다.

　　그러나 그의 작품은 시대를 관통하여 사람들이 가장 쉽게 공감하는
스토리와 열정적이고 풍부하고 예민한 음악적 감성을 풍부하게 담아냈
다. 또 오페라 제작 과정에서 완벽주의적 리더십을 통해 작품의 완성도
를 높였다. 작품을 스케치하고 오케스트라 반주를 붙일 때, 그의 악보에
는 수정조차 없었다는 기록이 있다. 머릿속에서 구상된 음악을 자연스
럽게 오선지에 그려냈고, 작곡을 하면서 상상한 모든 것을 다시 무대 위

에 구성해냈다. 독단적으로 이뤄지는 이 모든 과정을 현대적 관점에서 본다면 민주적인 절차와는 너무나 거리가 먼 모습이다. 그러나 베르디는 수백 명이 무대에 서는 대규모 오페라에서 자신이 원하는 내용을 그들에게 관철시키기 위해 다른 선택을 할 수 없었다. 또 한 작품을 공연하는 동안에도 새로운 작품을 만드는 일에 열중해 완전히 절필했던 시기를 제외하면 작품은 끊임없이 공연됐다. 그는 관객들이 가장 보고 싶어 하는 이야깃거리를 꾸준히 찾아냈으며, 현대 대중음악가들이 말하는 '지속적인 기획과 연주활동으로 관객들에게 존재감을 잃지 않는 방법'까지 스스로 체득했다.

불운을 이긴 완벽한 카리스마

객석에서 보는 베르디는 항상 히트작을 만들어내는 친절한 음악가였다. 반면에 작품의 완성도를 위해 음악가들에게는 그만큼 더 엄격했다. 그의 리더십이 독단적이긴 했지만 완벽했기에, 그리고 단원들은 그의 확신을 믿고 따랐기에 공연은 늘 성공할 수 있었다. 이러한 작곡가의 완벽주의가 150년 이상 연주되는 원동력이 된 것이다.

베르디의 경우에서 보듯, 리더십은 타고나는 것이 아니라 계발하는 것이다. 애플사의 스티브 잡스 회장을 보자. 보통 사람은 한 번도 경험하기 어려운 벼락 성공과 처참한 실패를 거듭 겪으면서 성장해가는 모습은 전형적인 불굴과 창조적 리더의 모습을 보여준다.

스티브 잡스는 세상을 바꾸겠다는 비전과 열정, 뭐가 달라도 남과 다르게 하겠다는 창조적인 카리스마로 최첨단 IT산업의 아이콘이 되었다. 그러나 이 같은 찬란한 성공의 이면에는 입양아로 자란 어린 시절, 1학기만에 중퇴한 대학 생활, 자신이 만든 회사에서 해고되는 아픈 경험, 췌장암 투병까지 파노라마처럼 이어지는 인생 역전이 숨어 있다.

완벽주의를 바탕으로 한 역경, 그리고 역경을 담은 리더십은 오랫동안 유지되고 사람들에게 신뢰를 준다. 부단히 성공만 하고, 자신의 영역을 고수하는 것보다 경험을 통한 내면의 성장이 있어야 보다 큰 그림을 그리고 보다 깊이 있는 작곡과 연주를 할 수 있다. 완벽주의라고 해서 무조건 '독단적'이고 '시대착오적'일 거라는 고정관념을 갖지는 말자. 베르디의 독선적인 완벽주의가 탄생시킨 오페라 명작들이 지금도 전 세계 극장의 레퍼토리를 장악하는 걸 보더라도, 역경 속에서 견고해진 창조적 카리스마가 감성과 소통이 중요한 지금의 시대에 얼마나 큰 역할을 하는지 알 수 있다.

Concert 07
새로운 소프트 파워 리더십

| 작곡가 지아코모 푸치니 |

관객들의 즉각적인 반응을 이끌어내다

음악을 전공하는 사람들에게는 '음악성'이라는 단어처럼 두려운 단어는 없을 것이다. 이 실체도 없고 정의도 모호한 단어는 음악가들을 칭찬할 때 쓰면 최고의 찬사가 되지만, 반대의 경우에 쓰면 꽤 억울한 상황이 생긴다. '테크닉은 훌륭한데 음악성이 떨어진다'는 평을 받는 음악가는 고민할 것이다. 도대체 무엇을 어떻게 해야 그 '음악성'이라는 손에 잡히지 않는 무언가를 얻을 수 있을까 하고 말이다.

　지아코모 푸치니는 엉성하고 통속적인 줄거리의 오페라 대본을 가장 그럴듯한 오페라로 만드는 재주가 있었다. 특히 여자 주인공들의 아리아와 테너의 아리아는 가사의 내용과 상관없이 관객의 마음을 사로잡는 마력을 가졌다. 관객에게 즉각적인 반응을 끌어내는 푸치니의 재주야말로 설명할 수 없는 음악성 자체라 해도 과언이 아니다. 베르디가 굵고 남성적인 선을 보여준다면 푸치니는 극히 섬세하고 예민한 여자들이 등장하는 오페라가 많다. 이 수동적인 여자 주인공들 때문에 지난 세기 푸치니의 오페라는 페미니스트들의 비난의 대상이 되곤 했다. 그러나 이런 학자들의 해석과 무관하게 그의 오페라는 계속 공연되고 있으며 거듭 재해석되고 있다.

자유분방한 현대인의 시각으로 보기에도 푸치니가 뿌린 스캔들은 지나친 감이 없지 않다. 매력적인 외모에 빼어난 매너까지 갖춘 푸치니는 그의 오페라만큼 사람들의 입에 자주 오르내리는 스캔들 메이커였다. 유부녀였던 엘비라와 동거하다가 그녀의 남편이 죽은 후 결혼한 것은 사소한 일에 가까웠다. 엘비라가 푸치니와 관계가 있다고 의심한 하녀 도리아는 자살을 했고 이 일로 소송에 휘말리기도 했다. 어떤 분석가들은 일찍 아버지를 여의고 어머니와 여자 형제들에게 둘러싸여 성장한 푸치니의 성장과정 때문에 이런 여성 편력이 생긴 것이라고 얘기한다. 심지어 그의 오페라에 등장하는 병약하고 예민한 여주인공들 역시 그가 어린 시절 보아온 가족들에 대한 연민을 반영한 것이라고 해석하기도 한다.

그러나 그의 오페라는 분명히 다른 이야기를 하고 있다. 오페라 〈나비부인〉의 배경이 일본이 아닌 유럽의 어느 도시였다고 가정해보면 연인의 배신에 자살하는 순종적인 여성의 이미지는 희석되었을 것이다. 대부분의 서양인이 가보지 못한 일본을 배경으로 해서 게이샤라는 독특한 직업의 여성을 등장시킨 이 이야기는 사실 여부를 넘어 이국적인 정서로 관객들을 흥분시킬 수 있었다. 푸치니는 식민지 확장과 인류학자들의 연구문을 통해 토막토막 알려진 중국과 일본의 이미지를 차용했고, 그것을 작품에서 극대화시키면서 새로운 분위기를 연출해냈다.

〈라보엠〉 역시 독특한 작품이다. 전통적으로 오페라 하면 영웅호걸, 왕녀, 국왕, 신화 속 주인공이 등장하는 이야기가 많았지만 〈라보엠〉에는 가난한 시인과 삯바느질하는 처녀가 등장하고, 심지어 가난이 지겨워 돈 많은 남자를 만나는 여인도 등장한다. 오페라에 등장하는 무제타라는 여인은 옛 연인 앞에서 새로운 연인이 선물한 옷과 보석을 자랑한다. 어디선가 본 듯한 낯익은 인물들이 마치 내 이웃처럼 노래하고 움직인다. 영화 〈물랑루즈〉의 감독인 바즈 루어만이 연출한 오페라 〈라보엠〉의 DVD는 그런 점에서 또 다른 자극을 준다. 잘생기고 젊은, 게다가 가죽점퍼를 입은 남자 주인공과 평범한 원피스를 입은 여주인공은 1950년대를 배경으로 오페라 〈라보엠〉을 노래한다. 이 현대적인 연출의 오페라 〈라보엠〉은 마치 뮤지컬같아 관객들이 쉽고 친숙하게 즐길 수 있다.

푸치니의 또 다른 오페라 〈토스카〉에는 우리 귀에 익숙한 아리아가 여러 곡 들어 있다. 주인공 토스카는 "노래에 살고 사랑에 살고"라는 아리아에서 "노래에 살며 사랑에 살며 난 남에게 해로움을 주지 않았네. 불쌍한 사람도 남몰래 수없이 도와주었네. 나 고통당할 때 어찌하여 하나님은 나 홀로 이렇게 내버려둔단 말인가"라고 노래한다. 이 아리아에는 연인의 구명을 위해 연인의 정적에게 갈 수밖에 없는 주인공의 안타까운 마음이 담겨 있다. 사실 이런 설정은 베르디의 오페라 〈일 트로바토레〉

의 여주인공에게 벌어진 상황과 다르지 않다. 그런데 〈일 트로바토레〉의 장면들이 엄숙하고 장중하다면 〈토스카〉의 장면들은 개인적이고 더 감성적이다. 그래서 관객들은 이 아리아를 들으면서 여주인공의 처지에 몰입하는데 여기서 바로 푸치니의 소프트 파워가 드러난다.

소프트 파워는 하버드대학교 케네디 스쿨의 조지프 나이Joseph S. Nye가 사용한 용어로, 군사력 같은 물리적 힘을 뜻하는 '하드 파워hard power'에 대응하는 말이다. 소프트 파워는 마음을 끄는 힘, 즉 유혹으로 원하는 것을 얻는 능력을 말한다. 어설픈 줄거리와 비논리적인 인물들이 등장하는 오페라가 관객들의 호응을 얻는다면 그것이야말로 소프트 파워가 작용한 덕분이다. 소프트 파워를 가진 리더는 하나의 목적을 향해 전체를 이끌고 가는 사람이 아니라 개개인의 매력을 이끌어내는 사람이다.

푸치니는 오페라에 등장하는 여러 인물들을 통해 후대들에게 여러 리더십의 전형을 보여주었다. 대표적인 한 예로 고대 중국을 배경으로 하는 〈투란도트〉에 등장하는 테너 주역인 칼라프 왕자를 들 수 있다. 오페라 〈투란도트〉의 내용은 다음과 같다.

칼라프는 몰락한 타타르의 왕자로 방랑 중에 북경에 온다. 그런데 마침 그곳에서 너무나 아름다운 투란도트 공주를 보고 공주와 결혼하기 위해 무모하기 그지없는 수수께끼에 도전한다. 공주는 어린 시절부터 남자에 대한 증오로 가득 차 있었고, 결혼을 거부하기 위해 수수께끼를 내고 답을 모르면 사형을 시켰다. 이 도전에서 칼라프 왕자는 누구도 맞추지 못한 수수께끼를 푼다. 하지만 여전히 결혼은 거부하는 공주에게 칼라프 왕자는 자신도 사랑 없는 결혼은 싫다며 자신의 이름을 알아맞히라는 수수께끼를 낸다. 만약 공주가 이름을 알아내면 기꺼이 목숨을 내줄 것이고, 그렇지 않으면 자신과 결혼을 해야 한다는 조건이었다. 수수께끼를 풀기 위해 잠 못 이루는 공주를 바라보며 칼라프는 그 유명한 아리아 "공주는 잠 못 이루고Nessun dorma"를 부른다.

공주는 수수께끼를 풀기 위해 칼라프를 아는 사람들을 잡아들이는데 칼라프를 사모하는 하녀 류도 잡혀온다. 그러나 류는 그의 이름을 아는 사람은 자기뿐이라며 왕자의 이름을 밝히지 않은 채 목숨을 내놓는다. 보다 못한 칼라프가 '냉정한 공주여!Principessa di morte!'라는 노래를 부르며 투란도트가 쓰고 있는 베일을 찢고 그녀에게 키스를 하자 얼음처럼 차가웠던 공주의 마음은 스르르 녹아버리고 만다. 그때 칼라프는 자기의 신분과 이름을 말하지만 이미 공주는 그 말에 아랑곳하지 않고 모든 군중이 모인 자리에서 왕자의 이름을 '사랑'이라 부르며 모두의 축복을 받고 오페라는 끝이 난다.

이 오페라에서 칼라프는 몰락한 타타르의 왕자다. 하지만 그는 시련에 굴복하지 않고 목숨까지 건 무모한 도전을 한다. 그러나 막상 도전에 승리하여 공주와 결혼하지만 진정으로 공주의 마음을 얻지 못하자 또다시 목숨을 건 재도전을 하고, 그의 대담한 용기와 결단력에 공주도 결국 마음을 열고 무릎을 꿇고 만다. 얼음장처럼 차갑고 잔혹했던 공주를 무너뜨린 건 강력한 카리스마나 힘의 과시가 아니고 진심으로 사랑을 얻으려는 진정한 용기였다. 단체를 이끄는 강력한 리더십이 아니라 한 사람의 마음을 얻기 위한 섬세하고 진지한 소프트 파워 리더십의 힘이었다.

푸치니의 오페라는 현대 경영학에서 말하는 수요needs가 아닌 열망

desire을 충족시키는 방법이 무엇인지 보여준다. 그는 수백 명이 무대에 올라 신화 속 서사시를 읊는 그럴싸한 오페라 대신 속삭이듯 사랑을 노래하는 여성들을 전면에 내세운 오페라로 관객들에게 어필했다. 푸치니의 오페라 아리아는 현대의 광고음악에도 종종 등장한다. '공주는 잠 못 이루고 Nessun dorma'처럼 축구중계의 시그널음악으로 사용된 경우도 있었다. 한때 오페라를 경박한 멜로드라마로 만들었다는 비난에도 불구하고 푸치니의 오페라는 현대인들에게 어필하는 강한 매력을 갖고 있다.

Concert 08

마음을 움직이는 창의력

| 작곡가 존 케이지 |

고정관념에 질문을 던지다

1952년 8월 미국의 우드스탁Woodstock에서 현대음악의 새로운 장을 여는
공연이 열렸다. 피아니스트 데이비드 튜더David Tudor는 33초 만에 한 번,
그다음 2분 40초 만에 한 번, 다시 1분 20초 만에 한 번씩 피아노 뚜껑을
열었다 닫았다. 존 케이지가 작곡한 '4분 33초'라는 곡의 초연이었다. 음
악가는 소리를 만들어 관객들에게 전달하는 것이 당연하다고 생각했던
사람들에게 당혹스러운 공연이었다. 이 곡은 우연성의 음악이론에 기초
한 현대음악으로 연주장에서 연주 외에 일어날 수 있는 모든 소리, 예를
들어 관객들의 기침 소리, 프로그램 책장 넘기는 소리 등도 하나의 음악

일 수 있다는 생각에서 출발했다.

아마 공연장에서 피아노 뚜껑을 열었다 닫으며 단 한 개의 건반도 치지 않은 피아니스트는 관객들을 화나게 했을 것이다. 동전이나 숫자가 적힌 막대기를 던져 그 우연적 결과로 곡을 만들어 연주한 작곡가는 어쩌면 직무유기일지도 모른다.

그러나 존 케이지는 "왜 음악은 꼭 악기 소리로 이루어져야 하는가?"라는 질문을 했다. 그는 새로운 질문을 던지고 새로운 상품을 만들어내고 새로운 방법을 제시한 것이다. 그의 이런 발상의 전환은 음악가들은 물론 음악을 들으러 오는 관객들의 마음을 변화시켰다. 청중은 연주자의 모습을 보며, 잠깐씩 들리는 외부 소리든 자신이 만든 소리든 음악가가 만들지 않은 어떤 소리를 이 기회를 통해 들을 수 있었다. 당시 케이지의 악보를 보면, '이것이 과연 악보인가?'라고 할 만큼 음은 점과 선으로 표시되어 있고, 철저히 음악적 소재만이 종이에 가득했다. 작곡가가 곡을 써서 연주자에게 악보와 지시어로 연주를 통제하던 시대에서 벗어난 그의 작품들은 작곡에 대한 기본적인 생각을 뒤바꿔 놓았다. 결국 '4분 33초'는 서양음악의 한계를 벗어나려는 새로운 시도이자 존 케이지의 새로운 자기 표현의 수단이었던 것이다.

고정관념에 질문을 던져 놀라운 결과를 이뤄낸 기업이 있다. 바로 일본 최초의 서양식 약국으로 시작하여 유명 화장품기업으로 성장한 시세이도Shiseido다. 시세이도는 1910년에 이미 일본 기업 최초로 디자인 부서인 '의장부'를 만들어 기업의 이미지를 예술성으로 돌파하는 파격적인 시도를 했다. 시세이도는 예술적인 TV 광고와 아름다운 제품 디자인으로 '좋은 제품을 파는 기업'의 이미지에서 '아름다움을 파는 기업'의 이미지로 탈바꿈하며 단기간에 세계적인 기업으로 성장했다. 존 케이지의 "왜 음악은 꼭 악기 소리로 이루어져야 하는가?"라는 질문처럼, "왜 제품으로만 승부하려 하는가?"라는 창의적 사고가 만들어낸 결과였다.

전통적인 악보의 작품을 구성하기도 하고, 다른 작곡가들의 작품을 조각조각 붙여서 하나의 작품으로 구성하는 걸 보면 그의 작품 세계를 한마디로 정의하기는 어렵다. 하지만 절대적인 공허함, 내적인 통찰력을 통해 들리는 소리가 존재함을 관객들에게 끊임없이 주지시키는 곡을 만들었다는 것은 부인할 수 없다. 이 작품을 만들고 1992년 세상을 떠날 때까지 자주 해외토픽에 등장한 뉴스 메이커 존 케이지는 현대음악이 일반인들에게 이야깃거리가 될 수 있는 가능성을 제공했다.

또 그는 미국에서 태어나 활동하면서 유럽인들의 전통적인 음악 사고에도 충격을 주었다. 뭔가 새로운 음악적 흐름이 나타나면 이를 만들고 발전시키는 것은 자신들의 몫이라고 자신했던 독일 등지의 음악가들은 끝없는 케이지의 아이디어에 당황했다. 때로 그의 아이디어가 유럽음악에 영향을 끼쳐 현대음악의 교류와 소통에 크게 기여했기 때문이다. 이전에 누구도 생각해보지 않았던 시도를 통해 새로운 사고를 자극한 그의 창의적인 사고는 끝내 사람들의 마음을 움직이는 원동력으로 작용했다.

세상에 존재하는 모든 예술적 개념에 반문을 던진 존 케이지. 음악계에선 그를 우연성 음악의 개척자라고 평가하지만 그보다 그를 더 높이

사야 할 것은 그가 사람들의 마음을 움직이는 창의력을 내재하고 그것을 곡으로 만든 데에 있다.

베를린 필하모니 지휘자의 리더십

| 피아노 연주자 · 지휘자 한스 폰 뷜로 |

베를린 필 상임지휘자의 리더십을 분석하다

세계 최고의 오케스트라인 베를린 필하모니 오케스트라는 출발부터 지금까지 많은 굴곡을 겪었다. 굴곡의 역사만큼 음악적 성과나 음악계의 평가 역시 계속 변화해왔다. 특히 지휘자들이 바뀔 때마다 새로운 리더십이 등장했다. 베를린 필하모니 오케스트라를 대표하는 상임지휘자는 다음과 같다.

갈팡질팡했던 오케스트라를 장악하여 최정상급 연주라는 평가를 받는 단계까지 끌어올린 지휘자 한스 폰 뷜로, 신뢰와 존경을 가장 많이 받았던 지휘자 빌헬름 푸르트벵글러, 역사상 가장 많은 스포트라이트를 받은 지휘자 헤르베르트 폰 카라얀, 공감 리더십을 발휘한 지휘자 클라우디오 아바도.

베를린 필하모니 오케스트라의 변천사는 여느 한 기업의 변천사를 보는 듯하다. 베를린 필하모니 오케스트라 지휘자들이 어떤 리더십을 발휘해 베를린 필을 세계 최정상으로 만들었는지, 지휘자에 따라 오케스트라가 어떻게 변화했는지, 그래서 국내 CEO들이 경영에 어떤 리더십을 접목해야 하는지 알아보겠다.

실력으로 이끈 지휘자

베를린 필하모니 오케스트라는 1882년 지휘자 겸 작곡가인 벤자민 빌제 Benjamin Bilse의 카펠레 단원들이 처음 설립했다. 당시 폴란드 공연에 나섰던 빌제의 카펠레 단원들이 열악한 대우에 반발하면서 새로운 오케스트라를 결성한 것이다. 이때 초창기 단원들이 찾아간 에이전트의 이름은 '헤르만 볼프Hermann Wolff'였다. 볼프는 재정도 빈약하고 음악적으로도 색깔이 없던 이 오케스트라를 한스 폰 뷜로의 손에 맡겼다. 초대 상임지휘자가 된 뷜로는 '혁명지휘자'라는 당시 자신에 대한 세상의 평가를 그대로 자신의 오케스트라에 옮겨 놓았다. 정확하고 분명한 해석을 앞세운 그의 지휘는 초창기 베를린 필의 음악 그 자체였다.

뷜로가 취임한 1887년부터 베를린 필은 모차르트, 베토벤을 포함하여 당대에 작곡된 교향곡을 주로 연주했다. 브람스, 그리그, 차이코프스키, 말러, 리하르트 슈트라우스 등과 교우하면서 이들의 신작을 공연하고 이들을 객원지휘자로 초청하면서 음악의 수준을 끌어올렸다. 또한 그의 엄격함은 단원들에게만 해당되는 게 아니어서 연주 후 관객들의 반응이 신통치 않을 때는 연주회장의 출입구를 모두 잠그고 다시 연주할 만큼 자신의 연주에 여지를 두지 않았다.

한스 폰 뷜로가 베를린 필에서 상임지휘자로 활동한 기간은 단 5년이다. 이 짧은 기간 동안 뷜로는 갈팡질팡했던 오케스트라를 최상급 연주라고 평가받는 오케스트라로 만들었다.

이런 뷜로의 활동은 비전이 불투명한 사업에 스카우트된 전문 경영인의 성공 스토리를 보는 듯하다. 애플사를 창업했던 창조와 혁신의 대명사 스티브 잡스도 애플1, 2, LISA, 매킨토시에 이르는 획기적인 컴퓨터를 차례로 내놓았지만 계속되는 성공 뒤에 넘치는 열정으로 실패를 경험했다. 이후 자의 반 타의 반으로 스스로 애플을 떠났다가 10년 만에 CEO로 복귀해 아이폰, 아이팟 등을 히트시키며 애플을 세계 최고의 우량기업으로 재탄생시킨 것도 뷜로의 예와 닮았다.

뷜로가 베를린 필에서 처음 활동을 시작했을 때 그가 선택한 작품들이 주는 메시지는 분명했다. 그는 관객들이 쉽게 즐길 만한 장르, 예를 들어 독주자의 연주력에 기댈 수 있는 협주곡을 피했다. 오히려 고전주의와 낭만주의시대의 교향곡으로 정면 승부를 했다. 오케스트라의 진정한 승부수는 교향곡이라는 신념을 가지고 있었던 것이다. 그의 목표는 언제나 정확하고 흔들림이 없었다. 그랬기 때문에 그로부터 120여 년이 지난 지금까지도 베를린 필은 교향곡을 세계에서 가장 정확하게 해석하는 연주 단체로 그 명성을 이어가고 있다. 그리고 이런 일련의 연주는 관객들에게 베를린 필이 진중하고 치밀한 음악 해석을 하는 오케스트라라는 이미지를 부각시켰다. 뷜로는 본격적으로 첫걸음을 뗀 오케스트라가 만나야 하는 지휘자로는 가장 적임자임에 틀림없다. 연주력을 내세워 세계 최고의 명성을 지닌 베를린 필을 뿌리내리게 한 결정적 역할을 했기 때문이다.

Concert 10
일대일 리더십
| 지휘자 빌헬름 푸르트벵글러 |

단 원 한 사 람 한 사 람 의 자 긍 심 을 끌 어 올 리 다

베를린 필의 초대 상임지휘자인 한스 폰 뷜로가 세상을 떠나자 이들의
운영을 맡아온 헤르만 볼프는 약 7년간 상임지휘자의 자리를 비우고 당
대의 유명한 지휘자들을 초청해 공연했다. 이렇게 긴 공채 과정을 통해
초빙된 지휘자는 헝가리 출신의 아르투어 니키슈Arthur Nikisch였다. 니키
슈에 대한 기록 중 부정적인 내용은 거의 없다. 워낙 뛰어난 지휘자로
존경을 받았고, 뷜로의 뒤를 이어 탄탄하게 기존의 작곡가들은 물론 당
시로써는 상당히 진보적 성향의 음악가였던 리하르트 슈트라우스Richard
Georg Strauss와 말러의 작품까지 연주했다고 전해진다. 이렇게 뛰어난 지

휘자가 현대인들에게 덜 알려진 이유는 그가 1922년 세상을 떠났고, 녹음이나 영상자료가 희귀하며, 있다고 해도 그 복원 상태가 형편없는 탓이다.

푸르트벵글러는 베를린에서 태어나 니키슈의 연주와 리허설을 보고 자랐다. 푸르트벵글러의 운명은 상당 부분 베를린 필과 니키슈의 손에 만들어졌다고 해도 과언이 아니다. 니키슈가 라이프치히 게반트하우스 오케스트라의 상임지휘자 자리를 두고 유언으로 정한 지휘자가 푸르트벵글러이니 두 사람의 인연은 각별한 셈이다.

푸르트벵글러의 음악 해석은 흔히 낭만주의의 전형이라고 불린다. 그는 작곡가가 만들어놓은 악보에만 충실하지 않았고 집착하지도 않았다. 오히려 자신의 감각과 떠오르는 음악적 감상에 집중해 작품을 해석했다. 지금까지 남겨진 푸르트벵글러의 음반들은 같은 작품이라도 시대와 연주 장소에 따라 얼마나 다른 템포로 얼마나 다양하게 작품을 구성해나갈 수 있는지를 보여줘 놀랍다. 누군가는 제멋대로 하는 연주라고 비난할지 모르지만, 100명 전후한 오케스트라 단원들이 수십 분 동안 연주해야 하는 클래식 작품이 지휘자 한 사람의 그날 기분에 따라 좌지우지될 거라고 생각하는 것은 큰 착각이다. 아주 다른 연주를 하는 듯한 순간에도 푸르트벵글러의 작품 전체는 명료한 구조를 잃지 않았다. 오히려 푸르트벵글러는 다른 지휘자들이 꼭꼭 짚어가며 재현해내려고 한 악보 속의 작은 '디테일'을 사소한 것으로 취급하고 작품 전체를 하나의 유기체로 보고 대화하는 듯 연주했다.

이런 연주 방식에 열광한 것은 관객들만은 아니었다. 관객들에게 아무리 좋은 평가를 받는 지휘자도 오케스트라 단원과 불화를 일으키면서 연주를 할 수 없기 때문이다. 푸르트벵글러가 베를린 필의 상임지휘자가 된 계기도 니키슈의 추모 음악회에서 보여준 지도력 때문이었고, 빈 필하모니 오케스트라와 뉴욕 필하모니 오케스트라를 넘어 그가 잠시 객원으로 연주했던 오케스트라들의 단원들까지 푸르트벵글러가 상임지휘자로 자신들과 함께하기를 바랐다고 한다.

'신뢰와 존경'은 정치인과 경영인이 타인에게 얻어내야 하는 가장 중요한 덕목이다. 사회 지도층이 조롱거리가 되는 것은 이 두 가지를 얻는 데 실패했기 때문이다. 푸르트벵글러는 어떻게 단원들에게 신뢰와 존경을 얻었을까. 많은 해석이 가능하겠지만 그의 지휘하는 모습을 보면 적어도 한 가지 힌트를 얻을 수 있다.

푸르트벵글러의 지휘하는 모습은 사실 지휘자를 지망하는 학생들에게 모범처럼 보여줄 모습이 아니다. 명료하거나 정확하다는 표현과는 거리가 멀다. 심지어 줄에 매달린 꼭두각시 인형 같다거나 경련이 일어난 듯하다는 심한 평까지 들었다. 이 지휘 동작이 주는 심미적인 느낌은 둘째로 치더라도 과연 그 지휘를 보고 정확한 연주가 가능했을까 싶을 정도로 애매모호한 동작의 연속이다. 그러나 약간의 리허설이 진행되고 나면 오케스트라 단원들은 저 동작 안에 '나를 위한' 혹은 '나에게 보내는' 신호가 있다는 것을 알아채 지휘자의 의도에 맞게 자연스러운 연주를 한다.

사람들은 오케스트라 단원들이 계속해서 지휘자를 보고 연주를 한다고 생각하지만 그렇지 않다. 모든 단원이 정확하게 호흡을 맞춰서 연주할 때가 아니면 연주자의 눈은 악보와 지휘자를 오가며 연주에 몰입한다. 일반적으로는 전체 오케스트라의 소리를 들으며 연주한다고 해도 과언이 아니다. 지휘자가 오케스트라 위에 군림하는 느낌을 준다면 단원들은 음악에 대한 큰 그림을 그리지 못하고 허겁지겁 끌려가는 연주를 하게 될 것이다. 하지만 푸르트벵글러는 단원들 한 사람 한 사람이 전체 작품 속에서 자신의 역할을 찾아내도록 몸짓으로 표현했다. 자신은 그저 조직의 일부일 뿐이라고 생각하는 소극적인 단원들에게 조직의 정점에 있는 지휘자가 모든 단원을 주목하고 있다는 것을 확실하게 전달함으로써 그들을 독려하고 성취 욕구를 끌어올렸다.

푸르트벵글러가 재임할 당시 베를린 필하모닉은 지휘자의 이러한 세심한 리더십 덕분에 단원들 모두 자신의 역할에 자긍심이 있었고, 이 자긍심은 베를린 필을 세계 최고의 오케스트라로 만든 원동력이 되었다.

Concert 11

시대를 앞서가는 예지력을 배우다

| 지휘자 헤르베르트 폰 카라얀 |

변화에 민감하게 반응하다

1908년에 태어난 카라얀은 LP시대를 거쳐 CD의 발명에도 혁혁한 공을
세웠을 뿐만 아니라 LD를 비롯해 인류가 음악을 녹음하고 재생해온 거
의 모든 기술을 경험한 보기 드문 지휘자다. 나치 전력과 푸르트벵글러
의 견제로 독일에서 무대 활동이 불가능했던 시절 그는 스튜디오 녹음
이라는 기상천외한 방법으로 음악활동을 이어갔다. 1940년대 후반 음반
은 SP에서 LP로 전환되었는데, 카라얀은 이 변화에 누구보다 민감하게
반응했다. 굳이 음악회장에 오지 않아도 원하는 음악을 집에서 듣는 시
대가 올 것이라 예상했고 이는 정확히 들어맞았다. 게다가 카라얀이 녹

음한 음악은 교향곡, 협주곡, 오페라를 포함한 거의 모든 장르를 포괄하고 있어 음반을 구입하려는 사람들은 쉽게 그리고 자주 카라얀의 음반을 만날 수 있었다.

그는 1960년대부터 꾸준히 영상물들을 제작했는데, 클래식음악을 영화와 같은 영상으로 만들기 위하여 필름을 제작하고 보급하는 별도의 회사까지 설립했다. 최근 DVD로 출시되는 카라얀의 영상물은 양적으로나 질적으로 어떤 지휘자와도 비교가 불가능한 수준이다. 당시 카라얀은 클래식도 소리와 함께 영상이 필요하고 그것이 관객에게 어필한다고 생각했다. 그래서 우리가 쉽게 카라얀의 얼굴을 익힐 수 있었던 것이다.

1980년대 CD가 등장하자 카라얀은 이 새로운 매체에 작품들을 담아냈다. 심지어 당시 음반 기획자들은 무미건조한 CD의 음색 때문에 LP를 대체하는 일은 없을 것이라고 예상했으나 카라얀은 매체의 부피, 재생 가능시간 등 CD의 장점을 포착했다.

보는 사람마다 취향 차이가 있겠지만, 솔티나 번스타인 등 비슷한 시기에 활동한 지휘자들과 비교할 때 카라얀의 외모는 뛰어나다. 그리고 카라얀의 행적을 봤을 때 상당히 공들여 연출한 듯한 그의 표정이나 음반 재킷의 사진들은 다른 음반들과 차별화된다. 심지어 모델 출신의 아내와 두 딸의 외모까지 빼어나 더욱 대중의 관심을 받을 수밖에 없었다. 카라얀은 자신과 베를린 필이 이뤄낸 성과를 과시하듯 자가용 경비행기와 요트에서 망중한을 즐기기도 했다.

카라얀의 행보는 '콜럼버스의 달걀'을 닮았다.

음반과 영상과 공연을 통해 그는 로열티를 빠짐없이 챙겼고 새로운 매체가 등장할 때마다 앞장서서 매체에 자신의 작품을 담았다. 이렇듯 치밀하게 오케스트라를 운영하면서 카라얀은 물론 베를린 필의 단원들도 상당히 높은 보수를 받았다. 카라얀이 이런 행적을 시도할 당시에 이 일들은 모두 선례가 없는 일이었거나 파격적인 시도였고 찬사와 비난을 동시에 받았다. 연주를 녹화해 영상을 만들고, 이 작품을 보다 쉽게 이해할 수 있도록 자막을 넣자 보수적인 클래식음악 팬들은 당혹스러워 했다. 그러나 분명한 것은 카라얀이 먼저 발걸음을 떼는 순간 어떤 형태로든 클래식 음악계는 변화했고 그의 행보를 따랐다는 것이다. 과연 그가 없었다면 지금의 대중적인 클래식 시장이 형성되었을까 의문이 들 정도다. 그가 세상을 떠난 지 20년이 지났음에도 불구하고 많은 대중은 클래식의 범주에서 그의 이름을 잊지 못한다. 역사상 가장 많은 스포트라이트를 받았던 지휘자는 누가 뭐래도 바로 카라얀이기 때문이다.

헤드십과 리더십

그럼에도 뛰어난 지휘자를 가진 베를린 필 단원들이 이 지휘자에게 반기를 들었던 이유는 무엇일까.

　헤드십과 리더십이라는 두 개의 용어로 그들의 관계를 설명할 수 있다. 카라얀은 권위주의적이고 상사가 지배하는 듯한 헤드십으로 단원들 위에 군림했다. 리더십이 리더와 구성원들 간의 합의를 바탕으로 한다면 카라얀의 헤드십은 자신의 권한으로 단원들을 통제하는 형태였다. 갖가지 음악 매체를 섭렵하며 첨단 음악 문화를 이끌어낸 카라얀이었지만,

오케스트라 리더로서 그의 자세는 다분히 시대착오적이었다.

카라얀의 은퇴는 음악가들에게 깊은 인상을 남겼다. 카라얀을 끝으로 오케스트라 단원 위에 군림하는 제왕적 리더십이 통용되던 시대는 막을 내렸다. 그리고 카라얀이라는 걸출한 지휘자를 보낸 베를린 필 단원들에게는 새로운 리더를 맞아들이기 위한 장고의 시간이 필요했다.

카라얀이 베를린 필의 상임지휘자로 활동하던 당시 베를린 필의 명성은 이미 독일을 넘어 전 세계로 뻗어 나갔다. 그로 인해 단원들의 고달픔도 없지 않았지만, 카라얀이 그것을 보상할 만한 가치를 생산한 것과 그가 지금의 클래식음악 시장이 형성되는 데 결정적인 역할을 했다는 사실은 그 누구도 부인할 수 없다.

그는 분명 강력한 리더십으로 누구도 상상하기 힘든 이 시대를 이끌고 간 위대한 지도자였다. 일반적으로 경영자들에겐 은퇴가 결정되는 어떤 시점이 있지만 사실 음악가들의 경우에는 은퇴를 결정하는 시점이 없다. 그래서 카라얀의 리더십을 말할 때 가장 아쉬운 것은 베를린 필하모닉 단원들의 자긍심이 커지고 그들의 오케스트라가 일류라는 자부심이 극에 달했을 때, 헤드십을 가진 리더의 은퇴가 이뤄지지 않았다는 점이다.

Concert 12
과거는 창조력을 억압한다

| 지휘자 클라우디오 아바도 |

오로지 공감으로 지휘하다

1989년 10월 베를린 필 단원들은 카라얀의 뒤를 잇는 지휘자를 선출하기 위해 모였다. 여섯 시간의 회의와 추첨을 통해 선출된 지휘자는 클라우디오 아바도였다. 후보였던 지휘자들이 어느 정도 득표를 했는지 알수 없으나, 공식적인 발표는 압도적인 표로 아바도가 선출되었다고 했다. 언론들 역시 단원들의 선택이 적절했다는 기사를 실어 이 새로운 지휘자의 선출을 축하했다.

아바도가 어떤 지휘자인지는, 또 베를린 필 단원들은 왜 카라얀의 후임으로 그를 선택했는지는 이견의 여지가 없었다. 가장 유력한 후보였던 카를로스 클라이버는 한 오케스트라에서 상임지휘자로 둥지를 틀기에는 지나치게 자유분방한 인물이었다. 또 미국 출신의 레바인이나 일본 출신의 오자와 세이지를 상임지휘자로 세울 경우 어떤 식으로든 이들의 출신 국가가 영향을 미칠지 모른다는 우려가 있었고 지명도로는 빠지지 않았던 로린 마젤 역시 단원들에는 호감을 사지 못했다. 로린 마젤을 후원하는 스폰서가 집요하게 오케스트라에 영향을 줄 것이라는 예상 때문이었다.

이렇게 줄줄이 나열한 다른 지휘자들과 비교했을 때 아바도는 부정적인 영향을 끼칠 어떤 배경도 없었고, 상업성과도 거리가 멀었으며, 심지어 음반회사들이 앞 다투어 음반을 만들려는 인물도 아니었다. 그런데도 베를린 필이 이런 아바도를 선택했다는 것에서 이전 지휘자인 카라얀이 베를린 필에 끼친 영향이 어느 정도였는지, 또 그의 과도한 카리스마가 얼마나 피로를 누적시켰는지를 짐작할 수 있다.

베를린 필의 단원들은 이 조용한 지휘자와 함께 진지하고 새로운 작업을 하고 싶은 열망을 보였고, 단원들의 바람은 어느 정도 실현되었다. 아바도는 권위와는 거리가 먼 인물이었고 친숙하게 단원들을 자신에게 끌어들여서 자신의 이야기를 듣게 만들었다. 섬세하고 일관된 논리를 펴는 아바도의 리드에 따라 베를린 필은 카라얀이 지휘하던 당시와는 매우 다른 오케스트라로 변모했다.

《인문의 숲에서 경영을 만나다》를 보면 리더의 성격을 쿨 리더와 핫 리더로 나누어서 분석해놓았다. 쿨 리더는 대중을 자신의 이야기 안으로 끌어들여 그들이 추구하는 리더의 이미지에 부합하도록 만들고, 핫 리더는 입으로 모든 것을 말해버려 대중이 이야기 속에 참여하거나 상상력을 발휘할 수 없게 만든다.

예를 들면 단원들이 스스로 말하거나 꿈꿀 기회를 차단하는 핫 리더는 카라얀, 그에 반해 조용한 메시지를 전달해 단원들이 자신과 교감하는 방법을 터득하게 하고 그의 지휘에 더 정확하게 반응하게 만든 아바도는 쿨 리더다. 물론 지휘자와 단원들이 구축하는 이 관계가 낯선 사람도 많았고, 카라얀 시대의 화려한 음향을 그리워한 관객들 역시 적지 않았다. 그러나 아바도가 12년 동안 베를린 필을 이끌어가면서 만들어낸 것은 '모두가 공감하면서 편안하게 대화하는 오케스트라'였다.

푸르트벵글러 이래 베를린 필의 성격을 아는 관객들에게는 아주 낯설게 느껴질 만한 변화가 있었다. 아바도는 푸르트벵글러조차 "나한테 잘 맞지 않는 것 같다"라고 고백한 현대음악을 꾸준히 공연했다. 현대음악이 프로그램으로 들어가는 음악회는 아직도 관객들에게 불편할 수 있으나 아바도는 '과거의 유산만으로 살 수는 없다. 과거는 우리의 창조력을 억압하기 때문이다'라는 입장이었다. 평소 조용한 성격과 달리 현대음악에 대한 단호한 태도는 아바도가 베를린 필에 있는 동안 그대로 유지되었다. 1994년 지멘스 음악상의 수상은 20세기 음악에 대한 꾸준한 관심을 보인 그에게 주는 상이었다.

또한 아바도는 독자적으로 음악을 공부하는 청소년을 육성하는 일을 기획했다. 특히 베를린을 떠난 후 두 개의 청소년 오케스트라를 창단했다.

카라얀에 지친 베를린 필 단원들이 교황 선출 방식으로 선발한 아바도는 분명 조용한 고집쟁이였다. 단원들에게 군림하지 않았고, 그들의 목소리를 들었고, 자신의 의견과 조율하려는 조심스러운 태도 역시 잊지 않았다. 그러나 현대음악 연주와 젊은 음악가 양성이라는 선명한 목표 역시 꾸준히 실천에 옮겼다.

베를린 필의 상임지휘를 맡았던 뷜로, 니키슈, 푸르트벵글러와 카라얀은 모두 상임지휘자 혹은 종신지휘자라는 직함을 가지고 세상을 떠났다. 어쩌면 아바도가 대수술 후에 임기를 채우지 않고 베를린 필을 떠난 이유 중에는 이 선배 지휘자들의 전철을 밟고 싶지 않다는 바람도 있었을 것이다.

아바도는 베를린 필의 역대 지휘자들 중에서 재임 기간이 그리 길지는 않았지만, 베를린 필의 한 단계 도약을 위해 누구보다 꼭 필요한 존재였음에 틀림없다. 무엇보다 카라얀의 장기집권에 따른 단원들의 피로감을 씻어내고 교감과 소통을 중시하는 감성적 접근으로 베를린 필에 새로운 활력을 불어넣은 것만큼은 다른 어떤 지휘자보다 뛰어났다.

Chapter 06

기업,
아트경영으로
승부하다

성공하는 기업의 비밀, 메세나활동에 있다

|

"성공하는 기업은 회사의 비전과 가치관이 정확하게 정립되어 있다.

회사의 존재 목적이 무엇인가에 대해 전 직원이 깊게 고찰하고

회사가 이루고자 하는 꿈을 구성원 모두 공유해야 한다."

_ (주)성도 GL 김상래 대표

Concert 01
기업 메세나란 무엇인가

기업 메세나의 개념

기업의 일차 목적은 이윤 추구다. 그러나 기업은 탄생하는 순간부터 사회적 존재이기 때문에 사회적 책임을 성실하게 수행하는 것 또한 기업의 의무요 책임이다. 그렇다고 기업이 자선활동으로 그 책임을 다하는 건 한계가 있다. 요즘 기업들은 사회에 공헌하면서 기업 경쟁력도 향상시킬 수 있는 방안을 마련하기 위해 다양한 노력을 하고 있다. 변화경영 컨설턴트인 구본형 씨는《구본형의 필살기》에서 '공헌력'의 중요성을 강조했다.

"'공헌력'은 '경쟁력'이라는 단어의 대체어로 경쟁자에 대한 승리가 목적이 아니라, 서비스의 수혜자인 고객의 새로운 수요에 차별적 가치를 제공할 수 있는 힘이다. 혹은 '당신이 일하고 있는 분야가 당신의 공헌에 의해 의미 있게 변할 수 있는가?'라는 질문에 대한 답이기도 하다. 경쟁력이 레드오션을 가정한 단어라면 공헌력은 블루오션을 가정한 단어이다."

최근 들어 우리 기업의 메세나활동이 활발해지는 것도 경쟁력을 넘어 공헌력을 중시하는 사회 분위기를 반영한다고 볼 수 있다.

'메세나'라는 말은 고대 로마제국에서 문화·예술인을 지원한, 대신 가이우스 클리니우스 마에케나스Gaius Clinius Maecenas의 이름에서 유래했다. 정치가, 외교관, 시인으로 활동했던 마에케나스는 아우구스투스 황제 시대에 대시인과 예술가들의 창작활동을 적극 지원해서 로마 예술의 부흥과 문화 번영에 크게 공헌했다. 그의 이름에서 유래한 메세나는 현재 문화·예술 후원을 통해 회사의 이미지를 높이기 위한 기업활동을 뜻하는 말로 쓰이고 있다. 기업 메세나는 기업 외부의 문화활동을 지원하는 것이며, 이윤 추구의 목적이 아닌 공익적 사업이므로 기업 내에서 자체적으로 이뤄지는 문화활동이나 기업 경영과 관련한 문화적인 활동과는 그 의미가 완전히 다르다. 기업 메세나 개념을 규정하는 요소는 세 가지다.

첫째, 행위의 주체는 기업이다.
둘째, 행위의 대상은 문화·예술이다.
셋째, 기업과 문화·예술의 관계는 동등한 상호관계다.

한국 메세나 협의회의 '기업의 문화·예술 지원 현황' 설문조사 결과 발표에 따르면 2009년 기업들의 문화·예술 지원 건수는 2,706건으로, 2008년 2389건에 비해 13.3퍼센트 늘었다. 이러한 메세나활동의 증가는 문화·예술에 대한 인식의 변화, 그리고 기업이 사회적 책임의 측면에서도 메세나활동을 매우 긍정적으로 평가하고 있다는 것을 반영한다.

그렇다면 기업 메세나의 목적은 무엇일까?

첫째, 기업의 이미지 제고에 있다.

기업의 사회적 이미지는 대단히 중요하다. 기업은 목표로 하는 고객들의 마음속에 있는 부정적 인식을 불식시키기 위해서, 혹은 긍정적 태도나 가치를 심어주기 위해서 예술 단체의 활동을 지원한다. 예를 들어 문화·예술 행사의 포스터, 전단, 프로그램 등의 인쇄물에 기업의 로고나 상호를 게재하여 고객에게 긍정적 이미지를 창출하는 통로로 활용할 수도 있다. 또한 경쟁사와의 차별화된 이미지를 창출하고자 할 때도 효과적으로 활용할 수 있다.

둘째, 마케팅 전략의 일환으로 활용할 수 있다.

일반적으로 어떤 특정 예술 단체나 예술가를 선호하는 청중은 상품과 서비스를 판매하는 기업에 유사한 반응을 보이는 경우가 많다. 따라서 인기가 올라가는 예술 단체를 지원하면 기업이 목표로 하는 잠재 고객들에게 직접적으로 정확하게 접근할 수가 있다. 기업의 지원을 받아 문화·예술 프로젝트를 효과적으로 추진하려면 기업이 원하는 마케팅 요소를 예술 단체 또한 정확히 알고 있어야 하며 그에 맞는 활동이 반드시 필요하다. 기업의 문화·예술 지원이 생산적인 마케팅 전략이 아니라 기업이 추구하는 사회적 가치라 할지라도 예술 단체는 반드시 기업의 경영에 이익을 제공해주도록 노력해야 한다.

셋째, 지역사회와의 유대관계를 위한 투자다.

기업은 지역사회의 주민들과 선린관계를 구축하고 문화·예술계 지도자들과의 유대 증진을 지원한다. 예를 들어 특정 국가를 대상으로 하거나 혹은 다국적 기업으로 진출하는 지역에서 우호적 이미지 창출을 위해 그 지역의 문화·예술 단체나 행사를 지원하는 것도 효과적인 방법이다.

넷째, 기업 홍보의 기회다.

대부분의 문화·예술 행사들은 행사 후원 기업에게 기업 PR 기회를 제공한다. 이는 기업을 자연스럽게 대중매체에 소개할 수 있는 기회가 된다.

다섯째, 고객에게 기쁨을 준다.

기업은 기존 고객뿐만 아니라 잠재적 고객 등의 소비자들과 생산 요소를 제공하는 주요 공급자들, 자본주인 주주들, 경영에 동참하는 모든 임직원에게 즐거움을 주는 일Entertaining, 즉 사은Hospitality이라고 총칭되는 활동을 하면서 고객에게 기쁨을 주고 이를 통해 기업이 계획하는 사업에 도움을 받을 수 있다.

외국 기업의 메세나활동

A&BArt & Business 영국 메세나 협회, ABCArt & Business Council Inc 미국 메세나 협의 회, CEREC 유럽 지역 기업 메세나 협회 등 이름은 다르지만 전 세계 25개국에 32개의 메세나 관련 기구가 설립되어 활동 중이다. 이들은 문화·예술 지원으로 차별화된 경영 전략을 선보인다. 또한 기업과 문화·예술 부문의 다양하고도 이상적인 파트너십을 지원하고 있다. 그렇다면 외국 기업에서는 어떻게 메세나활동을 하고 있을까?

먼저 이탈리아의 '메디치 가'는 메세나활동의 역사를 쓴 기업이라 해도 과언이 아니다. 이탈리아의 메디치 가문은 르네상스 시대의 이탈리아를 대표하는 명가名家로, 꽃과 가죽의 도시로만 불리던 이탈리아의 피렌체를 13세기에서 17세기에 이르기까지 르네상스시대를 세계 문화의 중심으로 끌어올린 주역으로 메세나활동과 예술가를 후원하는 대표적인 기업이다.

특히 은행업을 통해 축적한 엄청난 부를 기반으로 코시모 디 메디치(1389~1464)와 그의 손자 로렌초 디 메디치(1449~1492) 때에 이르러 피렌체와 메디치 가의 번영은 정점에 달했다. 루터를 파문하고 면죄부를 대대적으로 팔아 종교개혁의 발단이 되었던 레오 10세(1475~1521. 즉위기간 1513~21)부터 클레멘스 7세(1478~1534. 즉위기간 1523~1534), 레오 11세(1535~1605) 등 세 명의 교황을 배출하는 등 뛰어난 외교 수완으로 이탈리아 정치의 중추적 지위를 차지했고, 대를 이어 레오나르도 다빈치, 미켈란젤로, 단테 등 예술가를 지원함으로써 피렌체의 르네상스 문화를 최고의 자리에 올려놓았다.

Concert 02
아우디의 메세나

메세나활동으로 브랜드 이미지를 바꾸다

독일계 자동차 회사 아우디는 적극적인 메세나활동으로 유명하다. 아우디는 클래식음악계를 활발히 후원하는 대표적인 기업이다. 아우디Audi라는 단어는 라틴어로 "듣는다"는 뜻인데 이런 이유로 아우디에서 클래식 음악 분야를 집중 후원하는 게 아닌가 하는 생각도 든다.

아우디는 오스트리아 '잘츠부르크 페스티벌'의 메인 스폰서 중 하나로 매년 우리 돈으로 10억 원가량을 후원하고 있고, 귀빈들도 모두 아우디 자동차로 수송하고 있다. 또 이와는 별도로 전 세계 아우디 자회사를 중심으로 주요 고객을 따로 모아 세계적인 클래식 아티스트의 비공개 공연을 여러 차례 주최했다. 예를 들어 아우디 아메리카에서는 미국 '달라스 심포니 오케스트라 팝스 시리즈'를 후원해 이로 인해 벤츠와 BMW에 비해 다소 품격이 못 미친다는 그동안의 브랜드 이미지를 높였다.

다양한 문화 · 예술을 지원하다

그 외에도 아우디의 클래식음악 후원 사례는 다양하다. 2006년부터 세계적인 피아니스트 '랑랑'을 아우디 그룹의 공식 문화 사절로 영입하는가 하면, '베이징 음악 페스티벌' '라이프치히 클래식 야외 음악회'의 메인 스폰서로, 적극적으로 지원하고 있다. 뿐만 아니라 후원이 아니라 직접 오케스트라를 조직하여 '썸머 콘서트'를 개최하기도 했다.

1870년에 설립한 독일 제1의 은행 '도이체 방크' 또한 베를린 필과 런던 필 오케스트라를 후원하고 있으며, 특히 베를린 필은 1990년부터 단독 스폰서로 후원하고 있다. 도이체 방크는 베를린 필 투어 공연 뿐만 아니라, 중요한 교육사업인 청소년 음악교육 프로그램, '베를린 필의 미래 Zukunft@BPhil'에도 끊임없는 투자를 하고 있다.

또 2001년부터 런던 필의 교육프로그램용 DVD 제작을 후원하고, 학생들에게 콘서트 입장권을 대신 구입해주는 등 장기적인 후원관계를 맺고 있으며, 프랑크푸르트에 본거지를 두고 현대음악의 전도사로 꼽히는 앙상블 모데른Ensemble Modern(독일 현대음악 연주 단체)의 프랑크푸르트 공연 시리즈와 해외 콘서트 투어를 후원하고 있다.

그리고 쇼팽 탄생 200주년을 맞아 2010년 5월과 6월에 폴란드 바르

샤바 국립발레단의 '쇼팽, 낭만적인 아티스트Chopin, the Romantic Artist'를 후원했으며, 2010년 5월 21일에는 두바이에서 200명이 넘는 페르시아만의 아라비아 각국의 음악가들로 구성된 연합 음악회를 후원하는 등 다양한 문화·예술 지원 활동을 하고 있다.

Concert 03

토요타, 클래식을 입다

토요타 클래식 프로그램

최근 미국에서 대규모 리콜 사태로 큰 위기를 겪은 토요타 자동차의 '토요타 클래식' 프로그램은 세계 최고의 오케스트라와의 제휴 음악회를 통해 토요타 자동차의 고품격 세단에 고급 예술 이미지를 차용한 마케팅을 전개하고 있다. 특히 오스트리아 빈 국립오페라 극장 등 세계 정상급 공연장과 오케스트라 파트너십 프로그램을 통해 렉서스의 이미지를 고품격 명품 세단으로 격상시켰다.

'토요타 클래식'은 베를린 필하모니 오케스트라, 빈 필하모니 오케스트라와 같은 세계 각국의 실력 있는 음악가를 초청해 렉서스 브랜드 프로모션을 위해 전 세계를 순회하며 클래식 콘서트를 전개하는 사업을 펼쳐 세계적인 문화 마케팅의 대표적인 모델로 정착했다.

토요타의 메세나활동에는 다음과 같은 것들이 있다.

지역 아마추어, 오케스트라를 살린다

토요타는 지역 문화 진흥에 공헌하는 것을 목적으로, 1981년부터 25년 간 전국의 아마추어 오케스트라를 지원하고 있다. 이는 아마추어 오케스트라 최대 고민인 재정난이나 지도자 부재를 해결하기 위해, 토요타와 전국 토요타 판매 그룹이 공동으로 개최하고 있다. 토요타는 2004년 재정·운영 등 전반에 걸쳐 지원하는 '공동 개최형 콘서트' 4회, 지도자·게스트 초대 등에 관련되는 비용의 일부를 지원하는 '부분 지원형 콘서트' 45회, 총 49회의 콘서트를 개최했다. 지금도 토요타 커뮤니티 콘서트는 정통파 클래식 콘서트와 가족용 패밀리 콘서트, 현지 합창단 제휴 콘서트 등 다채로운 콘서트를 기획하고 있다.

어린이와 아티스트의 만남

뿐만아니라 토요타는 어린이 예술 교육에도 힘쓰고 있다. 아티스트와의 만남을 통해서 어린이들의 풍부한 감성을 기르는 것을 목적으로 NPO (비영리 인간단체)법인 '예술가와 아이들'과 제휴해 2004년 '어린이와 아티스트의 만남'을 창설했다. '어린이와 아티스트의 만남'은 예술가가 학교 등의 현장으로 찾아가 담당 선생님과 협력하면서 음악이나 체육, 종합적인 학습시간 등을 활용해 예술수업을 전개하는 프로그램이다. 차세대 창의력 계발을 향한 토요타의 지속적인 교육 프로그램은 아이들의 미래를 예술적 감수성으로 밝게 하고 있다.

기업이 교육 프로그램을 자체 기획하는 것보다 실험적이고 창의적인 신진 NPO 아티스트 모임을 활용하는 것이 더 나은 효과를 기대할 수 있다는 믿음은 토요타의 진정한 메세나 정신을 보여준다.

토요타 청소년 오케스트라 캠프

또 토요타는 1985년부터 매년 차세대 청소년을 위한 음악 교육 프로그램을 일본 아마추어 오케스트라 연맹과 공동으로 개최하고 있다. '토요타 청소년 오케스트라 캠프'라는 이름의 이 프로그램은 청소년 약 150명을 대상으로 하고, 현직 음악가를 초청해 오케스트라 연주를 지도하는 합숙 연수 프로그램이다. 음악 기술의 향상과 지역 문화 부흥을 위한 음악 교육에 주력하는 토요타의 주요 프로그램으로, 매년 약 20회의 공연을 한다. 일본 청소년 교향악단 특별 연주회는 토요타 청소년 오케스트라 캠프TYOC의 참가 멤버로 편성된 일본 청소년 교향악단으로 구성된 연주회다. 이처럼 토요타는 자신들의 교육 프로그램으로 길러낸 걸출한 신인들로 오케스트라를 구성한다. 차세대 인재를 발굴하고 양성하는 데 주력해온 토요타의 메세나활동은 일본인들의 더 나은 미래를 향한 열망을 충족시켜 전폭적인 지지를 받고 있다.

Concert 04
아사히 맥주의 창조적 마인드

정기적인 사내 음악회로 창조적 마인드를 키우다

맥주회사 아사히 비어는 '어린이 숲속 캠프'를 개최해 아이들이 직접 나무를 이용해 손쉽게 제작할 수 있는 타악기 류를 만들고, 전문 연주가들과 함께 연주해보는 프로그램을 운영하고 있다. 어린이들이 수동적으로 보고 듣는 현장학습의 전형에서 탈피해 체험 위주의 문화·예술 교육 프로그램을 운영하고 있다.

게다가 이 같은 일련의 교육 프로그램들을 통해 아사히 비어는 예술에 가장 민감하게 반응하는 아동에게 집중한 예술 교육이 더욱 성과가 크다는 것을 확인하고 더욱 실효성 있는 교육 프로그램을 계획하고 있

다. 이처럼 환경공헌과 문화공헌을 함께 진행하면서 아사히 비어만의 사
회공헌 프로그램을 만들어 사람들에게 건강한 기업이라는 이미지를 심
어주고 있다.

사원만을 위한 사내 로비 콘서트

특히 아사히 비어 사내 '로비 콘서트'는 관련 업계에서는 상당한 이슈다.
이 콘서트는 '창조적인 마인드는 규정된 목표나 방법으로 얻을 수 있는
것이 아니라, 생활에서 체험하는 가운데 자연스럽게 형성되는 것'이라
는 생각에서 출발했다. 즉 직원들이 하루 중 대부분의 시간을 보내는 직
장에서 음악회(콘서트)를 개최해 업무 스트레스를 조금이나마 해소하고,
나아가 문화·예술과 교감함으로써 참신하고 열린 사고를 이어갈 수 있
도록 하기 위함이다.

프로그램 중 사원이 직접 참여하여 프로 음악가와 함께 연주하는 코
너를 개발하여 세간의 관심은 물론 사내 직원들에게도 뜨거운 반응을 얻
고 있다. 아사히 비어의 로비 콘서트는 사원들의 창조적인 발상을 유도
하며, 예술적 감수성을 성공적으로 계발하면서 아사히 비어만의 유니크
한 트렌드를 이어가고 있다. 자신의 감정에 충실하다보면 어느새 훌륭한
음악으로 승화된 자신을 발견한다는 그들의 고백은 예술 프로그램이 직
원들의 창의력 계발에 얼마나 효과적으로 작용하는지 보여준다.

Concert 05
독일 몽블랑 사

클래식 사랑은 기업의 사랑

100년의 역사를 넘긴 세계적인 필기구 회사 몽블랑은 창립 후에도 '문화·예술 후원자상' 외에도 수많은 문화 지원을 하고 있다. 몽블랑 아시아 퍼시픽 CEO 제임스 토마스 시아노James Thomas Siano는 "1995년 세계적인 음악가이자 지휘자인 레너드 번스타인의 '음악과 친구가 되자'는 비전을 실현하기 위해 전 세계 5개 대륙, 40개국의 뮤지션들로 구성된 '몽블랑 필하모니아 오브 더 네이션즈Philharmonia of the Nations'라는 오케스트라를 창단하여 전 세계에 평화의 메시지를 전하고 있다. 또한 문화적 공헌 인물을 기념하기 위하여 한정제품 'MST' 펜을 출시하고 있는데, 그 예로 뉴욕 필 명예 음악감독인 레너드 번스타인 기념용 'MST Leonard Bernstein' 펜의 개당 판매 금액 중 일부분을 뉴욕 필 오케스트라에게 헌정하는 등 자사 제품을 통한 문화·예술 공헌에도 힘쓰고 있다. 몽블랑 사는 이런 사업에 대해 "기업의 철학일 뿐 마케팅이나 홍보의 수단이 아니다"라고 말한다.

예술가를 후원하는 사람들에게 상을 수여하다

또 몽블랑 사는 예술가를 후원하는 사람들도 지원하고 있다. 1992년 '몽블랑 문화상'을 제정하고 수상자 선정에 공정을 기하기 위해 1995년 몽블랑 문화재단을 설립해 각국별 문화·예술 발전에 공헌한 개인과 단체를 선정하여 시상하고 있다. 이 상은 예술가들에게 상을 주는 게 아니라 예술가를 후원하는 사람들에게 수여하는 상인데, 누군가의 후원으로 예술 분야가 번성할 수 있게 하는 것이 '몽블랑 문화·예술 후원자상'의 취지다.

한국에서도 2004년 금호아시아나 그룹의 고 박성용 회장이 최초로 수상한 이후, 2005년에 이건창호 박영주 회장, 2007년 일신방직 김영호 회장, 2008년 전 대한적십자 총재 이세웅, 2009년 세아제강 이운형 회장이 각각 수상했다. 그 외 국외 주요 수상자로는 전 세계은행 총재 제임스 울펜슨, 영국의 지휘자 사이먼 래틀 경 등이 있다.

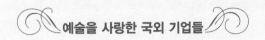

독일 지멘스Siemens

독일 베를린과 뮌헨에 본사를 두고 있는 세계적인 전기전자기업 지멘스는 세계 문화·예술의 소통을 돕는 다양한 문화 행사의 든든한 후원자로서 '실크로드 프로젝트Silk Road Project'라는 장대하고 의미 있는 프로젝트를 진행하고 있다. 실크로드 프로젝트는 과거 무역 경로였던 실크로드를 통해 동서양 문화가 융화되고 발전된 것처럼, 아시아와 유럽의 예술가들이 세계 공용어인 음악을 통해 서로를 이해하자는 뜻에서 1998년에 시작되었다. 이 프로젝트는 각종 페스티벌, 워크숍, 공연, 거주자 프로그램, 전시회, 교육 행사 등이 포함된 예술문화 교육 프로그램이다.

예술가 거주 프로그램을 통해서는 각국 작곡가들이 두 달 동안 지멘스 미국 지사의 스폰서링을 받으며 지멘스 스튜디오에서 위탁받은 작품을 작곡한다. 지멘스는 유럽을 대표하는 다국적 기업의 위상에 걸맞은 문화·예술 후원 프로그램을 통해 각국의 예술가는 물론 고객들과의 커뮤니케이션을 만들어가고 있다.

독일 바이어Bayer

기업 이윤을 사회 환원 차원에서 문화·예술 인프라 구축에 힘쓰는 기업으로 독일의 바이어 사가 유명하다. 아스피린으로 유명한 이 회사는 8백 석 규모의 소극장을 갖고 있다. 사람들은 이 작은 공연장에 들어서면 벽면을 가득 채운 연주자의 사진을 보고 깜짝 놀라는데 지휘자 세르지우 첼리비다케Serghiu

Celibidache, 바슬라프 노이만Vaclav Neumann, 첼리스트 피에르 푸르니에Pierre Fournier, 피아니스트 클라라 하스킬Clara Haskil, 빌헬름 켐프Wilhelm Kempff, 스비야토슬라프 리히테르Sviatoslav Richter, 바리톤 피셔 디스카우Dietrich Fischer-Dieskau, 바이올리니스트 나탄 밀스타인Nathan Milstein 등. 이들은 모두 바이어 극장에서 공연한 연주자들이다. 중요한 것은 바이어 사가 유명 연주자를 초청해 저렴한 가격에 입장권을 판매해 소비자인 관객들을 즐겁게 했다는 점이다. 예를 들어 1999년 시즌에 초대된 피아니스트 백건우 씨의 경우 입장료는 16~20마르크였다. 우리 돈으로 치면 1만 원 내외였던 셈인데, 그 나머지 부족한 비용은 바이어 사가 부담한 것이다. 1863년 독일 부퍼탈에서 창립된 바이어 사는 1901년에 이미 사내합창단을 조직했고, 1908년에는 회사 내에 문화 전담 부서를 두었다. 바이어 사의 문화부는 독일의 16개 오케스트라와 6개 발레단, 15개 실내악단, 20개의 극단을 지원하는 업무를 맡았다. 또 문화부는 독자적으로 예산을 집행했다. 1908년부터 1999년까지 근 1백년간 문화부장이 4번밖에 안 바뀌었다는 사실은 바이어 사가 문화정책을 얼마나 일관되게 추진했는지를 보여준다.

미국 알트리아 그룹Altria Group (전 필립모리스)

밀러 맥주와 필립모리스 담배를 만들어 파는 알트리아 그룹은 제품의 부정적인 이미지에도 불구하고 훌륭한 사회공헌 우수 기업으로 대접받고 있다. 인류의 건강을 해치는 기업이라는 부정적 이미지를 갖고 있던 말보로 담배 판매사인 필립모리스는 1950년대에 켄터키 주 무료 야외 콘서트 지원을 시작으로 메세나활동을 시작했다. 이후 뉴욕 시립 오페라단의 공식 스폰서로 활동하며 계열사들이 각 기업 브랜드에 맞는 사회공헌 활동을 독자적으로 진행했고, 본사 차원의 문화·예술 지원 사업과 국제 단위의 대규모 프로젝트를 지원함으로써 각 계열사들의 문화적·정서적 근간을 마련했다. 그동안 세계 각지에서 실시한 담배 판매 마케팅이 수많은 안티 사이트와 소송으로 돌아왔고, 레퓨테이션 연구소와 해리스 사The Reputation Institute and Harris Interactive가 실시한 기업 명성에 관한 설문 조사에서 최하위 등급을 받은 것을 만회하기 위해서 또 유해 제품 생산업체라는 부정적 이미지를 불식시키기 위해서도 메세나활동은 꼭 필요했다. 1999년 이래로 매년 1억 달러 이상의 사회공헌 활동비를 집행하면서 이를 홍보하기 위한 비용은 이보다 더 많은 1억 5천만 달러 이상을 써온 필립모리스 사는 부정적인 이미지를 벗기 위해 2003년 1월 알트리아 그룹으로 이름을 변경했다. 알트리아 그룹은 메세나활동으로 기업 이미지를 높이는 것이 얼마나 효과적인지 잘 알고 있는 대표적인 기업이다.

미국 IBM 사-신기술과 접목시킨 문화 복원 사업

미국 뉴욕에 본사를 둔 세계적인 컴퓨터 · 정보기기 제조업체 IBMInternational Business Machines Corporation, 애칭 빅 블루Big Blue는 세계 컴퓨터 시장의 약 50퍼센트를 지배하는 다국적 거대 기업이다. 이들은 누구도 생각지 못한 디지털 기술을 이용한 문화유산 복원과 미술품 유지관리를 위한 다양한 프로젝트를 전개해 문화·예술계에 신선한 충격을 불러일으키면서 세계 IT업계에 IBM의 첨단 기술의 우수성을 확인시켰다.

IBM의 모토는 '모두가 누리는 정보기술'이다. 이 모토로 전 세계 언제 어디서나 세계의 문화유산을 볼 수 있는 프로젝트를 시도했다. 그 첫 번째가 1999년 러시아에 지은 최초의 디지털 박물관, 에르미타주 웹 뮤지엄Hermitage web museum이다. 인터넷이 접속 가능한 어느 곳에서나 박물관 소장품을 볼 수 있다. 또 2000년에는 문화유산 복원 및 미술품 유지관리 전문인들과의 네트워크를 구축하기 위해 IBM의 기술을 접목시켰고, 미켈란젤로의 미완성작 피에타 상을 재건하는 프로젝트, '디지털 피에타 프로젝트The digital Pieta project'에 뛰어들어 문화·예술계는 물론 IT업계를 놀라게 했다.

또한 2004년에는 '자사의 신 디지털 기술을 문화·예술 전통 복원 사업에 활용'하는 것을 원칙으로 하는 프로젝트, 이터널 이집트 프로젝트Eternal Egypt Project를 진행했는데 3D Imaging technolongy를 활용한 3-D SCAN을 통해 7천 년을 거슬러 올라가 고대 이집트의 문화유산을 생생히 복원하고, 콘텐츠 관리시스템을 이용한 웹 박물관을 개관했다.

이러한 노력은 자신들만의 기술과 노하우를 이용하여 자연스럽게 독특한 홍보 기회를 확보하면서 문화·예술계가 선호하는 IT업계로의 이미지 가치 상승 효과를 얻었고 게다가 직접적인 상품 구매로까지 이어지는 효과를 보았다.

이탈리아 캐주얼 패션브랜드, 베네통

'UNITED COLORS OF BENETTON(유나이티드 컬러스 오브 베네통)'이라는 기업 홍보문구로 유명한 감각적인 컬러의 베네통은 기업의 창조적 아이디어를 이끌어내기 위해 창업자 루치아노 베네통이 1994년에 설립한 크리에이티브 커뮤니케이션 연구기관인 '파브리카Fabrica'를 운영하고 있다. 베네통은 파브리카에 연간 약 50억 원을 투자하고 매년 전 세계 25세 미만의 예술가 50명을 1년간 초대하는데, 상호 교류를 바탕으로 다양한 상상력을 극대화해서 작품 경연 및 연구에 전념할 수 있도록 자유로운 예술활동을 지원하며, 그곳에서 베네통만의 참신한 창조적 아이디어를 끊임없이 수혈받고 있다.

옥외광고로 유명한 베네통은 의류회사지만 옷보다는 폭력, 인종문제, 에이즈, 마약, 전쟁, 환경오염, 죽음 등 사회문제를 주제로 광고를 만들어 많은 충격을 주었다. 대표적인 광고는 보스니아 내전에서 숨진 피 묻은 병사의 군복 한 벌, 사형제도를 알리기 위한 전기의자, 타락한 현시대를 비꼬는 수녀와 사제복을 입은 남녀의 키스, White, Black, Yellow 세 개의 심장을 나란히 놓고 사진을 찍어 인종차별을 경고하는 사진들이 있는데 이러한 베네통의 생각은 현실적인 문제들을 쟁점화했다는 긍정적인 평가와 사회적 관심을 끌기 위해 파격적인 이미지만 만들어낸다는 부정적인 평가를 동시에 받았다. 베네통의 도발적인 이미지 광고는 소송과 여러 가지 잡음을 일으켰지만 이러한 여러 가지 구설수가 오히려 광고 효과를 더 높였다. 그러한 독특한 광고의 원천이 된 것이 바로 파브리카다.

프랑스 LVMH 그룹

루이뷔통LOUIS VUITTON, 디올DIOR, 지방시GIVENCHY, 팬디FENDI, 셀린느CELINE, 모엣샹동MOET & CHANDON, 헤네시Hennessy 등 60여 개의 명품브랜드를 인수 합병한 패션업계의 제왕 LVMH 아르노 회장은 프랑스 최고의 메세나활동으로 눈길을 끌고 있다. 지난 15년간 프랑스 베르사이유 궁전의 복원 사업과 루브르 박물관 작품 기증을 지원했으며, 각종 미술 전시회를 후원해오고 있으며 2006년에는 루이뷔통 문화예술재단을 출범시켰다.

Concert 06
삼성이 사랑한 클래식

국내 기업의 메세나활동을 들여다보다

한국 메세나 협의회의 '기업의 문화·예술 지원 현황' 설문조사 결과 2009년 기업 출연 문화재단의 지원액은 1위 삼성문화재단, 2위 LG연암 문화재단, 3위 금호아시아나문화재단, 4위 CJ문화재단, 5위 가천문화재단의 순으로 나타났다. 그래서 이번엔 기업의 문화 지원과 함께 문화·예술계의 활동 또한 더욱 활발해지기를 바라는 마음으로 국내 기업들의 다양한 아트경영 사례를 소개하고자 한다. 단 국내 모든 기업을 다 소개하기는 무리가 있어 쉽게 접근할 수 있는 기업을 중심으로 다뤘다.

삼성문화재단 '해피투게더, 다함께 행복한 사회'

1965년 삼성문화재단을 설립하면서 사회공헌의 초석을 마련한 삼성그룹은 1994년에 삼성사회봉사단을 출범하면서 사회복지, 문화예술, 학술교육, 환경보전, 자원봉사 등 5가지 사회공헌 활동을 하고 있다. 삼성의 나눔 경영은 '해피투게더, 다함께 행복한 사회'라는 비전을 가지고 희망Hope, 화합Harmony, 인간애Humanity의 가치 실현을 지향하고 있다.

삼성문학상을 제정해서 문학 분야를 후원하고, 호암미술관, 로댕갤러리, 삼성어린이박물관, 삼성미술관 리움, 파리국제예술공동체의 아틀리에 운영을 중심으로 하는 미술 관련 사업을 진행하고 있다. 그리고 21세기 국제감각과 실력을 갖추고 한국 문화·예술 분야의 세계화와 발전을 선도할 인재를 양성하기 위한 MAMPISTMusic+Arts+Movie+Play+ist 제도, 국악동요제를 통한 창작국악동요 사업, 뛰어난 예술적 재능을 가진 젊은 음악가들에게 세계적인 명기를 무상으로 대여해주는 악기은행, 음악 영재 장학제도, 대구 오페라하우스 건립 기증 등. 다양한 문화·예술 분야 및 음악회를 후원하며 진정한 아트경영을 선도하고 있다. 뿐만 아니라 '희망의 문화클럽'을 통해서 문화적으로 소외된 청소년들에게 다양한 문화공연을 관람할 수 있는 기회를 제공하고 있다.

러시아인의 마음을 움직인 문화·예술 지원

뿐만 아니라 삼성의 문화 지원 사업은 국경을 초월하여 국제적으로도 빛을 발하고 있다. 그 대표적인 예가 러시아다. 삼성전자는 1991년 소련연

방 붕괴 후 정부의 재정 지원이 끊겨 문을 닫을 위기에 있던 러시아 문화의 자존심 볼쇼이 극장을 1992년부터 후원하기 시작했다.

2003년에는 러시아 문학 발전을 위한 '톨스토이 문학상'을 제정했고, 정부마저 엄청난 비용 때문에 망설이던 상트페테르부르크의 에르미타주 박물관의 문화재 복원 사업도 후원했다. 이외에도 그리스의 뉴아크로폴리스 박물관, 베나키 박물관, 그리고 오스트리아의 벨베데레 궁전에서 열리는 '구스타프 클림트 전시회'를 후원했고, 2007년부터는 우리보다 경제 규모나 모든 면에서 월등히 앞선 미국의 독립영화 발전을 위해 꾸준히 후원하고 있다. 이러한 삼성의 범국제적인 문화 지원 사업은 한국 기업이 해외시장을 개척하는 데 지대한 영향을 끼쳤다.

Concert 07

LG가 사랑한 클래식

LG아트홀에서 문화 사랑을 실천하다

LG그룹은 1947년 설립 이래 변함없이 사회공헌 활동을 펼쳐왔고, 최근에는 문화, 교육, 복지, 언론, 환경에 이르기까지 폭넓은 분야에서 사회공헌 활동을 하고 있다. LG연암문화재단을 극단 '수박'과 기업과 예술의 만남Arts & Business 결연을 맺고, 한국 메세나 협의회와 협력을 통해 서울 및 수도권의 중·고등학교를 찾아가서 공연하는 '찾아가는 스쿨 콘서트', 2006년부터는 한국 메세나 협의회와 공동으로 보육원, 공부방 아동을 초청해서 아트센터 객석의 일부 및 다른 공연장의 티켓을 무료로 제공하는 '즐거운 나눔티켓', 예술교육 전문가들이 직접 보육원이나 교화시설을 방문해 예술 교육을 진행하는 'LG 아트 클래스', 미국 뉴욕 링컨센터 뮤직소사이어티Chamber Music Society of Lincoln Center와 국내 교수진이 협력해 어려운 형편의 음악 영재들을 발굴하고 체계적 교육을 지원하는 'LG 사랑의 음악학교', 경제적으로 어려운 청소년들에게 클래식 교육 기회를 제공, 꿈과 희망을 주기 위한 'LG 생활건강 뮤직 아카데미' 등 다양한 활동을 하고 있다. 특히 LG연암문화재단은 '문화예술의 창작과 교류를 통한 기업 이윤의 사회 환원'을 위해 총 공사비 약 620억 원을 들여 서울 강남구 역삼동에 1,103석 규모의 LG아트센터를 건립했다. LG아트센터는 음악, 무용, 연극, 뮤지컬 등 모든 장르의 공연 예술을 수용할 수 있는 다목적 공연장으로 관객들에게 국내외 다양한 문화권의 수준 높은 공연 예술을 경험할 수 있는 기회를 제공하고 있다. 또 LG아트센터 운영비의 절반을 매년 부담하고, LG아트센터의 안정적인 운영 문제, 그리고 상업성이 떨어지지만 작품성이 있는 공연과 시대의 흐름을 읽을 수 있는 프로그램을 과감하게 상연하도록 지원하고 있다.

LG전자 '휘센 주부합창제'

'꿈을 이루는 사랑, LG전자'라는 사회공헌 슬로건을 내건 LG전자는 꿈을 가진 사람들과 함께 사랑을 나누면서 보다 나은 미래를 만들기 위해 노력하고 있다. 특히 2004년부터 시작한 '휘센 주부합창제'는 이미 누적 참가팀이 500여 개의 팀에 달하는 아마추어 합창제 중에서는 가장 큰 규모를 자랑한다. 순수 아마추어 주부 합창단의 활성화와 음악 문화 발전을 위한 목적으로 (사)한국합창총연합회가 공동으로 주최하고 있다. 또한 수학능력시험을 치른 수험생을 위해 '수험생을 위한 LG 청소년 음악회'를 1991년부터 꾸준히 개최하고 있으며, 1996년부터 극단 '버섯'과 '휘센과 함께하는 장애인을 위한 무료 연극 공연'을 진행하고 있다.

LG전자는 해외에서도 다양한 메세나활동을 하고 있다. 1931년 세워진 월튼 극장은 미국 국가문화유산으로 연간 30여 만 명이 찾는 명소였지만, 고질적인 재정 문제로 인해 운영에 어려움을 겪고 있었다. LG전자는 이런 월튼 극장을 2003년부터 5년 계획으로 후원하면서 지역 주민들의 지지를 얻었고, 후원 이후 낙후됐던 시설은 크게 개선되었다. 또 월튼 극장의 이름은 LG의 이름을 추가하여 '월튼 LG'로 개칭되었다. 이로 인해 LG전자는 후원 기간 동안 극장 곳곳에서 자사의 제품을 전시, 시연할 수 있는 혜택을 얻기도 했다.

Concert 08
현대가 사랑한 메세나

지 역 사 회 문 화 행 사 는 곧 직 원 의 복 지 향 상

현대중공업은 지역 주민 대부분이 회사 직원들로 구성된 독특한 기업이
다. 그래서 지역 주민을 위한 문화·예술 지원 활동이 자연스럽게 직원
복지 향상으로 연결되고 있다. 이 기업은 오랜 노사 갈등에서 벗어나 화
합과 상생 관계 정립에 성공하며 지역사회 문화공헌의 대표적인 성공
사례로 손꼽히고 있다.

　현대중공업은 1991년 미포회관 건립을 시작으로 1998년에 고품격 공
연장과 미술관, 레저와 스포츠 시설을 갖춘 복합문화센터, 현대예술관
(1998년 '한국건축문화대상'을 수상했다.) 건립까지 모두 7개의 복합문화공간을

개관하여 국내외 우수한 문화·예술활동을 펼쳐나가고 있다. 또 이를 통해 지역 주민들이 다양한 공연과 전시를 접해 삶의 질을 향상시킬 수 있는 기회를 제공하고 있다. 이와 더불어 소외 지역과 사내 아파트 지역에서 '찾아가는 음악회' '장애인 및 불우 청소년 초청 음악회' '퓨전 국악 공연' '금요 로비 음악회', 어린이 및 청소년들의 문화·예술 소양 함양에 도움을 주기 위한 '썸머 뮤직 아카데미Summer Music Academy'를 운영하는 등 지역 주민들 간 문화 격차를 줄이고 지역사회의 문화 수준을 높이는 데 힘쓰고 있다. 뿐만 아니라 내부적으로는 생산 현장의 점심시간을 활용한 콘서트와 상생경영을 위한 협력사 '현장콘서트'를 개최해 내부 임직원 및 협력사 고객에게 삶의 활력을 제공하고 있다. 이외에도 '한여름밤의 꿈' '한가족 축제' '찾아가는 영화제' '환경문화영화제' '썸머 뮤직캠프'를 비롯하여 민속명절인 대보름, 단오절 행사 등을 통해 직원과 지역 주민들이 함께할 수 있는 다양한 문화 향유 기회를 마련하고 있다. 또, 울산남성합창단, 동구여성합창단, 현대소년소녀합창단, 현대청소년 교향악단 등 지역의 4개 아마추어 음악단체를 지원하고 있고, 울산대학교와 공동으로 USPulsan String Players 챔버 오케스트라를 창단하기도 했다. 현대중공업이 문화·예술 분야에 투자하는 금액 규모는 매년 약 150억 원가량 되는데, 이러한 지원에 힘입어 꾸준히 메세나 사업을 펼쳐온 결과 2007년에는 한국메세나 대상을 수상했다.

세계적인 아티스트를 무대에 올리는 현대백화점

현대백화점은 아동복지를 비롯한 사회 공헌 및 후원 활동, 그리고 환경을 생각하는 활동 및 지역 주민을 위한 꾸준한 문화 행사 진행 등. 더불어 사는 사회를 위해 다양한 사회공헌 활동을 전개하고 있다. 현대백화점은 1980년대 후반 매장 면적을 늘리기 위해 폐관했던 문화홀을 2000년부터 리모델링을 통해 하나둘씩 재개관하고 있다. 그래서 현재 7개 지점에 3천 4백 석 규모의 문화홀을 운영하고 있는데 연간 관람 고객만 50만 명에 달한다. 또한 앞으로 새로 짓는 모든 백화점에 문화홀을 만드는데 이러한 노력은 현대백화점이 1년간 문화 공연에 투입하는 예산을 보면 확실히 알 수 있다.

2010년 현대백화점이 문화공연을 위해 세운 예산은 지난해 90억 원보다 58퍼센트나 늘어난 142억 원이다. 상반기에는 한국이 낳은 세계적인 소프라노 조수미를 초청하여 잠실 올림픽공원 체조경기장에서 대규모 콘서트를 열었고 세계적인 오케스트라 모스크바 필하모닉 오케스트라의 내한 공연을 유치했으며 앞으로 빅콘서트를 지속적으로 선보일 예정이다.

문화를 파는 기업, 현대카드

최근 현대카드가 주관하는 대규모 공연들이 문화계의 핫 이슈가 되고 있다. 현대카드가 펼치는 문화·사회공헌의 두 가지 키워드는 '문화 지향'과 고객이 참여하는 '기부 문화'다. 현대카드 슈퍼콘서트는 플라시도

도밍고, 빈 필하모닉 오케스트라, 조수미, 안드레아 보첼리 같은 세계적인 음악가들을 초청하고 엄청난 규모의 기획을 함으로써 문화계에 큰 화제가 되었다. 기부 문화 면에서는 현대카드만의 '매칭그랜트Matching Grant' 기부 형식을 만들어냈는데, 이것은 기업의 일방적인 사회공헌이 아닌 고객이 기부한 금액만큼을 현대카드가 더해서 기부하는 쌍방향적 기부 형태로 기부에 대한 인식의 변화를 이끌어내고 있다.

현대기아자동차그룹의 문화 · 예술 마케팅 브랜드 'H · art'

현대자동차는 2007년 4월 자사의 문화 · 예술 활동을 아우르는 브랜드 'H · art'를 대내외에 선포했다. 국내 최초로 기업 문화 마케팅을 브랜드화한 'H · art'는 현대 차와 문화 · 예술의 결합을 상징한다. '예술을 사랑하는 기업'이라는 이미지를 위한 현대기아자동차그룹의 노력은 러시아 상트페테르부르크의 '백야의 별 페스티벌'에서 서울시향이 공연을 하면서 주민들과의 유대감 형성에 큰 도움이 됐다.

그 외에도 2007년부터 점심시간을 이용한 사내 순회 음악회로 '행복 엔진콘서트'를 기획해 직원들에게 큰 호응을 얻고 있다. 이 밖에도 사옥을 활용한 춤, 소리, 인형극이 더해진 사옥 문화 나눔 콘서트 '문학, 자동차와 통하다'를 개최해 문화를 통한 임직원의 에너지 증진 및 즐거운 직장 분위기 조성에 힘을 쏟고 있다.

Concert 09

놀라운 감동을 주는 KT

KT의 올레스퀘어와 KT 체임버홀

KT는 정보 격차를 해소하고 지역사회의 삶의 질 향상을 위해 IT나눔, 사랑나눔, 문화나눔, 그린나눔의 네 개 분야에서 다양한 활동을 통해 나눔 KT를 실천하고 있다. 특히 문화나눔은 서울 광화문 사옥에 누구나 편하고 즐겁게 문화·예술을 즐길 수 있는 약 1천 평 규모의 복합 문화예술 공간 '올레스퀘어(구 KT아트홀)'를 개관해서 매일 저녁 국내외 유명 재즈 뮤지션의 라이브 공연을 볼 수 있는 '재즈 앤드 더 시티Jazz and the City'를 열고 있다. 이 공연은 음악을 사랑하는 시민이면 누구든지 부담 없이 찾고 즐길 수 있는 도심 속 재즈 명소로 자리매김하고 있다. 티켓은 일인당

천 원으로 판매된 수익금 전액을 청각 장애 아동의 보청기 지원에 활용하는 '천 원의 나눔' 프로그램도 함께 진행하고 있다. 또한 목동에 마련된 420석 규모의 'KT 체임버홀'에서는 매월 2회, 국내 최정상급 지휘자와 연주자들이 펼치는 클래식 향연을 기획하고, 해설이 있는 클래식 콘서트로 고객과 더 가까운 교감의 시간을 갖고 있다. 또 KT는 2005년부터 내·외부 고객을 대상으로 '놀라운 감동을 주자'는 취지의 '원더wonder 경영' 전략을 시행하고 있다. 이 경영 방침은 사장단 및 임원 워크숍에서부터 솔선수범을 보여 영화 제작과 칵테일 만들기, 음악 감상, 염색, 조각 등의 예술체험 프로그램으로 운영한 바 있다. 또한 KT는 임직원으로 구성된 오케스트라 동호회 'KT 필하모닉'를 창단, 대덕연구센터에서 '정오의 음악회'를 개최하는 등 직원들의 감성 및 창의적 마인드를 계발하기 위해 노력하고 있다. 그 밖에도 분당 사옥을 이용해 정기적으로 지역 주민과 학생들에게 뮤지컬, 연극 등의 문화체험을 제공하는 '원더풀 문화데이트'를 운영하며 음악을 통해 회사와 사회에 사랑과 감동을 전달하겠다는 모토를 실천하고 있다.

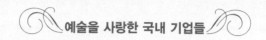

예술을 사랑한 국내 기업들

나눔재단과 문화재단을 통해 지속적인 후원을 하는 CJ 그룹

CJ는 자사의 사회공헌 이념인 "인간사랑, 자연사랑, 문화사랑"을 실천하기 위해 국내 문화계에 꾸준한 지원 활동을 하고 있다. 크게 '나눔재단'과 '문화재단'으로 나눠 사회공헌을 실현하고 있는데, '나눔재단'은 교육을 통해 가난 대물림을 방지하고 미래 인재를 육성한다는 목표 아래 임직원과 일반인들이 자유롭게 참여할 수 있는 기부 사이트 '도너스캠프'와 '푸드뱅크' 지원 사업, 그리고 각자의 지식과 능력을 활용해 봉사하는 재능나눔 자원봉사 등의 사업을 하고 있다.

'문화재단'에서는 '화음챔버오케스트라' '유라시안 필하모닉 오케스트라' 지원, CJ Classic 시리즈 운영, '찾아가는 음악회' '객석 10퍼센트 나눔 운동 지원 사업' 등의 음악 지원 사업을 벌이고 있고, 서울발레시어터, 창작 국악단체 신국악단 '소리아(SOREA)', 극단 '여행자'를 지속적으로 후원하고 있다. 한편 CJ는 중국 〈연변일보〉가 중국 조선족을 대상으로 우리 민족의 문학인 발굴을 위해 제정한 '해란강문학상'을 1993년부터 지원해오고 있으며, 전국 조선족 중학생 글짓기 대회도 지원하고 있다. 또 2004년부터 문화 사업 부문 계열사인 CJ엔터테인먼트와 CJ CGV를 통해 'CJ 아시아 인디 영화제' 개최하고 있으며, '서울독립영화제'를 지원하고 'CGV 인디영화관'을 운영하고 있다. 또 '나눔의 영화관 운영' 등 4대 문화 프로젝트를 진행해오고 있다.

철鐵의 딱딱함을 문화공연을 통해 바꾼 문화 기업 포스코

1968년 창업 이래 한국 경제 발전의 원동력이 되어 온 대표적인 국민 기업 포스코는 꾸준한 문화·예술 지원 활동으로 다소 딱딱한 기업의 이미지에 변화를 추구하고 있다. 1971년에 설립된 포스코 장학회를 확대 개편한 포스코 청암재단의 장학사업과 1995년에 설립된 포스코 교육재단, 그리고 1986년에 한국 최초의 연구중심대학으로 설립된 포스텍POSTECH을 중심으로 인재 양성과 지역사회의 발전에 기여하고 있다. 2003년 회장을 단장으로 하는 포스코봉사단을 중심으로 한 봉사 프로그램, 지역사회와의 유대 강화와 지역 내 문화공연 인프라를 구축하기 위해 운영하는 포항 효자아트홀(1980년 설립), 광양의 백운아트홀(1992년 설립) 등 6개의 문화시설을 통한 포스코 문화 행사는 각 지역 거주자들의 문화적·정서적 생활 함양에 큰 도움을 주고 있다. 뿐만 아니라 1999년 12월부터 서울 대치동 포스코센터 로비에서 문화 공연 '포스코 센터 음악회'를 열어 매월 한 차례씩 클래식, 한국 전통음악, 뮤지컬, 재즈, 가요 등 다양한 음악공연을 선보이고 있다. 2004년부터는 '기업과 대학의 만남'을 주제로 대학 캠퍼스를 순회하는 '캠퍼스 음악회'를 운영하고 있으며, 미술 분야에서는 1995년 포스코 미술관을 개관해 다양한 기획전시와 '스틸아트공모'를 실시해 2006년부터 철을 재료로 하는 조각, 회화, 설치 미술품 공모전을 열고 있다. 또한 '서울시 청소년 교향악단' 지원을 위해 한국 메세나 협의회 '기업과 예술의 만남Arts & Business' 프로그램에도 참여하여 '청소년 해설 음악회' '포항·광양 지역 소외계층 방문 공연' '직원 가족 대상 공연' 등 다양한 활동을 펼치고 있다.

신한은행의 신한음악상

신한은행은 클래식 유망주를 발굴하고 지원해서 국내 음악 발전에 기여하기 위해 2009년 '신한음악상'을 제정했다. 이 상은 발전 가능성이 있는 만 19세 미만의 음악 영재들에게 시상하는 것으로 수상자는 4년간 매년 4백만 원씩 총 1천 6백만 원의 장학금을 지원받는 것 외에도 신한 영아티스트 챌린지Shinhan Young Artist Challenge(줄리어드 프리스쿨 마스터클래스 및 학교투어)와 신한 뮤직 아티스트 렉처Shinhan Music Artist Lecture(클래식 뮤지션과 전문 공연 기획자 무대교양 교육), 그리고 연중 1회의 무대 공연 기회를 제공받는다. 이러한 후원은 음악 영재를 발굴하고 세계적인 아티스트로 발전할 수 있는 발판을 마련해준다는 면에서 중요한 투자와 지원이 아닐 수 없다. 금융권 최초로 설립된 음악상인 '신한음악상'은 임직원들의 자발적인 기부를 통해 상금을 수여하는 '개미 메세나' 방식을 사용하고 있는데 차세대 음악가들을 지원하는 좋은 예가 될 것이다. 그 외 역삼동에 100석 규모의 소규모 공연장 '신한아트홀'을 개관하여 많은 유망주에게 무대를 제공하고 있다.

예술의 전당 '11시 콘서트'를 후원하는 대한생명보험

대한생명보험은 공연을 관람하고 싶어도 시간적 제약을 받아 온 주부들에게 문화·예술 향유 기회를 제공하기 위해 예술의 전당 '11시 콘서트'와 같은 브런치 음악회를 열어 주부들을 초청해 큰 호응을 얻고 있다. 5주년을 맞은 '11시 콘서트'는 오전 시간대 클래식 콘서트의 붐을 일으키며 클래식음악회 문화의 새로운 장을 열었다는 평가를 받고 있다. 대한생명보험을 계열사로 가지고 있는 한화그룹이 후원하는 '예술의 전당 교향악축제'와 마찬가지로 다른 공연에 비해 상대적으로 열악한 클래식을 오랜 기간 후원해 기업의 이미지 제고에 성공했다. 이 외에 '유라시안 필하모닉 오케스트라'를 후원하며 독거노인, 장애인, 복지시설, 보육시설 아동 등 소외계층 대상의 '찾아가는 음악회'를 개최해 예술 지원을 통한 소외계층 지원에도 힘쓰고 있다.

LIG 손해보험의 '자라섬 국제 재즈 페스티벌'

희망을 함께하는 기업이라는 사회공헌 비전 아래 2005년 전 임직원과 영업 가족으로 구성된 'LIG 희망봉사단'은 치유와 나눔, 소통을 통해 사회와 하나가 되려는 노력을 하고 있다. 특히 2006년 8월에 개관한 170석 규모의 'LIG 아트홀'은 연극, 무용, 뮤지컬, 음악 등 장르에 관계없이 젊은 예술가들의 실험 정신을 후원하고 있으며, 2009년 3월에 출범한 재단법인 LIG 문화재단은 문화·예술 분야에 대한 체계적이고 전문화된 지원을 하고 있다. 또한 국제적 네트워크를 통한 활발한 예술 교류로 한국 공연 예술의 활동 영역을 점차 확장시켜 나갈 계획을 세우고 있다. 그 대표적인 예가 2004년부터 시작되어 국내 재즈 음악의 수준을 세계에 알리고 있는 '자라섬 국제 재즈 페스티벌'이다.

고객을 대상으로 최고급 아트 서비스를 제공하는 신세계백화점

신세계백화점은 세종문화회관, 국립극장 등 전문 공연장에서 하는 최고급의 공연을 전체 대관해서 고객 중 최상위급인 트리니티 및 퍼스트 클럽 고객을 초청하는 등, VIP 문화 마케팅을 통해 고객에게 고품격의 아트 서비스를 제공하고 있다. 또한 본점 문화홀에서 고객들을 대상으로 유명 미술품 전시 및 판매를 위한 '아트페어'를 개최하고, 매장 내부에도 아트월을 설치하는 등 고객들에게 다양한 문화 체험 기회를 제공하기 위해 노력하고 있다. 그 밖에도 신세계백화점 본점 문화홀의 공연을 보면 그 면면이 전문 공연장의 위상을 넘어서는 수준의 훌륭한 공연들로 채워져 있다. 그 예로 소프라노 신영옥, 비올리스트 리처드 용재 오닐, 바이올리니스트 강동석, 첼리스트 정명화, 피아티스트 서혜경, 이루마, 조지 윈스턴, 유키 구라모토, 세계적인 실내악단 이무지치 등을 초청해 고객을 위한 기획 공연을 개최한 바 있다. 뿐만 아니라 부산 '소년의 집' 오케스트라를 초청하여 지휘자 정명훈과의 협연을 통한 자선음악회도 개최해 문화공헌 기업 이미지와 고급 문화 마케팅 전략으로 차별화된 홍보를 하고 있다.

국내 유일의 기업 오케스트라 '린나이 팝스 오케스트라'

린나이 코리아는 1986년 음악전공자이며 사내 직원들로 구성된 관악협주단인 '린나이 팝스 오케스트라'를 창단하고 활동을 지원하는데 이는 국내에 하나밖에 없는 유일한 기업 오케스트라다. 린나이는 오케스트라를 위해 사내에 연습실을 마련하고, 전문 오케스트라 지휘자를 영입하고 전문 연주자의 레슨과 악기 구입비와 공연 제작비 지원, 일과 후 연습 시 근로 수당 지급 등 적극적인 지원을 아끼지 않고 있다. 단원들은 다른 직원들에게 악기 교습 등의 봉사활동을 하며 사내 문화 나눔을 실천하고 있으며, 회사는 오케스트라를 활용해 정기연주회와 시민을 위한 순회공연, 교도소 위문공연 등 음악을 통한 사회봉사에 앞장서고 있다.

사회공헌의 새로운 나침반으로 '문화'를 선택한 올림푸스 한국

디지털카메라 중심의 영상 부문과 내시경과 같은 각종 의료기구를 개발하고, 일본에 본사를 둔 글로벌기업의 현지법인 올림푸스 한국은 "문화적 소통으로 사회 환원을 실천하는 올림푸스 한국. 클래식으로 通한다"라는 표어 아래 다양한 문화 지원 활동을 하고 있다. 올림푸스 한국은 문화와 예술 사랑이 노사화합을 일구고, 창의성을 자극해 보다 창조적 경영 혁신을 이룰 수 있다는 믿음을 갖고 있다. 세계적인 공연에 임직원들을 초청해 올림푸스 직원들만을 위한 공연을 선사하는 것으로 술 위주의 회식 문화를 혁신적으로 변화시켰으며, 창립 10주년을 맞아 삼성동 신사옥에 250석 규모의 클래식 전용관 '올림푸스홀'을 개관해서 클래식 문화 대중화에 나서고 있다. 이러한 올림푸스 한국의 메세나활동은 고객과 기업이 음악, 미술 등 예술로 소통할 수 있는 기회를 만들어주며, 예술의 대중화를 이끄는 힘이 됨과 동시에 문화·예술 산업도 함께 발전할 수 있는 발판이 되고 있다. 기업은 문화·예술에 투자하고, 문화 예술인은 기업 이미지의 발전을 돕고, 국민은 문화·예술을 마음껏 누릴 수 있는 선순환 구조야말로 국가 경쟁력을 높이고, 궁극적으로 국민 모두가 행복해질 수 있는 가치 있는 일이다.

예술 지원을 통해 자사 제품의 명품 이미지를 제고하는 티파니 코리아

170년 전통의 세계 최고, 최대의 미국 보석회사 티파니 코리아는 세계적인 음악가들의 내한공연을 지원하고 좀 더 다양한 장르의 음악가들의 한국 방문을 유도함으로써 한국 고객들과의 소통을 돕고 있다. 2005년 '요요마 콘서트Yo Yo Ma Concert'에 고객을 초청해서 거장과의 음악적 교감을 나눌 수 있는 기회를 제공했고, 고객과 요요마가 함께하는 리셉션을 진행해 고객들에게 깊은 인상을 남겼다. 2009년부터 티파니 코리아의 후원으로 매년 진행되는 아트선재센터의 미술 프로젝트 '아트렉처 엣 아트선재ART LECTURE AT ARTSONJE'는 동시대 예술 분야에서 세계적으로 주목받는 전문가의 강연을 통해 잠재적인 창의력을 자극하고 예술에 대한 전문적인 이해와 관심을 증대시키는 역할을 하고 있다. 또한 아름지기 재단의 한옥마을 건립을 지원하는 등 국내 문화·예술에 대한 지원도 아끼지 않고 있다.

지역사회 문화 발전을 위해 다양한 문화·예술을 지원하는 경남스틸

경남스틸은 철강기업의 무겁고 투박한 이미지를 감성적이고 소프트한 이미지로 전환시키기 위해 내부 구성원들의 문화적 정서 함양을 통한 감성경영은 물론, 지역 메세나 운동의 선구자로 불릴 정도로 다양한 문화·예술 지원 활동을 하고 있다. 그 대표적인 예로는 1990년 마산 지역 청소년을 중심으로 창립된 '마산 관악합주단'과 1992년 창단한 '경남 오페라단'을 후원하고 있고, 1996년에는 경남 유일의 재즈 오케스트라단인 '경남 재즈 오케스트라'를 창단해서 경남 지역에 재즈음악을 전파했다. 그리고 현재까지 농어촌, 군부대, 교도소, 고아원 등 문화에서 소외된 지역민들을 위해 다양한 문화 지원 활동을 하고 있다. 2003년부터는 예술 관련 동호회 활동 및 임직원 공연 관람 지원을 위해 회사가 매년 1인당 100만 원씩 문화·예술 지원금을 지급하는 프로그램을 운영하는데, 직원들의 정서 함양, 창의성 고취와 더불어 지역 공연 예술의 간접 지원이라는 일석이조의 효과를 거두고 있다. 문화·예술이 수도권에 집중되는 현실에서 경남스틸의 지역사회 후원은 매우 고무적이다.

파라다이스그룹의 파라다이스상

파라다이스그룹에서 설립한 파라다이스 문화재단은 재능 있는 문화·예술인들을 격려하고 그들이 세계 무대에 진출할 수 있도록 후원하여 세계 속에 한국의 문화를 알리는 데 앞장서고 있다. 파라다이스 문화재단의 '우경문화예술상'과 파라다이스 복지재단의 '우경복지상'을 통합하여 2003년 새롭게 출범한 파라다이스상은 문화·예술 부문, 사회복지 부문과 특별공로 부문으로 나눠 시상하고 있다. 문학 분야로는 한·독 문학 교류 프로그램을 연례적으로 지원하고 미술 분야에서도 '뉴욕 아트 오마이 프로그램Arts Omi Program' 지원을 비롯해 비영리 대안 공간 '브레인팩토리'와 공동으로 청년 작가 발굴 기획전을 진행하고 있다. 공익 사업으로는 파라다이스 문화재단 외에도 계원예술고등학교와 계원조형예술대학을 설립, 운영하고 있으며, 파라다이스 복지재단을 통해 장애아동을 위한 사회복지와 교육에도 앞장서고 있다.

한국 가곡의 세계화를 지원하는 세일음악문화재단

건설 분야의 기계설비업체인 (주)세일ENS에서 설립한 세일음악재단은 '독일에 독일 가곡 '리트'가 있다면 우리에겐 한국 가곡이 있다'는 자부심으로 한국 가곡 진흥을 위해 전문 음악가를 발굴하고 국가의 문화 선진화 사업에 기여한다는 취지로 설립되었다. 독일, 프랑스, 이탈리아, 영국 등 음악 선진국들은 모두 자국의 언어로 된 가곡을 아끼고 사랑한다. (주)세일은 한국 음악의 세계화를 이루기 위해서는 우리의 고유 브랜드가 있어야 하는데 그 출발이 한국 가곡이라는 발상이다. 이를 위해 2009년에 한국 가곡 콩쿠르 역사상 최대 규모의 상금을 건 한국 가곡 콩쿠르를 신설해 연주와 작곡 분야의 우수한 인재를 선발하고 지속적인 후원과 연주 활동을 돕고 있다. 또한 서울 강남구 역삼동에 '세일아트홀'을 개관하여 문화의 저변 확대에 노력하고 있다.

일신방직의 음악 · 미술 사랑

면방업계의 선두주자 일산방직은 창립자 김형남 회장이 1975년에 장학금 지급을 목적으로 설립한 '형남장학회'를 발전시켜서 1988년 명칭을 '일신문화재단'으로 변경했다. 장학사업과 더불어 문화·예술 활동 지원사업, 학술연구비 지원 사업 등 사업 영역을 확대했는데 피아니스트 백건우, 세종솔로이스츠, 예술의 전당, 한국 메세나 협의회를 후원하고, 광주비엔날레와 대한민국건축대전을 지원하고 있다. 뉴욕의 종합미술학교 '프랫 인스티튜트'에서 건축을 공부한 김영호 회장은 회사 건물을 거의 미술 전시장으로 꾸미고 10년 넘게 공연장 개관을 꿈꾸다 서울 한남동 일신빌딩에 좋은 음향시설을 갖춘 186석 규모의 '일신홀'을 개관했다. 이러한 공로를 인정받아 김영호 회장은 2007년 몽블랑상을 수상했다.

GS그룹의 미래형 리더 육성 프로그램 '행복한 꼬마음악가' 사업

GS그룹은 저소득 가정과 소외계층의 자녀들을 대상으로 미래 리더 육성을 위한 다양한 교육과 문화 복지 사업을 하고 있다. GS숍은 이미 2005년부터 '무지개 상자 캠페인'을 통해 악기는 물론 레슨, 그리고 전문음악가들과 함께하는 '무지개콘서트'까지 개최하는 '행복한 꼬마음악가' 사업을 지원하고 있고, GS칼텍스는 여수시에 공연장과 전시장, 이벤트광장, 야외 자연학습장, 생태 산책로 등을 갖춘 복합문화 체험공간인 문화·예술 공원을 건립하는 한편, '주유도 하고 감성도 채우세요!'라는 주제 아래 영화, 미술 전시 등 다양한 문화와의 연결 마케팅으로 사회 공헌 사업을 추진하고 있다.

또한 '빛을 나누는 기업'이라는 슬로건 아래 농촌계몽문학의 선구자적인 소설 《상록수》의 작가 심훈을 추모하는 추모제와 '상록문화제'와 같은 문학활동을 지원하고, GS건설은 서울 대치동과 서교동, 부산 연산동에 대표적인 브랜드인 자이갤러리를 개장해 주택 전시는 물론, 갤러리 내에 여러 가지 시설을 갖추고 다양한 문화 강좌를 개설하는 등 지역 주민들을 위한 활용도 높은 장소를 제공하고 있다.

기업의 사회적 책임을 다하는 STX 그룹

'기업의 사회적 책임 이행'을 핵심 경영 이념으로 하는 STX 그룹은 수도권에 비해 상대적으로 문화적인 환경이 열악한 지역사회를 중심으로 활발한 메세나활동을 펼치고 있다.

STX 조선해양은 특히 클래식 분야에 대한 지원이 활발한데, 최근 '경남 팝스 오케스트라' '진해시 여성합창단' '창원 소년소녀합창단 안젤루스' 등 세 개의 단체를 후원하는 결연을 맺으며 경남 지역 예술 발전에 크게 공헌하고 있다. 뿐만 아니라 경남 메세나 협의회를 통해 진해 군항제 최고의 행사인 '진해 관악축제 페스티벌'을 후원하고, 사내 음악회와 전 직원과 가족들의 뮤지컬 공연 관람, e 스포츠 개최 등 다양한 활동도 병행하고 있다. 이러한 노력으로 2009년에는 경남 메세나 협의회에서 대상을 수상했다.

그 외에도 2006년에 설립한 STX 장학재단을 통한 학술 지원과 2007년부터 어린이들에게 무료로 바이올린을 배울 수 있는 기회를 제공하는 STX 팬오션의 '청소년을 위한 사랑의 바이올린' 등 다양한 활동을 하는 기업으로 알려져 있다.

Concert 10
경영코드를 통한 예술 지원

국내 유일의 '만두 박물관' 건립한 취영루

1945년 서울 소공동에서 중국 요리집으로 창업한 취영루는 뛰어난 맛의 물만두로 명성이 자자했다. 1992년 파주에 공장을 설립하면서 국내 최초 고급 냉동 물만두 시장을 개척한 이후 2000년부터 외식사업 및 다양한 식품을 개발하는 식료품업체로 거듭나면서 급속도로 성장해왔다. 이러한 성장 배경에는 '전통의 계승'을 바탕으로 하는 문화경영에 있다고 해도 과언이 아니다. 취영루는 국내 유일의 '만두 박물관'을 건립하고 서양화가 우제길을 지원하고, 예술과 기업의 소통을 위해 파주시 공장 내에 '센띠르 갤러리'를 운영하는가 하면, 지역민들의 문화 생활 영위를 위해 정기적으로 '행복 나눔 콘서트'와 전시를 개최하고 있다. 이처럼 기업이 스스로의 가치를 얻기 위해 기업만의 노하우로 사회 공헌에 매진하는 모습은 상당히 고무적인 일이 아닐 수 없다.

소니코리아의 '소니 드림 키즈 데이Sony Dream Kids Day'

소니코리아는 임직원의 자원봉사 '썸 원 니즈 유Some One Needs You', 소니코리아 공모전 '드리머즈 챔피온십Dreamers Championship'을 비롯해 환경보호 캠페인 및 다양한 사회공헌을 펼쳐 기업 시민으로서 사회에 꿈과 희망을 전달하는 책임을 다하고 있다.

　그중 하나로 한국 메세나 협의회와 함께 국내의 문화 소외 지역의 어린이들에게 다양한 문화·예술을 체험할 수 있는 기회를 제공하는 '소니 드림 키즈 데이Sony Dream Kids Day'는 어린이들에게 소니코리아의 프로젝터와 블루레이 플레이어, 바이오 노트북을 제공하고, 소니뮤직의 음악콘텐츠와 소니픽쳐스의 영화콘텐츠, 소니컴퓨터엔터테인먼트코리아의 플레이스테이션 게임까지도 제공하는 '소니 스쿨 씨어터Sony School Theater'를 설치해주고, 클래식, 미술, 마임, 난타, 뮤지컬 등의 공연관람과 그리기, 도예 등의 체험교육을 진행하는 행사다. 또한 장애우 아동과 디지털시대를 동시에 생각하는 '소니 아이 러브 콘서트Sony I Love Concert'를 개최해 불우 청소년을 위한 '키드넷Kidnet I 사랑 콘서트'를 후원하는 등 아이들을 위한 공연에 후원을 아끼지 않고 있다.

풀뿌리 문화 프로그램을 지원하는 삼성테스코 홈플러스

홈플러스는 '성장'과 '기여'의 두 가지 요소를 축으로 '존경받는 기업의 두 얼굴'이라는 홈플러스만의 고유한 경영 모델을 실현하기 위해 '사회공헌'에 회사의 역량을 집중하고 있다. 2004년에 임직원 나눔 봉사단이 출범했고, 2005년에는 강서점, 광양점, 구미점 등 몇 개 지점에 '홈플러스 갤러리'를 오픈했으며, 2007년에는 사회공헌 활동 관리 시스템Homeplus CSR System을 구축해 본격적인 사회공헌을 실현하며 정기적으로 가족음악회를 개최하고 있다.

이러한 노력으로 2007년부터 2008년까지 한국 메세나 협의회에서 2년 연속 문화·예술 지원 기업 국내 2위에 선정되기도 했다. 홈플러스는 유통업의 특성과 조화를 이루어 자사의 매장을 활용한 이른바 '풀뿌리형 사회공헌 활동'을 펼치고 있는데 그 대표적인 활동으로 교육프로그램 운영, 각 문화센터를 통해 소외계층을 대상으로 한 무료 강좌를 개최하는 등 지역 주민에게 다양한 문화 혜택을 제공하고 있다. 또한 매년 문화센터 회원들이 참여하는 홈플러스 문화축제는 지역사회 문화 나눔의 장으로 자리매김하고 있으며 점포 내 갤러리에서 세계 유명 작가의 기획 전시회 및 문화센터 회원 작품 전시회를 진행하고, 경제적으로 어려운 예술가, 학생, 지역 주민에게 무료로 대관해서 지역문화 저변을 넓히는 데 힘쓰고 있다. 조직적이고 대형화된 유통구조를 갖춘 기업형 유통회사들의 이와 같은 문화프로그램의 도입은 지역민들에게 다양한 문화를 접할 수 있는 기회를 제공해 사회 전반적인 가치를 높이는 역할을 한다.

코리아나화장품의 화장 박물관

1988년에 창업한 코리아나화장품은 화장품업계의 선두기업으로, 업종 성격에 부합하는 특화된 문화·예술 지원 활동을 통해 사회공헌에 앞장 서고 있다. 2003년, 회사 창립 15주년을 맞아 서울 강남구 신사동에 '코 리아나 미술관'과 '화장 박물관'으로 구성된 복합문화공간 '스페이스 씨 Space C'를 개관해 일반인들에게 문화공간을 제공하고 있다. 또한 'Space C 현대미술전시장'에서는 실험적이고 독창적인 신진작가를 발굴해 후 원하고 있으며, 공모를 통해 선정된 작가에게 가로 8미터, 세로 3미터 의 1층 로비 대형 벽면을 전시공간으로 제공하는 '아트월Art Wall 프로젝 트'를 운영하고 있다.

한국전력공사의 전기 박물관과 한전아트센터, 갤러리

한국전력공사는 기업 임직원이 주체가 되어 지속적인 메세나활동을 하 고 있다. 2001년 서울 서초구 서초동에 '한전아트센터'를 개관해 지역 주 민, 단체, 기업 교류의 장으로 활용하고 있으며 소외계층을 위한 공연을 제공하는 것은 물론 저렴한 비용으로 창작과 공연을 제작하는 많은 예 술단체에 다양한 기회를 제공하고 있다. 신진 미술작가를 대상으로 '한 전갤러리' 전시장을 무료로 개방해 미술 분야 발전에도 힘쓰고 있다. 뿐 만 아니라 전기박물관을 개관해서 1887년 경복궁에 처음 등불이 들어온 이후로 오랜 기간 쌓아온 소중한 전기의 역사를 한자리에 모아서 전시하 고 있으며, 직원 및 가족을 대상으로 한 '한전미술대전', 직원의 정서 함양과 조직 활성화를 위한 합창단 운영, 전국 사업장 소재 지역민과 장애인, 노인, 아동복지시설 어린이 등 소외계층을 대상으로 '희망 사랑 나눔 콘서트'를 진행해 문화 불평등 해소를 위해 노력하고 있다.

마에스트로를 지원한 마에스트로 LG패션

LG패션은 닥스DAKS, 해지스HAZZYS, 라퓨마Lafuma, 마에스트로MAESTRO 등의 브랜드가 있는 패션 전문 회사다. 그런 회사가 세계적인 마에스트로 정명훈을 후원한 것은 어떻게 보면 필연처럼 보인다. 그 예로 마에스트로 정명훈의 음악활동은 물론이고, 다양한 사회·문화활동을 돕기 위한 후원회인 '마에스트로 앤드 프렌즈Maestro & Friends'를 후원했고 더불어 정명훈의 지휘와 세계적인 피아니스트 윤디 리의 협연으로 런던 심포니 내한 공연을 후원했다. 필자도 드라마 〈베토벤 바이러스〉의 예술감독을 할 때 드라마에서 배우 김명민과 함께 잠시나마 '마에스트로MAESTRO' 모델을 한 적이 있다. 또 '서울시립교향악단' '아시아 필하모닉 오케스트라' '정명훈과 함께하는 청소년음악회' 등의 후원활동을 통해 예술가에게는 예술 창작 지원을, 고객들에게는 우수한 문화 공연 콘텐츠를 제공했다. 그 밖에도 전통 브랜드인 닥스 고유의 하우스 체크를 활용해 두루마기와 꽃신, 고가구와 매듭 등으로 구성한 '10 Faces of DAKS 전시회'를 기획했고, TNGT 윈도갤러리를 운영하며 100여 평 규모의 TNGT 명동 매장 전면 윈도우와 내부 벽면에 설치 미술 작품을 전시하기도 했다.

세계를 누비는 한진그룹의 다양한 문화활동

세계를 누비는 대한항공으로 대변되는 한진그룹은 국제적인 글로벌기업의 경영코드에 맞게 프랑스의 루브르 박물관, 영국의 대영박물관, 러시아의 에르미타주 박물관에 한국어 작품 안내서비스를 마련하고 국내 관광객들의 지적 욕구와 편의를 동시에 제공하고 있다. 또한 그룹 산하의 일우재단을 통해 '일우 사진상'을 제정하고 전도유망한 사진작가들의 작품활동과 국제적으로 경쟁력 있는 세계적인 작가로 발돋움할 수 있는 디딤돌 역할을 하고 있다. 그 외에도 다양한 콘서트를 개최하고 특히 젊은이들의 문화와 IT 강국을 대표하는 스타크래프트 게임대회인 '스타리그'를 서울 공항동 격납고에서 개최하는데 2010년 5월 결승전에 무려 1만 2천여 명의 팬들이 모여 젊은 세대를 아우를 수 있는 그룹으로의 이미지를 각인시켰다.

Concert 11

사회공헌으로 나타나는 메세나

신한금융투자의 '신(新)사랑' 사회봉사단

신한금융투자는 이웃과 함께 더불어 잘사는 사회 기반 조성을 위해 미래 세대 육성을 통한 차세대 리더 양성을 목표로 다양한 지원 활동을 하고 있다. 2006년에 사회봉사단 '신(新)사랑'을 발족해 봉사활동을 하고 있는데, 특히 미술 부문에 대한 지원이 눈에 띈다. 본사 1층 로비 공간과 옥외 공간을 예술작품을 전시하는 장소로 활용하고 한국 메세나 협의회의 '아트 앤 비즈니스' 사업의 일환으로 '아트 스페이스 휴'와 결연하여 신진 미술작가들의 작품 활동과 전시를 후원하고 있다. 작가들에게는 전시 공간을 지원하고 지역 거주민들에게는 예술을 공유할 수 있는 기회를 제공해 문화 은행의 이미지를 구축해나가고 있다. 그 외에도 사내 작은 음악회를 통해 감성을 일깨우는 활동도 병행하고 있다. 이러한 일련의 활동으로 사회 공헌 대상 '문화·예술 지원 부분 대상'을 4년 연속 수상하는 등 좋은 반응을 얻고 있다.

한국토지주택공사의 'LH 나눔봉사단'

한국토지주택공사는 "사랑을 나눌수록 행복은 커집니다"라는 이지송 LH 사장의 말처럼 국민의 주거 안정 실현과 국토의 효율적 이용을 위해 '엄마손 밥상 프로그램' '소년소녀가장 지원' '놀이터 리모델링 사업' '대학생 생태환경 탐사' 등 다양한 사회공헌 사업을 하고 있다. 이를 체계적으로 수행하고 임직원 참여를 독려하기 위해 기존 한국토지공사의 '온누리 봉사단'과 대한주택공사의 '디딤돌 봉사단'을 통합한 'LH 나눔봉사단'을 창단했다. 나눔을 통해 공동체 회복을 꿈꾸는 '이웃사랑', 쾌적한 국토환경 조성을 위한 '환경사랑', 지역사회의 문화적 욕구를 충족시키고 지역 문화에 새로운 활기를 불어넣는 '문화사랑'을 주제로 활동하고 있다. '이웃사랑'의 대표적인 예는 어려운 이웃에게 쌀, 연탄 등을 지원하는 '사랑나눔 행복채움 축제'와 소년소녀가장들에게 멘토 역할을 해주고, 주거복지연대와 공동으로 방학 기간 동안 국민임대단지 아이들에게 점심을 제공하는 '엄마손 밥상' 사업, 그리고 취약계층의 주택과 지역아동센터의 수리와 보수를 하고 있다. '환경사랑'은 지방자치단체 및 환경 관련 NGO와 지속적인 협력 속에 국토의 개발과 보전을 균형 있게 이루어 나가기 위해 '대학생 생태환경 탐사대회' '북한 지역 산림녹화 사업' 등을 후원하고 있다. '문화사랑'은 '토지주택박물관 운영', 지역 주민을 위한 '사랑이 꽃피는 콘서트'를 개최하고 문화 인프라 지원, 예술 단체 후원, 피카소의 꿈(미술특기생 장학제도) 등 지역 문화·예술 활동을 지원하며 다양한 활동을 추진 중이다.

농협 문화복지재단의 농촌 사랑

농촌 문화의 발전과 농업인의 복지 증진을 위한 사업을 통해서 농촌 지역의 유지와 발전, 그리고 농업인의 삶의 질 향상, 도시와 농촌의 균형 발전을 위해 설립된 '농협문화복지재단'은 크게 복지 증진 사업, 장학 사업, 농촌 문화 및 시상 사업을 주 활동으로 한다. 장기적인 교육과 삶의 질 향상을 목표로 하는 문화 사업으로 농업박물관대학 '두레학당'을 운영하고 있는데, 이를 통해 교육 프로그램은 물론이고 문화콘텐츠를 발전, 유지하면서 농업인의 자긍심을 고취시키고 있다. 또 한국 메세나 협의회와 함께 '자연 속 맑은 콘서트'라는 이름으로 평소 문화를 접하기 어려운 충남, 부여 등 17개 농촌 지역에서 난타, 김덕수 사물놀이, 클래식 공연 등 찾아가는 공연 문화 사업을 진행하고 있다. 이 밖에도 한국 여성 윈드 오케스트라(관악기와 타악기로 이루어진 오케스트라)의 농촌 순회공연인 '농촌사랑 페스티벌'과 농촌 지역 대학생 문화·예술 동아리의 활동비를 지원하는 등, 문화 소외계층인 농촌 거주자가 문화·예술 생활을 누릴 수 있도록 지원을 계속 늘려 나가고 있다.

스탠다드차타드 은행의 장애인을 위한 복지와 문화활동

SC제일은행의 모기업인 스탠다드차타드 은행의 대표적인 사회공헌 프로젝트는 '씨잉 이즈 빌리빙Seeing is Believing'이다. 이 프로젝트는 시력 회복 운동의 일환으로, 치료 가능한 맹인들을 위해 미화 1천만 달러를 기부하는 사회공헌 프로젝트다. 지구상에는 3천 7백만 명의 시각장애인이 있으며 이중 75퍼센트는 치료가 가능한 장애인들이다. 이 프로그램을 통해 이미 3백만 불을 모금했으며, 전 세계에 걸쳐 1백만 명에게 치료 혜택을 제공했다. SC제일은행은 2010년 '세계 눈의 날'까지 1천만 명의 시각 장애인들에게 도움을 주는 것을 목표로 삼고 프로젝트 다음 단계인, '국제 시력 센터의 비전 2020 : 볼 권리 Vision 2020, 'The Right to Sight' 등, 국제단체와 협력해 전 세계 시각 장애인을 위한 공헌 사업을 하고 있다. SC제일은행은 시각장애인 전제덕의 밴드를 후원하는 등 장애인 음악활동을 꾸준히 후원하고 있으며, 시각장애인 시설, 병원 및 외국인노동자 센터 등 문화 소외계층을 직접 찾아가는 'Shine & Charity 콘서트'를 개최해 장애인과 외국인 노동자, 그리고 일반인이 문화로 하나되는 사회를 만들기 위한 활동에도 앞장서고 있다. 그 밖에도 사회공헌의 일환으로 매년 5월과 10월에는 점심시간을 활용해 본사 정문 앞에서 고객과 일반인을 대상으로 하는 '정오의 콘서트'를 개최하고 있다.

LG화학의 군장병을 위한 '뮤지컬 홀리데이'

LG화학은 기업의 사회적 책임Corporate Social Responsibility에 대한 확고한 인

식을 바탕으로 '사회복지 공동모금회'를 통한 지정 기탁 사업인 기부금 제도, 지역사회 공헌활동, 과학교육, 자원봉사와 긴급구호 등 다양한 사회 공헌 활동을 전개하고 있다. 특히 우리 사회의 건강한 발전을 위해 미래의 주역인 청소년들에게 미래의 솔루션을 제공하는 기업시민 파트너 Citizen Partner제도를 도입했다. 이러한 기부를 통해 2007년부터 국악뮤지컬 '타루'와 결연을 맺고 'LG화학과 함께하는 뮤지컬 홀리데이'라는 이름으로 육군본부, 육군훈련소 등 10여 곳의 병영을 찾아가 공연하고 있다. 문화·예술을 쉽게 접하기 어려운 장병들을 위한 공연을 통해 병영 문화 개선과 정서 순화에 도움을 주고 있다. 또한 메세나 실천을 위해 문화티켓을 구입해 저소득층에게 제공함으로써 평소 문화 소외계층에게 문화 체험 기회를 주는 등 문화계 지원과 혜택을 동시에 제공하고 있다. 언뜻 보면 LG화학과 군장병과 어떤 연관이 있을 것 같지만 아무런 관련이 없다. 그만큼 사회공헌은 어떤 연관성만을 위해 하는 것이 아니다. 사회 모든 분야의 발전이 곧 기업의 발전이기 때문이다.

SK텔레콤의 소외계층 어린이를 위한 '함께하는 세상 캠프'

SK텔레콤은 '행복 극대화'를 통한 '행복나눔'이라는 SK의 경영 이념을 바탕으로 사회공헌 활동 패러다임을 단순한 기부나 일회적인 이벤트 차원이 아닌 근본적인 사회문제 해결을 위한 적극적인 '사회투자' 개념으로 바꾸고 있다. 또 그에 맞는 새로운 사회공헌 프로그램을 도입해 전개하고 있다. SK텔레콤의 사회공헌은 사회복지, Mobile·IT, 교육·장학, 자봉사, 글로벌 사회공헌, 환경·문화·예술의 6대 분야에 큰 중심을 두고 있다.

특히 행복나눔재단과 함께 경제적으로 어려운 청소년에게 노래, 춤, 연기를 가르치는 'SK 해피뮤지컬스쿨'을 통해 취약계층의 어린이들이 문화·예술을 접할 수 있는 기회를 확대해 예술에 대한 관심과 이해를 높일 수 있도록 힘쓰고 있다. 그 일환으로 '함께하는 세상 캠프'는 재정과 교육 인력 부족으로 문화·예술 교육의 사각지대에 놓인 소외계층 어린이들에게 체계적인 실습 위주의 교육 기회를 제공하고 있다. 2007년부터는 장기적인 안목을 가지고 문화·예술 발전에 기여하고자 한국 메세나 협의회와 함께 문화·예술단체의 비즈니스, 마케팅 능력을 배양하기 위한 예술단체 마케팅 워크숍 '블룸스베리Bloomsbury'를 운영 중이다. 이를 통해 예술단체 대상 기부나 후원과 같은 금전적 지원을 넘어 예술단체의 자생력 배양을 위한 교육을 지원해 예술계의 장기적인 발전에 기여하는 새로운 사업 모델을 구축하고 있다.

지역사회를 중심으로 메세나활동에 주력하는 코오롱 그룹

경기도 과천에 본사를 둔 코오롱 그룹은 지역 주민들에게 문화 혜택의 기회를 주기 위해 다양한 공연과 전시회를 지속적으로 개최하고 있다. 일찍이 1998년부터 매주 토요일마다 코오롱 타워 분수대 앞 특설무대에서 다양한 장르의 음악을 공연하는 '코오롱 분수 문화마당'을 열었고, 최근에는 메세나활동의 중심을 음악에서 미술로 옮겨 주로 본사 로비 공

간을 이용해 '코오롱여름문화축제'를 열고 시민들에게 무료로 개방하고
있다. 그동안 진행한 행사 중에서 '어린이를 위한 예술Arts for Children' 전
시회를 포함해 '얼굴을 그려줘'와 같은, 관람객들이 현장에서 직접 체험
할 수 있는 프로그램으로 좋은 반응을 얻고 있다.

천여 개의 유통망을 끊임없이 문화로 교육하는 패션그룹 형지

시장에서 한 평짜리 의류 도매업으로 시작해 '여성크로커다일'로 업계
성공신화를 기록한 패션그룹 형지는 샤트렌, 올리비아하슬러, 아날도 바
시니 등의 브랜드를 보유하면서 30~50세대를 위한 종합패션 기업의 틀
을 갖추었다. 이 기업은 사회에서 받은 사랑과 이윤을 사회에 환원하는
공헌 활동에 그 누구보다도 적극적으로 나서고 있다. 2002년부터 한국
기아대책기구와 아름다운 재단, 유니세프, 대한암협회 등과 파트너십을
맺고 활동을 꾸준히 전개하고 있다. 또 지역 아동 센터인 '행복한 홈스
쿨'의 연간 운영비 지원 사업, 전국 매장에 저금통을 비치하고 소년소녀
가장 돕기에 기부하는 희망저금통, 자선바자회 개최를 통해 불우이웃
돕기에 기부하는 '사랑의 바자회' 등의 사업을 하고 있다. 문화경영으로
는 본사와 대리점주, 협력사 간의 소통과 화합을 위한 간담회 및 세미나
를 연간 4~5회 개최하고, 그 기간을 이용해 '클래식음악공연'을 포함한
다양한 문화강연 프로그램으로 협력사 간의 자긍심 고취는 물론 창의적
인 소양을 증진시키고 있다. 이러한 활동으로 패션그룹 형지는 2006년
468개의 유통망과 3천억 원의 매출에서 2009년에는 960개의 유통망과

5천 6백억 원의 매출로 급성장했다.

　이 외에도 수많은 크고 작은 기업이 자발적으로 메세나활동을 펼치고 있으나 지면을 통해 다 소개하지 못해 아쉽다. 앞으로 이 분야에 더 많은 관심이 집중되어 예술가들의 창작 의지를 자극하고 나아가 세계 속의 문화강국으로 한국의 국가 이미지가 높아지기를 바란다.

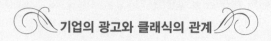

광고는 클래식을 좋아해

경제학에서 마케팅에 자주 응용되는 '소비자 행동Consumer's Behavior'이 있다. 한마디로 소비자가 물건을 어떻게 구입하는가에 대한 것인데, 실제로 소비자 행동은 물건을 구입하는 행위 이상의 많은 것을 포함한다.

그렇다면 클래식음악도 소비자 행동에 어떤 영향을 줄 수 있을까? TV에 넘쳐나는 광고음악을 살펴보면 그 답이 나온다.

과거에는 "음악(예술) 하면 못 먹고 산다. 음악(예술)이 밥 먹여주나?"라는 말을 많이 했다. 제품을 만드는 기술이나 마케팅에 비해 예술의 가치는 직접적이거나 실용적이지 못한 것이 사실이다. 그러나 기업의 가치와 사람들의 생활 수준이 높아지면서 직접적인 제품 마케팅과 함께 '이미지 마케팅'의 중요성이 강조되고 있다. 기업이 문화·예술을 후원하는 것도 소비자들에게 삶의 질을 높이는 기업, 봉사하는 기업, 환경을 생각하는 기업 등 긍정적인 기업 이미지를 극대화시키는 데 많은 도움을 주기 때문이다. 또한 제품의 성능과 기능을 직접적으로 보여주려는 1차원적인 광고가 주를 이루던 과거와 달리, 최근에는 이미지만 보여주는 광고가 증가하는 이유도 여기에 있다.

보통 CF음악은 짧고 순간적인 광고 특성상 매우 즉각적이고 대중적인 현대음악을 주로 사용할 것이라고 생각하기 쉽다. 그러나 좀 더 주의를 기울여서 살펴보면 의외로 클래식이 배경음악으로 쓰인 광고가 많다. 일반적으로 클래식음악을 제품 광고나 이미지 광고에 사용하는 광고주는 다음과 같은 생각을 한다.

첫째, 제품의 평가에 당당하다. 이 부분은 클래식음악이 가진 이미지를 그대로 보여준다.

둘째, 오랫동안 변하지 않는 제품을 만들겠다는 광고주의 사상이 담겨 있다. 수없이 작곡되고 사라지는 음악 속에서 살아남아 오랜 시간 대중의 사랑을 받는 클래식음악을 광고에 사용함으로써 제품의 내구성과 지속성을 표현한다.

셋째, 아름다움과 고급스러움의 표현으로 클래식음악을 선택한다. 일반적으로 클래식음악은 고급스럽다는 생각의 표현이다.

넷째, 고객에게 신뢰를 주겠다는 의지가 배어 있다. 오랜 시간 우리 삶과 함께해온 클래식은 그 품질과 가치가 확실하게 검증되었다.

이런 몇 가지 이유로 클래식음악은 광고에 빠져서는 안 될 중요한 장르가 되었다. 클래식 장르가 광고 속에서 긍정적 효과를 미치는 것이 반대로 클래식에도 도움이 되는 것일까? 클래식음악이 광고라는 매체에 어떠한 영향을 끼치기에 우리는 광고음악에서 클래식을 심심찮게 듣게 되는 것일까? 언론매체에서 이에 대해 언급한 문헌과 광고학에서 연구한 광고 음악에 대한 자료를 토대로 내용을 정리했다.

광고음악의 정의와 배경음악의 중요성

1분이 채 안 되는 짧은 시간 안에 영상과 함께 노출되는 광고음악은 시청자의 뇌리에 강렬한 인상을 남기기 마련이다. 때문에 짧은 시간 안에 시청자에게 제품의 이미지를 확실하게 전달해야 하는 광고는 무엇보다도 함축성 있는 메시지의 전달이 중요하다. 이때 배경음악은 영상과 함께 광고에서 없어서는 안 될 중요한 요소가 되었다.

그러나 흔히 광고음악이라고 하면 일반적으로 CM송을 떠올리는데 CM송은 광고음악의 한 형태일 뿐 광고음악의 전부는 아니다. 광고음악이 광고의 영역에 사용된 모든 음악을 포함하는 넓은 의미라면 CM송은 그중에서 음악 자체에 직접적으로 광고 메시지를 담은 광고 노래만을 지칭한다. 즉, 광고음악이 은유적인 메시지를 은근히 전달하고자 할 때 CM송은 좀 더 노골적으로 광고의 본질을 드러낸다. 앞으로 논하게 될 광고음악은 광고에 도입된 모든 음악, 즉 배경음악 BGM, Back Ground Music과 CM송Commercial Song을 모두 포함한다.

최근 한 음반사에서 광고에 사용한 음악을 수록한 앨범을 출시했는데 발매 1년 만에 80만 장 판매를 기록했다고 한다. 그 앨범에 수록된 광고음악은 주로 클래식이었는데, 순수한 클래식 음반 발매에서도 보기 드문 판매 기록이었다. 물론 이러한 현상을 가지고 광고음악은 무조건 인기가 좋다고 단정지을 수는 없지만 광고음악의 효과적인 선택이 광고 효과를 높여준다는 것을 간접적으로 보여주었다. 광고에서 음악을 사용할 때 배경음악이 광고를 살리는 효과도 있지만 음악 그 자체의 홍보 효과도 있기 때문에 음반 매출 신장으로 이어지기도 한다.

얼마 전까지만 해도 광고에 음악을 사용하더라도 어떤 음악인지 자막을 달지 않는 게 관례였다. 그 이유는 광고가 나가는 동안 제품의 장점을 극대화해서 전달해야 하는데 (광고주들은) 자막으로 주의가 분산되는 것을 기피하기 때문이다. 그런데 얼마 전부터 일부 광고에서 제작자들이 노래 제목 자막을 허용하는 대신 음악 사용료 단가를 낮추는 전략을 쓰기 시작했다. 곡명과 아티스트 이름까지 노출되는 광고로 음반 홍보까지 겸할 수 있기 때문이다. 따라서 메이저 음반사들은 아티스트나 작곡가의 저작권을 관리하는 자회사를 통해 광고의 배경음악

수주에 열을 올리고 있다.

어떤 음악을 광고음악으로 쓸 경우 사실 전체의 완성도보다는 짧게 잘라낸 부분에서 얼마나 호소력을 갖는지 더 중시하게 된다. 즉 특정 부분의 멜로디 표현을 극대화함으로써 광고 영상에 감정 몰입을 유도하는 효과를 기대한다. 그래서 대부분 광고음악을 선택할 때는 멜로디가 쉬운 곡, 강한 비트의 곡, 또 이미 많이 알려져 있는 곡을 사용하고, 특히 가요나 팝의 경우에는 짧은 시간에 강렬한 인상을 남길 수 있는 특이한 음색을 가진 가수를 선호한다. 고음질과 고화질의 멀티미디어를 지원하는 무선인터넷이 발달하고 시청자들의 시청 경로가 공중파 이외에도 케이블과 위성방송 등으로 다양해지면서 영상 콘텐츠와 결합된 음악이 날로 중요해지고 있다. 이는 클래식의 경우도 마찬가지이다. 짧은 시간 내에 인상을 남겨야 하다 보니 클래식음악 역시 영상과 함께 연계시키기 좋은 강렬함이 있거나 이미 잘 알려진 친숙한 명곡들이 주로 사용되고 있다.

광고의 품격과 효과를 높이는 클래식음악

짧은 시간에 축약된 정보를 담는 TV광고에서 음악은 매우 중요한 부분을 차지한다. 영화나 드라마, 게임도 마찬가지다. 영상이 아무리 좋다 해도 배경음악이 조화를 이루지 못하면 내용 전달의 효과가 떨어질 뿐 아니라 전체적인 이미지를 망친다. 특히 광고음악은 영상에 생명을 불어넣는 역할을 함으로써 좀 과장해 말하자면 광고의 성패를 좌우하기도 한다. 광고는 현란한 화면에 시선을 집중시키는 시각적 효과도 중요하지만 정교한 소리의 배합으로 청각을 강렬하게 자극하는 것 또한 광고의 성공에 중요한 요소가 된다. 음악 선택이 이처럼 중요하다면 광고음악으로 가장 많이 쓰이는 장르는 어떤 걸까?

일반적으로 광고에서 가장 선호하는 장르는 가요와 클래식이다. 가요는 일단 가사가 분명한 메시지를 전달하기 때문에 내레이션을 대신할 수 있다는 장점이 있고, 클래식은 배경음악의 느낌을 살리면서 적당한 내레이션이나 문구를 삽입하기 좋다는 장점이 있다. 특히 클래식에 대한 인식 자체가 고급스럽기 때문에 제품의 품격을 높이고 고급스러운 이미지를 만들어내는 데 효과적이다.

클래식음악을 광고에 사용할 때 얻을 수 있는 큰 효과 중 하나는 광고의 배경이라는 기능적 측면만이 아니라 음악 자체의 아름다움으로 어필할 수 있다는 점이다. 예를 들면 조수미의 모차르트 오페라 '마술피리' 중 '밤의 여왕 아리아'를 배경음악으로 사용한 광고에서는 조수미의 목소리를 들을 수 있다는 것 자체가 매력적인 요소로 작용한다. 소비자들은 음악과 잘 조화된 제품 정보나 이미지를 받아들이는 것과 동시에 조수미의 목소리와 노래 자체에 매력을 느끼면서 잠시나마 심미적 만족감을 얻는다. 이러한 광고 전략은 조수미라는 유명한 성악인의 목소리를 듣고 싶어 하는 대중의 심리를 어느 정도 이용한 것이다. 이런 경우 제품 광고와 음악 상품의 광고가 동시에 이뤄지는 셈이다.

TV에서 광고를 볼 때 단 몇십 초 동안 시선을 집중시키는 화려한 영상과 함께 울려나오는 클래식음악은 소비자의 머리에 강렬한 인상을 남긴다. 때문에 배경음악이 광고를 돋보이는 효과 못지않게 광고가 음악에 대한 관심을 고조시키고 음반 판매 증가로 이어진 사례가 꽤 많다. 그중 하나가 배우 심은하가 우아한 자태로 출연해 여심女心을 사로잡았던 한 가전업체의 냉장고 CF다. 이 광고는 소프라노 조수미가 부른 발페Balfe, William Micheal 1808~1870의 오페라 〈보헤미안 걸 The Bohemian Girl〉에 나오는 '대리석 궁전에서 사는 꿈을 꾸었네 dreamt I dwelt in marble halls'를 배경음악으로 썼다. 그런데 이 곡이 수록된 앨범 'Only Love(워

너뮤직)'는 클래식으로는 드물게 발매 1년 만에 80만 장이 팔리는 성공을 거뒀다. 이처럼 음반 판매가 증가한데는 물론 조수미의 스타성이 한몫했겠지만, 이 곡이 광고에 등장하면서 많은 사람의 귀에 익숙해진 것이 그 못지않은 효과를 냈다.

광고를 돋보이게 한 클래식음악들

안토닌 드보르작의 '신세계교향곡' _ 롯데제과 죠스바

어린 시절 화면을 보지 않아도 이 음악만 들으면 입 안에 저절로 침이 고이는 광고가 있었다. '빠~밤, 빠~밤, 빠밤 빠밤 빠밤빠밤빠밤' 느리게 시작해서 점점 빨라지는 이 음악은 바로 한때 최고 인기를 끌었던 공포영화 '죠스'의 주제음악 중 한 부분이다. '죠스바'라는 아이스바 광고는 이 긴장감 넘치는 음악을 배경으로 상어에 쫓기는 영화 장면을 패러디해서 광고 효과를 극대화시켰다. 그런데 '죠스'라는 영화는 물론 '죠스바'의 성공에까지 막대한 공헌을 한 이 음악이 드보르작의 '신세계교향곡'에서 나왔다는 것을 알고 있는 사람은 그리 많지 않다. 자신도 클래식음악가이면서 영화음악에서 특히 두각을 나타냈던 존 윌리엄스가 '죠스'의 음악감독을 맡으면서 '신세계교향곡' 제4장 첫부분을 이렇게 재탄생시킨 것이다. 이미 영화음악으로 대단한 평가를 받은 이 음악은 우리 제과광고에서 또다시 인기를 끌었고, 지금도 이 음악을 들으면 입 안에 침이 고이는 반사작용을 유도하고 있다.

로시니의 '윌리엄텔 서곡', 모차르트의 '교향곡 제40번' _ 맥도널드 햄버거

맥도널드 햄버거 '3천원송' 광고를 기억하는 사람이 많다. 시계의 초침이 찰칵찰

칵 소리를 내며 지나가는 사이 햄버거가 먹음직하게 등장하고 그 뒤로 로시니가 작곡한 '윌리엄텔 서곡'과 모차르트의 '교향곡 제40번 1악장'이 흐른다. 이 광고는 한시적으로 모든 제품을 3천 원에 판다는 광고였는데, 한 아카펠라 그룹이 로시니와 모차르트의 관현악곡에 맞춰 '3천 원'이라는 가사를 반복해서 불렀다. 사실 햄버거와 클래식은 뭔가 격이 맞지 않는다는 생각이 들 수도 있다. 그러나 경쾌하고 빠른 리듬에 단순한 가사를 입힌 이 음악은 젊은 고객들에게 어필하면서 큰 인기를 끌었다. 또한 관현악곡을 무반주 혼성 아카펠라로 편곡한 것도 광고계에서 신선한 시도로 평가받았다.

헨델의 '사라방드'_ 리바이스 엔지니어드진

이 광고는 리바이스 청바지가 국내 청바지 판매를 이끌던 2000년 초반에 만들어졌다. 장중한 느낌을 주는 헨델의 '사라방드'와 한 쌍의 남녀가 몇 개의 벽을 뚫고 숲속을 달려 나가는 거칠면서도 강한 극적 비주얼이 합쳐져서 환상적인 효과를 이뤄 깐느 국제광고제에 라이온스 상을 수상하기도 했다. 이 광고는 음악과 영상이 잘 연출되었는데 광고주는 이 광고를 통해 리바이스 청바지의 질긴 내구성을 표현했다. '사라방드'는 오래전 스페인 안달루시아 지방의 무곡이었는데 16세기에 프랑스를 거쳐 17~18세기에 이르러 영국으로 전해졌고 이후 영국 귀족사회의 근엄하고 화려한 분위기를 잘 나타내는 곡으로 자리를 잡았다. 또 17세기 초반까지만 하더라도 빠른 리듬의 춤곡이었는데 17세기 중반에는 '느리게lentement 또는 장중하고 엄숙하게Grave'라는 연주 지시어를 달고 나오면서 17세기 초반 사라방드를 '가벼운 사라방드Sarabande legere'라고 하여 구별하고 있다.

바흐 – 빌헬미의 'G선상의 아리아' _ 애경 케라시스

고소영 씨가 아름다운 긴 머리카락을 자랑하는 이 광고에는 바흐의 'G선상의 아리아Air on G String'가 나온다. 잘 알려졌다시피 이 곡은 1730년경에 바흐가 작곡한 관현악 모음곡 제3번 D단조 2악장의 아리아를 19세기 유명 바이올리니스트 아우구스트 빌헬미가 1871년에 피아노 반주와 바이올린 독주곡으로 편곡한 것인데, 바이올린의 가장 낮은 G현만을 가지고 연주할 수 있게 했다. 한 선만으로 연주하는 지속성과 연결성을 제품의 특성과 연관시킨 것이 눈에 띈다. 음악의 선율과 출연자의 머릿결이 하나가 되어 유연하면서도 아름다운 여성스러움을 극대화시켰다.

끝나지 않은 음악적 실험, 뮤자인

뮤자인의 시대

나는 음악인으로서 다양한 외도를 하고 있다. 그동안 드라마에도 참여했고, 방송 진행도 하고, 강연활동도 병행했다. 물론 이 모든 것은 클래식 대중화라는 목표 아래 소명의식을 갖고 참여한 것이다. 사실 새로운 일을 시작할 때마다 망설임이 있긴 했지만 나름대로 많은 성취를 이뤘다. 그런데 그중에서 내가 가장 공을 들였으면서 가장 아쉬운 부분으로 남은 것이 바로 '뮤자인' 사업이다.

뮤자인Musign이란 음악Music과 디자인Design의 합성어다.

음악을 디자인한다? 아마 대부분 뮤자인에 대해서 잘 알지 못할 것이다. 뮤자인이란 음악 기반의 디자인 커뮤니케이션 전략, 즉 건물이나 공간마다 그 장소를 이용하는 고객의 특징을 분석해 음악을 이용한 음원 디자인으로 최대한의 효과를 내는 것을 말한다. 이러한 음악 기반의 디자인 커뮤니케이션 전략을 컨설팅해주는 음악전문가를 뮤자이너Musigner라 하고 기획 단계부터, 실내장식, 음악을 구성하고 그것을 적극 활용하는 인테리어디자인 전략인 뮤자인 혁신Musign Innovation을 뮤지테리어 디자인Musiterior Design ['Music + Interior Design]이라고 한다.

그렇다면 뮤자인의 가치는 무엇일까?

첫째, 기업의 근무 환경을 바꾸고 브랜드 가치를 높인다.

둘째, 사옥과 빌딩의 브랜드 가치를 높인다.

셋째, 매장을 방문한 고객의 만족도를 극대화시킨다.

넷째, 중앙정부와 지방정부의 고객만족도를 높인다.

다섯째, 우리 가족의 소중한 보금자리의 품격을 높인다.

얼마 전까지만 하더라도 디자인은 거의 시각디자인과 산업디자인의 수준을 넘지 못했다. 하지만 생활 수준이 높아지면서 디자인은 오감디자인으로 그 범위를 넓혀가고 있다. 시각, 청각, 촉각, 후각, 미각을 골고루 갖춘 오감디자인은 새로운 시대의 디자인으로 각광받을 것이다. 그리고 디자인 혁신Design Innovation의 중심에 뮤자인 혁신Musign Innovation이 자리 잡을 것이다. 21세기 예술경영의 핵심은 '부드러운 카리스마'다.

"21세기 기업경영에서는 디자인과 같은 소프트 경쟁력이 최대 승부처"라는 삼성그룹 이건희 회장의 디자인 경영 철학처럼 뮤자인 혁신이야말로 새로운 시대에 걸맞은 중요한 화룡점정이 될 것이다.

라이프스타일을 바꾸어놓을 혁신, 뮤자인

뮤자인은 음악을 통해 개개인의 문화생활뿐 아니라 우리가 속한 회사와 지자체, 그리고 나아가서 사회 전체의 가치를 높은 수준으로 업그레이드하는 역할을 한다.

그렇다면 뮤자인은 어떤 과정을 통해 고객에게 제공되는 것일까?

먼저 철저한 현장조사를 통해 근무자와 고객의 취향을 파악해 클래식이나 대중음악 등 선곡의 기본 자료를 만든다. 이를 바탕으로 전문 뮤자이너들이 현장 특성에 맞는 음악을 선곡해 편집한다. 이런 과정을 거친 음악을 현장에 적용한다.

음악은 고객을 유인해 구매로 이어지는 데에도 큰 효과가 있다. 상품을 그 브랜드만을 위해 특별히 디자인된 음악으로 포장하여 차별화된 가치를 높이는 것이 바로 뮤자인이기 때문이다. 어떻게 젊은이들이 드나드는 패스트푸드점과 중·장년층이 드나드는 전문 레스토랑의 실내장식과 음악이 같을 수 있으며, 아기용품을 파는 가게와 스포츠용품을 파는 가게의 디자인과 음악이 같을 수 있겠는가?

출퇴근하는 사옥의 로비와 정원에는 활력과 원기 회복을 주제로 하는 음악, 엘리베이터와 휴게실, 고객서비스 공간 및 화장실에서는 편안함을 주제로 하는 음악을 제공한다면 피곤한 임직원의 머리를 맑게 해주고 창의력을 발현시켜주는 역할과 동시에 고객들의 만족도를 극대화시킬 것이다. 또한 인트라넷에 이와 같은 음악DB 서비스 코너를 개설해 제공되는 음악에 대해 해설해준다면 직원들의 문화적 교양의 폭을 확대해 식견을 넓히는 데 기여할 수 있을 것이다. 예를 들어 사내 인트라넷 음악 DB 서비스코너를 다음과 같이 분류하면 좋다.

ㅣ 창의적인 아이디어를 샘솟게 해주는 음악

ㅣ 울화가 치밀어오를 때 평정을 찾아주는 음악

ㅣ 정신적 스트레스를 풀어주는 음악

ㅣ 육신의 피곤함을 풀어주는 음악

ㅣ 의사결정을 앞두고 집중력과 판단력을 높여주는 음악

ㅣ 불안한 심리 상태를 안정적 심리상태로 만들어주는 음악

ㅣ 과음, 과로 누적 피로를 씻고 아침 업무를 시작할 때 듣는 음악

ㅣ 점심 후의 나른함을 떨치고 오후 업무를 시작할 때 듣는 음악

여러 가지 상황에 맞는 음악 선곡이 제공된다면 직원들은 상황에 맞는 음악만으로도 심리적인 치료를 할 수 있다. 이는 곧 업무의 효율을 높이는 중요한 요소로 작용하고 고품격 문화를 갖춘 초일류기업의 이미지로의 극대화뿐만 아니라 전략적 홍보 소재로도 활용이 가능하다.

뮤자인은 근무 환경의 혁신은 물론 글로벌 초일류브랜드 도약에 아름다운 선율을 제공한다는 목표를 두고 있다. 처음 뮤자인에 대한 비전을 생각하면서 앞으로 다가오는 문화의 세기에 뮤자인과 같이 한층 업그레이드된 예술적인 서비스가 반드시 필요하다고 생각했다. 그러나 너무 앞

서간 탓일까? 아니면 국내 기업들의 이해 부족이었을까? 아직 우리의 환경은 이러한 전문적인 분야의 가치를 인정하기에는 부족한 면이 있다.

그러나 아직 포기하기에는 너무 이르다. 디자인에서 청각디자인이라 할 수 있는 음악의 가치를 인정하고 그 가치에 따라 철저하게 뮤자인되어 적용된 건물이 나온다면 뮤자인의 효과를 실감할 것이다.

벌써 몇몇 기업들과 논의를 거쳤지만 아직은 현실적으로 풀어야 하는 몇 가지 문제점은 있다.

첫째, 이 분야에 대한 이해 부족의 문제다.

과연 뮤자인이 경영자의 마음에 들 만큼 빠른 시일 내에 다양한 효과를 낼 수 있는가. 그리고 데이터로 눈에 보이는가 하는 것이다. 이 점에서 나는 무형의 가치에 대한 중요성을 언급하지 않을 수 없다. 실제로 수많은 기업이 문화 마케팅으로 성공하고 있다는 것만으로도 뮤자인의 미래는 밝다.

둘째, 음악이 가진 저작권 문제에 있다.

저작권은 문학·학술 또는 예술의 범위에 속하는 창작물에 대한 배타적·독점적 권리를 말하는 것으로, 창조된 모든 유·무형의 저작물은 그 저작자에게 모든 권리가 있다. 얼마 전까지만 하더라도 대부분 저작권에 대한 이해가 부족했지만 이제는 저작권에 대한 인식이 달라졌다.

뮤자인에 사용되는 음악들은 물론 창작된 곡도 있을 수 있으나 더 나은 음질과 다양한 선택을 위해서는 세계적인 작곡가들의 잘 알려진 곡들과 세계적인 연주자들의 훌륭한 연주가 필수적이다. 그러나 음악가들을 위해 저작권을 보호할 만큼 아직까지 뮤자인의 가치를 높이 사지 못하는 실정이다.

그럼에도 나는 뮤자인이 당장은 큰 호응을 얻지 못하고 있지만 앞으로 새로운 화두로 부상할 것이라 확신한다. 태초부터 인류와 함께한 음악이 편리와 실용의 가치를 두는 디자인과 만나 뮤자인으로 재창조되어 인류와 새로이 소통하는 날이 오기를 바라는 마음이다.

CEO에게
영감을 주는
클래식음악

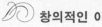 창의적인 아이디어를 샘솟게 해주는 음악

Wolfgang Amadeus Mozart : Sonata for two Pia no in D major K.448

(모차르트 : 두 대의 피아노를 위한 소나타 D장조)

이 곡은 1993년 미국 캘리포니아 주립대학 라우셔 교수팀이 〈네이처〉에 발표한 '모차르트 효과Mozart Effect'에 사용한 음악이다. 모차르트는 두 대의 피아노를 위한 소나타를 한 곡만 완성시켰는데 그것은 바로 1781년 11월에 작곡된 것으로 보이는 D장조 KV.448(최근 정리번호는 375a)다. 이 곡은 독주 피아노를 위한 소나타에 비해 특정 피아니스트를 예상하고 특별한 기회에 연주할 목적으로 작곡된 경향이 강하다. 실제로 피아노 제자였던 요제파 아우에른함머 Josefa Auern Hammer, 그리고 바르바라 폰 플로이어Barbara von Ployer와 함께 연주했다고 한다. 특히 2악장 부분은 10여 분의 연주 시간 동안 이름 그대로 '느리게Andante' 연주되지만 두 대의 피아노가 어울려 빚어내는 아름다운 가락은 모차르트의 천재성을 유감없이 발휘한다. 맑고 투명한 피아노의 소리에서 나오는 아름다운 가락은 숲속에서 느낄 수 있는 청명감을 주어 머리를 맑게 하고 그로 인해 새로운 창의력을 샘솟게 한다.

Gustav Mahler : Symphony No.5 in C sharp minor 4th Mov

(말러: 교향곡 5번 C#단조 제4악장)

말러(1860-1911)의 교향곡 5번의 4악장 아다지에토는 루치노 비스콘티 감독이 연출한 영화 '베니스의 죽음Morte A Venezia, 1971'에 나와서 유명해졌다. 이 곡을 듣다보면 이상의 세계로 빨려 들어가는 착각이 들 만큼 아름답고 환상적이다. 눈을 감고 감상하면 누구나 머리가 맑아지는 느낌을 받는다.

Ludwig van Beethoven : Symphony No.7 in A major Op. 92 1st Mov

(베토벤 : 교향곡 7번 A장조 Op.92 1악장)

보통 유명한 교향곡들은 각각의 명칭이 있는데, 베토벤 교향곡 7번은 제3번 '영웅', 제5번 '운명', 제6번 '전원', 제9번 '합창'처럼 대중적인 표제가 붙어 있지 않다. 베토벤은 1800년부터 거의 2년에 한 곡씩 교향곡을 완성했는데 6번을 발표하고 4년 만에 7번을 내놓은 걸 보면 그만큼 성의를 다해 작곡했음을 알 수 있다. 전체적으로 생명력이 넘쳐나는 이 곡은 봄바람처럼 신선하고 상쾌하다. 2006년 일본 후지 TV에서 방송된 드라마 〈노다메 칸타빌레(에토 린 각본, 다케우치 히데키 연출)〉에 자주 등장해 대중화되었다. 작곡가 리스트는 이 곡을 '리듬의 화신'이라고 했고 바그너는 '춤의 화신'이라고 했을 정도로 리듬을 통해 사람을 흥분시키고 활기가 넘치게 하기 때문에 이 곡을 듣고 있으면 신선한 바람이 부는 것과 같은 상쾌함이 느껴진다.

화가 날 때 평정을 찾아주는 음악

Tomaso Albinoni : Adagio in G minor For strings and organ

(알비노니 : 현과 오르간을 위한 아다지오 G단조)

토마소 알비노니(1671~1751)는 이탈리아 베네치아 태생으로 종이 제조업과 판매업을 하던 부유한 아버지 덕분에 물질적으로 넉넉한 환경에서 자랐다. 직업이라기보다는 즐거움을 찾는 대상으로 작곡을 했으며 부친이 작고한 이후에도 가업을 동생에게 맡기고 작곡활동에 전념해서 80세까지 장수하며 수많은 명곡을 남겼다.

음악가 지아조토Giazotto Remo, 1910~1998가 편곡한 '현과 오르간을 위한 아다지오'는 오늘날에도 대중적으로 널리 사랑받는 곡으로 현악기와 오르간이 함께 연주하는 무척이나 슬픈

곡이다. 조용하게 시작하는 곡의 첫 부분부터 애절하면서도 아름다운 선율이 가슴을 저미는데, 특히 중간에 현악기와 오르간이 한꺼번에 연주하는 클라이맥스 부분에선 가슴이 무너져 내리는 듯한 느낌이 든다. 나의 유학 시절 고향에 대한 그리움과 외로움이 사무칠 때 이 곡을 들으며 한바탕 눈물을 쏟고 향수를 달래던 기억이 있다.

Ludwig van Beethoven : Symphony No.3 'Eroica' Eb-major 2nd Mov

(베토벤 : 교향곡 3번 '영웅' Eb장조 2악장)

베토벤의 교향곡 3번은 인간의 해방을 부르짖던 베토벤의 일면을 찾아볼 수 있는 곡이다. 민중의 권리를 옹호하고 자유의 정신에 불타던 베토벤은 프랑스 혁명에 특별한 관심이 있었다. 그는 당시 빈에 주재하던 프랑스 대사와 대사관의 비서이자 바이올리니스트였던 루돌프 크로이처Rudolf Kreutzer 1766~1831에게 1789년 프랑스 시민혁명과 프랑스에 자유와 질서를 가져온 나폴레옹의 업적에 대해 자세히 들을 기회가 있었다. 플라톤의 《공화국》을 속독한 바 있었던 베토벤은 영웅의 자태를 보여준 나폴레옹을 자신의 작품으로 찬미하고 싶었다. 그리하여 1803년 여름 이 교향곡의 작곡에 착수하여 1804년 봄에 완성시켰다. 스코어의 표지에는 '보나파르트Bonaparte'라고 썼으며 밑에 자신의 이름 '루트비히 반 베토벤'이라 적어 이를 프랑스 대사관을 통해 파리로 보내려고 했다. 그런데 그 무렵, 나폴레옹이 스스로 황제에 즉위했다는 소식을 들었고, 이 소식에 분개한 베토벤은 "저 사나이도 역시 속된 사람이었어. 그 역시 자기의 야심을 만족시키기 위해 민중의 권리를 짓밟고 누구보다도 심한 폭군이 될 것이야"라고 외치며 사본의 표지에 썼던 보나파르트라는 나폴레옹의 이름을 긁어버린다.

2년 뒤 이 곡을 출판하면서 그는 "한 사람의 영웅을 회상하기 위해 작곡했다"라는 말을 덧붙였다. 17년 후 나폴레옹이 세인트헬레나 섬에서 죽었다는 소식을 듣고 비로소 "나는 그의 결말에 어울리는 적절한 곡을 써두었다"라고 했다. 이는 이 작품의 제2악장에 있는 '장송 행진곡'이다. 2악장 장송 행진곡은 현의 주제(현악기가 연주하는 주제 멜로디)가 나타나며 장중한 걸음걸이로 나아간다. 중간부는 다장조로 밝아지며, 영웅의 생전의 업적을 기리는 느낌을 준다. 삶의 야망과 현실 사이에서 갈등할 때 이 곡을 들으면 차분하게 마음을 다스리는데 도움이 될 것이다.

Achille Claude Debussy : Clair de lune

(드뷔시 : 달빛)

드뷔시(1862-1918)가 28세 되던 1890년에 작곡한 초기 작품으로 '베르가마스크 조곡Suite Bergamesque'에서 네 곡으로 된 모음곡 중 한 곡이다. 이 모음곡은 고전 모음곡풍의 무곡으로 되어 있는데 '달빛'은 무곡과 무관한 조용하고 느린 곡이다. 젊은 드뷔시는 로마 유학에서 돌아온 후 기존의 낭만주의 음악의 화성법에서 벗어나 젊은 문인들과 교류하면서 새로운 예술에의 열정을 불태웠다. 이 무렵에 작곡된 작품들 중 하나가 바로 베르가마스크 조곡인데, 이 곡은 인상주의적인 화성어법과 중세풍의 음계, 화성 등이 절묘한 조화를 이룬다.

첫 곡은 '프렐류드'로 바로크음악적인 대위법과 인상주의적인 화성이 조화를 이루고 있으며, 둘째 곡 '미뉴에트' 역시 바로크시대의 춤곡 리듬을 빌린 것으로 우아한 악상과 중세음악적인 선법이 조화를 이룬다. 마지막 곡 '파스피에'는 프랑스 춤곡의 가벼운 율동이 살아 있으면서도 중세적 선법이 세련된 인상주의적 화성과 조화를 이루고 있다. 오로지 '달빛'만은 고전시대의 모음곡 제목을 쓰지 않고 표제적 제목을 붙였는데 달빛이 비치는 밤의 풍경을 단아한 악상과 인상주의적인 화음으로 표현하고 있다. 고요한 달빛 아래 산책을 해본 사람은 이 곡이 가져다주는 평온함이 어떤 것인지 알 것이다. 이 곡과 함께 베토벤의 피아노 소나타 14번 '월광Moonlight'을 함께 들어도 좋다.

스트레스를 풀어주는 음악

L. Dalla : Caruso

(달라 : 카루소)

이 곡은 칸초네 가수 루치오 달라가 20세기 최고의 성악가 카루소가 묵었던 호텔방을 방문한 후 카루소를 추모하며 쓴 곡이다. 낭송하는 듯한 첫 시작을 지나고 나면 엄청난 고음과 기교 그리고 아름다운 멜로디가 합쳐지며 감동적인 선율이 넘쳐나는데, 카루소 이후 최고의 테너로 불린 루치아노 파바로티(1935~2007)가 오케스트라 반주로 부르는 음반을 들어보면 서로 다른 세대를 살다간 두 위대한 성악가의 삶이 온몸으로 전해진다.

Wolfgang Amadeus Mozart : Piano Concerto No.21 in C major K.467 2nd Mov

(모차르트 : 피아노 협주곡 21번 C장조 K.467 2악장)

많은 음악가들이 태교에 좋은 음악으로 이 곡을 추천한다. 그만큼 평온하며 듣는 이에게 부담을 주지 않는 부드러운 음악이다. 다소 우울한 분위기를 지닌 20번과는 달리 21번은 밝고 경쾌한 선율이 매력적인데, 특히 2악장에서 아름다운 화성을 바탕으로 흐르는 빛나는 선율은 풍부한 감성을 느끼게 한다. 번잡한 생각에서 벗어나 조용히 쉬면서 스트레스를 해소하고 싶을 때 적당한 곡이다.

Leroy Anderson : Bugler's Holiday

(앤더슨 : 나팔수의 휴일)

미국의 작곡가이며 지휘자인 앤더슨(1908~1975)은 하버드대학교 재학 중 음악에 심취해서 보스턴 팝스 관현악단에 들어가 편곡자로 활동했다. 많은 관현악곡을 발표하면서 명성을 떨친 그의 작품은 현대적인 감각이 뛰어나다는 평을 듣는데, 난해하다기보다는 흥겨우면서 활기찬 곡들이 대부분이며 위트가 넘친다. 이 곡 또한 매우 활기찬 느낌의 곡으로 축제나 밝은 분위기에서 많이 연주되고 듣다보면 누구나 어깨가 저절로 들썩이는 기분 좋은 곡이다.

피로를 풀어주는 음악

Pyotr Ilyich Tchaikovsky : Serenade for Strings in C major Op.48 2nd Mov 'Waltz'

(차이코프스키 : 현을 위한 세레나데 C장조 Op.48 2악장 '왈츠')

문헌상 이탈리어로 저녁을 뜻하는 세라Sera와 '맑게 갠'을 뜻하는 이탈리아어 세레노sereno에 그 어원을 둔 세레나데는 기악과 성악 모두에 적용되는 음악 양식으로 주로 연인의 창가에서 저녁 무렵에 부르는 사랑의 노래로 표현되는 경우가 많다. 하지만 고전주의 기악곡으로도 세레나데는 그 활용 범위가 넓어 모차르트, 엘가, 드보르작, 차이코프스키 등 여러 작곡가들이 현을 위한 세레나데를 작곡했다. 차이코프스키의 현을 위한 세레나데의 전곡은 1악장의 장중함에 이어 2악장 왈츠, 그리고 차이코프스키다운 러시아의 우수를 느끼게 하는 3악장 엘레지, 러시아 주제에 의한 변주곡 4악장까지 모두 네 개의 악장으로 구성되어 있는데 각 악장마다 다른 매력을 가지고 있다. 현악기의 합주에서 오는 시원한 선율은 듣는 순간 소파에 깊숙이 몸을 묻게 만드는 매력을 가지고 있다.

Ennio Morricone : Gabriel's Oboe

(모리꼬네 : 가브리엘의 오보에)

가브리엘의 오보에는 영화 〈미션〉에서 나온 음악으로 이 시대 최고의 영화음악 작곡가로 사랑받는 이탈리아 출신 엔리오 모리꼬네(1928)의 작품이다. 영화에서 음악의 배경은 가브리엘 신부가 원주민들에게 선교활동을 하기 위해 아마존의 원주민 마을을 찾아간다. 그러나 외부인의 접근을 원하지 않는 그들은 그들의 무기로 가브리엘 신부를 위협한다. 그때 신부가 그들에게 다가가는 방법으로 오보에를 연주한다. 결국 원주민들은 이 한 곡이 주는 아름다움에 반해 가브리엘 신부를 맞아들인다. 오보에의 매력을 한껏 발산하는 이 곡은 푸른 초원 위에 상쾌한 봄바람이 살랑이듯이 듣는 이의 피로를 풀어준다.

Pietro Mascagni : Opera 'Cavalleria Rusticana' Intermezzo

(마스카니 : 오페라 '카발레리아 루스티카나' 중 간주곡)

이탈리아 작곡가 마스카니(1863-1945)의 오페라 '카발레리아 루스티카나'가 초연된 것은 1890년이다. 비록 70분 남짓한 단막 오페라지만 그 속에는 뜨거운 이탈리아 남부 시칠리안들의 사랑과 열정의 피가 끓는다. 이 오페라는 이탈리아 오페라 레퍼토리로는 빼놓을 수 없는 작품이 되었으며, 레온카발로의 〈팔리아치〉와 함께 베리스모 오페라(사실주의 오페라) 중에서 최고의 작품으로 평가받는다. 현세에서 느낄 수 없는 이상의 세계가 펼쳐지는 듯한 너무나 유명하고 아름다운 이 곡은 그 서정적인 아름다움이 별처럼 빛나서, 이 곡 하나만으로도 오페라 전곡을 떠나 충분한 가치를 느낄 수 있는 그야말로 명곡이다.

 집중력과 판단력을 높여주는 음악

Johann Sebastian Bach : Suite for Orchestra No.3 in Dmajor, BWV 1068 Ⅱ. Air

(바흐 : 관현악 모음곡 제3번 D장조 2번곡 아리아 (G선상의 아리아))

원래 바흐(1685-1750)의 작품 어디에서도 'G선상의 아리아'란 곡명은 없다. 이 곡은 사실 '관현악 모음곡 3번'의 두 번째 곡으로 그중 매혹적인 플루트 독주가 들어 있는 제2번과 함께 널리 알려져 있는 곡이다. 본래 현악 합주로 연주되는 제3번의 둘째 곡 '아리아'를 단아하고도 아름다운 바이올린 독주곡으로 편곡한 사람은 독일의 명 바이올린리스트 아우구스트 빌헬미였다. 그는 이 곡을 바이올린의 가장 낮고 굵은 줄인 G선만으로 연주할 수 있도록 편곡을 해서 'G선상의 아리아'라는 이름이 붙었다. 여기서 말하는 '아리아'라는 말은 오페라의 독창곡인 '아리아'를 뜻하는 말이 아니라, '아름다운 선율을 지닌 느린 무곡'을 뜻한다. 오늘날에 와서는 클래식 소품의 대표곡처럼 되어버린 'G선상의 아리아' 덕분에 원곡인 '관현악 모음곡 3번' 'Air'까지도 인기가 있는데 정확하게 말하자면 바이올린 독주일 때만 'G선상의 아리아'라는 제목이 붙어야 한다. 하지만 요즘은 관현악으로 연주될 경우에도 'G선상의 아리아'로 표기되는 경우가 많다. 느리게 연주하는 평범한 곡이지만 선율이 상승할 때에는 집중력을 상승시키는 아름답고도 신비스러운 곡이다.

Johann Sebastian Bach : Suite for Cello Solo No.1 in G major BWV 1007 1.Prelude

(바흐 : 무반주 첼로 조곡 1번 중 G장조 프렐류드)

바로크음악 양식을 완성한 음악의 아버지 바흐의 작품 중에서 첼로를 위한 불후의 명곡으로 불리는 '무반주 첼로 조곡(모음곡)'은 1720년경 괴텐 시절에 괴텐 궁정오케스트라 단원인 첼리스트 아벨을 위해 작곡한 것으로 알려져 있다. 바이올린과 같이 화려하고 다양한 음색을 가지지도 못하고 기교의 범위도 좁은 그 당시의 첼로는 독주용이라기보다는 단지 합주에서 저음을 보강하고 다른 악기를 뒷받침하는 역할을 담당했다. 그런데 바흐가 '무반주 첼로 조곡'을 작곡함으로써 독주악기로써의 가능성을 확인한 뒤부터 첼로 역사의 커다란 획을 그었다.

흔히 첼로음악의 구약성서라고 불리는 '무반주 첼로 조곡'은 20세기 첼로의 거장 파블로 카잘스에 의해 발견되고 연구와 연주를 거듭하여 첼로음악의 최고의 명곡으로 인정받고 있다. 그리하여 오늘날 모든 첼리스트들이 정복하고 싶어 하는 필수적인, 그리고 최고의 목표로 여기는 곡이다. 이 곡의 발견에 결정적인 역할을 한 카잘스는, 13세 무렵 바르셀로나의 어느 고 악보가게에서 이 곡의 악보를 발견하고 12년간 홀로 연구 끝에 공개석상에서 연주하여 세상에 그 진가를 알렸다. 카잘스는 이 곡을 발견한 자신의 행운에 대해 "어느 날 우연히 한 가게에서 바흐의 '무반주 첼로 조곡'을 발견했다. 뭐라 말할 수 없는 매력적인 신비가 이 6곡의 '무반주 첼로 조곡'이라는 악보에 담겨져 있었다. 그때까지 그 어느 누구에게서도 이 곡에 대한 이야기를 들어본 적이 없었고, 나도 선생님도 이 곡이 있다는 것조차 몰랐다. 이 발견은 내 인생에서 가장 커다란 의의를 갖는다"라고 말했다. 바로크시대를 대표하는 명곡으로 불리기에 손색이 없는 이 곡은 엄청난 흡입력이 있어서 산만한 생각 때문에 마음이 어지러울 때 집중력을 높여주는 음악으로 추천할 만하다.

 불안할 때 마음을 진정시켜주는 음악

Felix Mendelssohn : Violin Concerto in E minor Op.64 1st Mov

(멘델스존 : 바이올린 협주곡 E단조 Op.64 1악장)

멘델스존(1809-1847)은 부유한 유태계 은행가의 집안에서 태어나 그 어떤 음악가보다 좋은 환경에서 성장한 작곡가다. 그래서인지 그의 작품은 너무나 아름다운 반면 깊이가 없다는 지적을 받기도 한다. 하지만 적어도 바이올린 협주곡 E단조는 그런 비판을 잠재울 만큼 충분한 작품성과 대중성을 고루 갖춘 명곡이다. 바이올린 협주곡 중에서 4대 명곡으로 꼽히는 베토벤, 브람스, 차이코프스키, 멘델스존의 네 작품은 모두 D장조인데 비해 멘델스존의 바이올린 협주곡만 유일하게 E단조를 취하고 있다. 이 작품에 가득 차 있는 낭만성과 부드럽고 귀에 잘 들어오는 멜로디를 듣다보면 꽃향기가 진동하는 듯한 느낌을 받는데 봄의 신선함이 멜로디 곳곳에 배어 있어서 그런지 남자보다는 여자 연주자의 연주로 감상하는 것이 더 어울린다.

대학 1학년 때 학교 정기연주회에서 한 선배 바이올리니스트가 연주하는 이 곡을 듣다 나도 모르게 흘러내리는 눈물을 주체할 수 없었던 기억이 나는데 그날의 기억은 슬픔의 눈물이라기보다는 그 아름다움에 대한 질투의 눈물이었던 것 같다. 곡이 그리 길지도 않아서 지루할 틈이 없다. 그리고 처음 클래식을 접하고자 하는 초보자들에게 적극 추천하는 바이올린 협주곡이다. 이 곡을 들으면서 달콤한 꽃향기를 만끽하시길 바란다.

Ludwig van Beethoven : Sonata for Violin and Piano No.5 in F major 1st Mov 'Spring'

(베토벤 : 바이올린과 피아노를 위한 소나타 5번 F장조 1악장 '봄')

베토벤은 고전주의 최후의 작곡가로 낭만주의의 선구자이며, 악성이라고 부른다. 우리가 그를 악성이라 부르며 찬사를 보내는 것은 음악가에겐 치명적인 귓병을 앓고 있으면서도 그 모든 것을 극복하고 불후의 명작들을 남겼기 때문이다. 이 곡은 베토벤의 피아노와 바이올린을 위한 소나타 10곡 중에서 가장 걸작이며, 바이올린 소나타에 새로운 경지를 개척한 곡이다. 또 듣는 사람에게 밝은 희망과 행복감을 품게 하기 때문에 '봄 소나타'라고도 불린다.

Charles Camille Saint-Saens : The Carnival Of Animal No.13 'The Swan'

(생상 : 동물의 사육제 13번 '백조')

프랑스음악 부흥의 선구자인 생상(1835-1921)의 대표작인 '동물의 사육제'는 1886년에 오스트리아의 잘츠부르크에서 개최된 카니발에서 연주하기 위해 작곡한 작품이다. 모두 14곡으로 된 이 모음곡에는 '서주와 사자왕의 행진' '수탉과 암탉' '당나귀' '거북' '코끼리' '캥거루' '수족

관' '귀가 긴 등장인물' '숲속의 뻐꾸기' '커다란 새장' '피아니스트' '화석' '백조' '피날레'로 이루

어져 있다. 이 중 13번째 곡인 '백조'는 아름다운 선율 속에서 우아하게 물 위를 떠다니는 백조

의 모습을 직접 보는 듯한 느낌을 준다. 누군가에게 화가 치밀어오를 때 이 음악을 들으면 마

음이 진정되고 싸우고 싶은 생각도 싹 사라져버린다.

Ludwig van Beethoven : Fur Elise

(베토벤 : 엘리제를 위하여)

베토벤의 '엘리제를 위하여'는 원래 테레제 폰 말파티Therese von Malfatti라는 여성을 위해

작곡한 곡이다. 평생을 독신으로 살았던 베토벤에게 사랑했던 여성이 여러 명 있었던 것은 이

미 잘 알려진 얘기다. 그중 테레제는 진지하게 결혼을 생각할 만큼 특별한 감정을 가지고 청

혼까지 했지만 테레제는 베토벤과 자신이 안 맞는다는 이유로 베토벤의 청혼을 거절했다. '엘

리제를 위하여'는 사랑에 빠진 베토벤의 마음을 음악으로 표현한 것이다. 청소차가 후진할 때

도 나오는 이 음악을 모르는 분은 아마 없을 것이다. 특히 이 곡과 함께 폴란드 출신의 여류

작곡가 바다르체프스카Tekla Badarczewsk 1837~1861가 작곡한 '소녀의 기도'를 들으면 왠

지 모르는 어릴 적 추억으로 빠져드는 자신을 발견할 것이다. 또한 어머니 품과 같은 편안함

과 안정감을 준다.

아침 업무를 시작할 때 듣는 음악

Ludwig van Beethoven : Symphony No.9 in D minor, Op.125 'Choral'

4th Mov 'Ode an die Freude'

〈베토벤 : 교향곡 9번 D단조 Op.125 '합창' 4악장 '환희의 송가'〉

베토벤이 작곡한 9곡의 교향곡 중에서 규모가 가장 크고, 베토벤의 후기 양식을 대표하는 작품이며 음악사에 길이 남을 최고의 걸작이다. 또 이 곡은 프러시아의 국왕 프리드리히 빌헬름 3세에게 헌정되었으며, 표제에 〈요한 프리드리히 폰 실러Johann Friedrich von Schiller의 '환희의 송가'에 의한 종말 합창 붙임 교향곡 독창 4부와 합창을 위한 교향곡 제9번〉이라고 적혀있어 '합창교향곡'이라고 불린다. 교향곡의 역사, 나아가서는 서양음악사에서 금자탑이라 할 만한 작품이다. 베토벤이 54세가 되던 1824년 5월 7일 빈에서 베토벤의 감독 하에 미하엘 움라우프Michael Umlauf의 지휘로 초연했는데, 당시 베토벤은 이미 26세부터 청력을 잃은 상태라 무대 위에 오케스트라를 향해 악보를 보며 들리지 않는 음을 마음으로 그리면서 앉아 있었다. 음악이 끝났는데도 베토벤은 음악이 끝난 것도 모르고, 청중의 엄청난 박수가 쏟아지는 것도 듣지 못하자 알토 솔리스트였던 카롤리네 웅거Karoline Unger가 대작곡가의 손을 끌어 청중에게 답례하게 했다는 일화는 유명하다. 이 교향곡의 원본은 베를린 주립도서관이 소장하고 있는데 2002년 악보로는 처음으로 유네스코 지정 세계문화유산으로 등록되었다. 누구나 알 만한 이 곡은 누구에게나 희망과 열정을 불어넣기에 충분하다.

Pablo de Sarasate : Zigeunerweisen Op.20

〈사라사테 : 지고이네르바이젠 Op.20 '집시의 노래'〉

사라사테(1844-1908)는 파가니니Niccolo Paganini (1782-1840), 비에니아프스키Henryk Wieni-awski (1835-1880)와 더불어 19세기를 대표하는 세계 3대 바이올리니스트에 꼽히는 연주자 겸 작곡가다. 사람들은 그의 연주를 가리켜 신의 경지에 이르렀다고 감탄했는데 그의 아름답고 맑은 음색과 놀라운 기교, 우아한 표현은 누구도 흉내 내지 못했다. 작곡가로서의 그는 스페인의 민족적인 멜로디와 리듬을 즐겨 사용하여 기교적으로 대단히 어려운 작품을 남겼는

데 그중 하나가 '지고이네르바이젠(집시의 노래)'이다. 이런 기교적인 곡은 사라사테 자신밖에는 연주할 사람이 없을 정도였다. 3부로 구성된 부분 중에서 특히 세 번째 부분에 이르러 터져 나오는 광적인 에너지와 빠른 패시지(독주 기악곡에서, 선율음의 사이를 높거나 낮은 방향으로 급하게 진행하는 부분)는 집시 특유의 정열이 폭발하는 듯하다. 이 곡은 크게 두 부분으로 나뉘어져 있는데 앞부분은 느리지만 화려한 스케일로 서서히 곡의 긴장감을 끌어올리다 뒷부분에 가서는 매우 빠르고 다이내믹한 집시풍의 리듬으로 생동감 넘치는 연주를 들려준다. 이 곡을 듣다보면 곡의 아름다움과 함께 넘치는 활력을 얻을 수 있다.

Giuseppe Verdi : Opera 〈Nabucco〉 'Va, Pensiero'

(베르디 : 오페라 〈나부꼬〉 중 '히브리 노예들의 합창')

한때 작곡가의 꿈을 포기하려고 했던 이탈리아 오페라의 대작곡가 베르디(1813–1901)는 오페라 〈나부꼬〉의 성공 이후 음악가로서 명성을 얻기 시작했다. 1842년 밀라노의 '라스칼라' 극장에서 초연된 이 오페라는 성경에 나오는 느부갓네살 왕의 이야기로, 바벨론의 느부갓네살 왕에게 잡혀간 유대인들이 핍박 속에서도 좌절하지 않고 꿋꿋이 살아가는 이야기다. 베르디는 이 이야기에서 영감을 얻어 애국적 주제와 힘찬 합창으로 오페라 〈나부꼬〉를 작곡하여 이탈리아 국민들에게 민족주의를 일깨우는 역할을 했다. 이 작품의 성공으로 베르디는 전 유럽에 이름을 떨쳤다. 합창곡 '히브리 노예들의 합창'은 예루살렘으로 돌아가기를 간절하게 갈망하는 히브리인들의 노래로 오페라 합창곡 중에서 가장 많이 알려진 곡 중 하나다. 특히 이 곡은 베르디의 장례식에 불린 노래로 이태리의 국민 찬가라고 할 수 있다. 이 곡을 듣다보면 애국심과 힘이 불끈불끈 솟는 것을 느낄 수 있다. 물론 아침이 활기차야 하루를 힘차게 살아가겠지만 아침이라 해서 항상 활기차지는 않다. 조용하고 의미심장한 전주에서부터 대규모 합창의 웅장한 클라이맥스까지 점점 끓어오르는 음악 선율이 왠지 몸이 무겁고 힘이 나지 않는 아침에 용기와 힘을 북돋아 줄 것이다.

점심 후 나른함을 떨치고 오후 업무를 시작할 때 듣는 음악

Bedrich Smetana : Die Moldau from Symphonic Poem 'My Fatherland' No.2

(스메타나 : 교향시 '나의 조국' 제2곡 몰다우)

스메타나(1824~1884)의 교향시 몰다우는 전 세계적으로 명성을 얻은 스메타나의 가장 인기 있는 관현악 작품이다. 베토벤처럼 청력을 상실한 스메타나가 그 고뇌와 좌절감 속에서 이토록 상상력이 신선하고 기악 편곡이 화려한 작품을 구상했으리라고는 아무도 상상할 수 없었다. 몰다우는 체코의 남쪽 고원에서 북쪽으로 흘러가는 체코 사람들이 너무나 사랑하는 강으로 두 갈래의 작은 강이 합쳐져서 몰다우 강이 되고, 프라하를 지나서는 다시 엘베 강과 합쳐져 독일로 흘러간다. 이 곡은 몰다우 강의 흐름을 묘사한 것으로 아름다운 체코의 수도 프라하를 관통하는 강의 경치와 역사를 음악으로 표현한 묘사 음악의 최고 걸작이다. 굽이치는 듯한 선율의 흐름은 실제로 강물이 흐르는 착각을 느끼게 하고 시원한 몰다우 강의 강바람이 불어오는 듯 시원함을 느끼게 한다. 이런 청량감으로 오후의 나른함을 떨쳐버리고 새로운 기운으로 오후를 시작하기에 더 없이 좋은 곡이다. 특히 제2차 세계대전의 종전과 해방과 기쁨, 그리고 체코 필하모닉 오케스트라의 창립 50주년을 축하하기 위해 1946년에 시작하여 지금까지 계속되는 '프라하의 봄 음악축제'는 매년 스메타나의 서거일인 5월 12일에 시작하여 6월 초까지 약 3주간 계속되는데 항상 체코 대통령이 참석한다. 그리고 그 시작은 언제나 체코 국민음악의 아버지 스메타나의 교향시 '나의 조국'이다.

Wolfgang Amadeus Mozart : Symphony No.40 G minor KV.550 1st Mov

(모차르트 : 교향곡 40번 G단조 1악장)

이 곡은 모차르트 교향곡 39번, 41번과 함께 최후의 3대 교향곡 중 한 곡으로, 그윽한 애수를 담은 비극미를 담고 있다. 1788년, 불과 40여일 만에 작곡한 이 세 곡의 교향곡은 모차르트를 대표하는 교향곡일 뿐만 아니라 고전시대 교향곡에 있어서 기념비적인 작품이다. 모차르트가 오페라 〈돈 조반니〉와 〈3대 교향곡〉을 작곡한 시기는 생활비를 벌기 위해 많은 작품을 써야 했던 시기다. 그런데 이 어려움 속에서 쓴 작품들이 그의 뛰어난 독창성을 보여준 대표적인 명작으로 정평을 받고 있다. 빈곤과 생활고에 시달림을 받으면서도 〈3대 교향곡〉과 같은 화려함과 낭만이 넘친 작품이 나올 수 있었다는 것은 묘한 아이러니인 동시에 그의 상상력과 시정이 얼마나 풍부했는지를 짐작케 한다.

모차르트는 일생 동안에 50여 곡의 많은 교향곡을 작곡했지만 그 가운데 단조로 만든 곡은 25번과 40번 두 곡밖에 없다. 그중에서도 40번은 정열적이면서도 정서가 넘치는 악상을 갖고 있는 동시에 비극적이고 병적인 어두운 면을 지니고 있다. 이 교향곡을 작곡할 당시 모차르트의 어려운 생활환경이 이 곡의 비극성을 더욱 의식하게 해주는 것 같다. 또 19세기 이후 가장 인기 있는 작품의 하나로 인정받고 있는데, 모든 음악적인 요소가 정교하고 완벽하게 결합되어 조화와 통일을 이루고 정감과 지성이 완벽하게 균형을 이루고 있다. 슈베르트는 이 곡에 대해 "천사가 이 가운데서 노래하는 것을 들을 수 있다"고 평을 했다. 제1악장은 가벼운 소리로 간절함을 원하는 듯한 제1 테마에 이어 제2 테마는 흐느껴 우는 듯한 탄식의 소리 같은 느낌을 준다. 하지만 묘하게도 그 속에서 희망의 빛줄기가 느껴진다. 물론 단조로 작곡되어 어떤 면에서는 약간 어둡게 시작하는 듯하지만 모차르트의 대부분의 곡들처럼 매우 경쾌하고 해학이 넘친다. 이 곡을 들으면 오후의 나른함에서 서서히 깨어나는 스스로를 느끼게 될 것이다.

Antonio Lucio Vivaldi : The Four Seasons 'Spring' in E major 1st Mov

(비발디: 사계 E장조 '봄' 1악장)

비발디(1678-1741)의 사계를 모르는 사람은 드물 것이다. 지하철에서, 백화점에서, 방송에서 수시로 들을 수 있는 곡이다. 실제로 여러 조사에 의하면 세계인이 가장 좋아하는 클래식음악 중 부동의 1위가 바로 '사계'다. 비발디의 사계 Le quattro stagioni는 비발디의 협주곡집 '화성과 착상의 시도' Op.8 Il cimento dell'armonia e dell'invenzione, 1723에 실린 12곡 중 No.1~4번 곡으로 봄, 여름, 가을, 겨울이라는 표제가 붙은 바이올린 협주곡이다. 사계의 네 곡은 모두 3악장으로 전형적인 협주곡 형태를 이루고 있는데, 1악장 '봄'에는 작곡가가 직접 묘사하기를 '봄이 왔다. 새들은 즐거운 소리로 봄을 맞고 샘물은 산들바람에 유혹되어서 졸졸 흐르는 소리를 달콤하게 낸다. 먹구름과 번개가 하늘을 달리고 뇌성이 봄이 왔다고 알린다. 폭풍이 멎고 새들이 다시 상쾌하게 노래하기 시작한다'라고 했다.

〰️ 결속력을 높여주는 음악

Antonio Lucio Vivaldi : The Four Seasons 'Autumn' in F major 1st Mov

(비발디 : 사계 F장조 '가을' 1악장)

일반적으로 비발디의 사계 중에서 연주하기가 가장 까다로운 곡이지만 추수가 끝나고 그동안 함께 수고한 사람들을 격려하고 농주 한 잔 마시며 흥청거리는 모습을 연상할 수 있다.

Ludwig van Beethoven : Symphony No.5 in C minor 1st Mov

(베토벤 : 교향곡 제5번 C단조 1악장 '운명')

1808년에 완성한 이 곡의 제1악장 첫 머리에 나오는 네 개의 음표를 두고 베토벤이 '운명은 이렇게 문을 두드린다'라고 얘기한데서 운명이라는 이름이 붙었다. 그러나 이 이름은 거의 일본과 한국에 국한되고 일반적으로 '교향곡 5번 C단조'라고 말한다. 너무나 유명한 이 곡의 비장한 네 개 음의 울림만으로도 마음을 결단하기에 도움을 준다.

Georg Friedrich Handel : Sarabande

(헨델 : 사라방드)

사라방드는 스페인 무곡으로 알려져 왔는데 이 곡은 특히 3박자 중에서 두 번째 박자를 강조하는 특징을 갖고 있어서 17~18세기 영국 황실과 귀족사회의 화려하면서도 근엄한 분위기를 잘 나타내준다. 사라방드는 춤곡을 넘어 예술적 성격이 매우 강하게 드러나는데 이 곡은 리바이스 엔지니어드 진 오디세이Odyssey 광고에 사용되면서 강한 인상을 남겼다. 현악기의 단순한 화성과 리듬이 다짐하듯 계속 '테누토tenuto(음을 충분히 지속하여 연주하는 것)'로 연주하는 것을 듣고 있노라면 마음속에 자연스레 결단의 마음이 생기는 것을 경험한다.

 행복한 상상의 나래를 펼치기 좋은 음악

Wolfgang Amadeus Mozart : Concerto for Flute and Harp in C major KV.299
1st Mov

(모차르트 : 플루트와 하프를 위한 협주곡 C장조 제1악장)

모차르트는 악기를 가리지 않고 엄청난 양의 협주곡을 작곡했지만 유독 플루트를 위한 음악은 몇 되지 않는다. 그 이유는 모차르트가 유독 플루트에 대해 "도저히 참을 수 없는 악기"라고 언급할 만큼 반감을 가지고 있었기 때문이다. 이 곡은 재영 프랑스 대사를 지낸 기네 공작이 딸의 결혼식에서 자신은 플루트를 연주하고 딸은 하프를 연주할 협주곡을 위촉해서 탄생한 곡이다. 모차르트는 물론 이 부탁이 썩 내키지 않았지만 그 불만을 감추고 작품을 만들어낸 것이 놀라울 따름이다. 중요한 가락을 거의 대부분 밝은 장조로 표현해서 밝은 느낌을 주며, 선율 또한 매우 알기 쉽고 친숙해서 관악기를 위한 협주곡을 처음 접할 때 권할 만한 곡이다. 또한 하프의 영롱한 소리와 플루트의 신비한 음색이 환상의 조화를 이뤄 듣는 이를 행복한 꿈에 빠지게 한다.

Jules Massenet : Meditation for Thais

(마스네 : 타이스의 명상곡)

20편 이상의 오페라를 작곡한 마스네(1842-1912)의 오페라 〈타이스〉에서 이 곡은 제2막 제1장과 제2장 사이에 연주되는 간주곡이다. 오페라 〈타이스〉는 고대 그리스도교의 수도사 아타나엘이 퇴폐와 향락에 젖은 알렉산드리아의 무희 타이스를 구하려고 그녀를 개종시켰는데 도리어 자신이 타이스의 육체적 아름다움에 매혹되어 타락해가는 과정을 그린다. 이 명상곡은 원래 오케스트라 곡이지만 선율이 너무나 아름답고 서정적이어서 바이올린 독주용으로 편곡되어 더욱 유명해졌다. 이 곡의 섬세하고 아름다운 선율과 관능적인 하모니는 듣는 이를 아름다운 상상의 세계로 이끄는 듯하다.

Fritz Kreisler : Liebesfreud

(크라이슬러 : 사랑의 기쁨)

크라이슬러(1875-1962)는 20세기를 대표하는 바이올리니스트 겸 작곡가다. 그는 바이올린 연주에 있어서 거의 단점이 없었던 사람으로 꼽히는데 연주뿐 아니라 작곡에 있어서도 뛰어난 재능을 발휘했다. 이 곡과 함께 사랑의 슬픔Liebesleid도 유명한데 사랑의 기쁜 감정을 빈의 왈츠 풍으로 작곡하여 날아갈 듯한 느낌으로 표현한 이 곡은 모 방송사의 개그 프로그램에서 '달인'이란 코너의 시그널 음악으로 사용될 만큼 우리에게 친숙하다. 자료에 의하면 크라이슬러는 한국도 방문한 것으로 나와 있는데 1923년 5월 23일 김영환의 주선으로 경성공회당에서 연주했다는 기록이 있지만 어떤 레퍼토리를 연주했는지는 알려지지 않았다. 곡 전체에서 나타나는 유려한 선율의 움직임은 사랑의 기쁨에 흠뻑 취해 그 기쁨을 주체하지 못하는 젊은이의 모습이 연상된다. 이 곡을 들으며 내가 곡의 주인공이 되어 마음껏 상상의 나래를 펴보는 것도 좋을 것이다.

Schumann : Träumerei

(슈만 : 트로이메라이(꿈))

'꿈'은 슈만의 동심, 어린 날의 동경을 담은 곡들로 클라라와 결혼하기 전 그녀에게 헌정한 것으로 알려져 있다. 슈만은 어린 시절을 떠올리면서 가벼운 마음으로 쓴 13개의 피아노 소곡들을 묶어서 1838년 '어린이 정경Kinderszenen'이라는 소품집을 냈는데 '꿈'은 이 중 7번째에 해당하는 곡으로 전체 작품 중에서 가장 유명하다.

이 곡을 들으면 누구나 자연스럽게 어린 시절 추억에 빠져든다. 거장 피아니스트 블라디미르 호로비츠가 노년에 이 곡을 연주하는 모습을 보면 슈만이 자신의 어린 시절을 떠올리며 작곡하는 모습을 보는 듯한 느낌을 받는다.

🌀 희망과 자신감 회복을 위한 음악

Wolfgang Amadeus Mozart : Horn Concerto No.3 in E flat major KV 447. 1st Mov

(모차르트 : 호른 협주곡 제3번 Eb장조 KV 447. 제1악장)

모차르트의 호른 협주곡은 모두 네 곡이 있는데 모두 오랜 친구이자 프렌치 호른 연주자인 로이트겝(Joseph Leutgeb 1732~1822)을 위해 작곡한 것이다. 그중에서 3번이 가장 유명한데 스위스의 알프스 산 중에서 울려 퍼지는 듯한 호른의 정겨운 소리는 듣는 사람에게 안정감과 자신감을 주기에 충분하다.

Antonin Leopold Dvorak : Humoresque

(드보르작 : 유모레스크)

많은 사람들이 애청하는 이 곡은 원래 피아노 독주곡으로 작곡된 것인데, 근래에는 바이올린을 비롯해 다양한 악기의 독주곡으로 편곡해서 많이 연주하고 있다. '신세계 교향곡'과 '슬라브 무곡' 등 큰 규모의 오케스트라 곡으로 잘 알려진 드보르작의 작품이라고 하기에 너무나 소박하고 아름답다. 이 곡을 듣다보면 오랜 무명을 묵묵히 견뎌낸 대작곡가가 43세의 나이에 이토록 순진무구한 음악을 작곡할 수 있다는 사실에서 희망을 얻을 수 있다.

Johann Pachelbel : Canon D major

(파헬벨 : 캐논 D장조)

바흐 이전 독일 오르간 음악의 대가였던 파헬벨(1653~1706)은 현악기에도 남다른 소질이 있었다. 원 제목이 "3개의 바이올린과 통주저음을 위한 캐논(돌림노래)과 지그(2박 계열의 춤곡)"인 이 캐논은 현재는 주로 현악합주용으로 연주되지만 원래는 4중주 편성에 의해서 경쾌한 지그와 쌍을 이뤄 연주되었다. 반복되는 선율을 계속해서 듣다보면 나도 모르는 사이에 자신감이 충만해지는 느낌을 받는다.

〰️ 자신감이 없을 때 스스로 당당해지는 음악

Edward Elgar : Pomp and Circumstance March No.1 in D major Op.39-1

(엘가 : 위풍당당 행진곡 1번 D장조 Op.39-1)

이 곡의 제목은 엘가(1857~1934)가 셰익스피어 오텔로에서 나온 문구에서 따온 것인데, 제목처럼 아주 웅장하고 당당한 곡이다. 원래 에드워드 7세의 대관식을 위해 작곡했던 곡이라 취임식이나 신랑 입장, 올림픽 메달수여식 같은 행사 때 단골로 연주된다. 나중에 아더 벤슨 Arthur Benson의 시 'Land of Hope and Glory(희망과 영광의 나라)'가 붙여져 영국에서는 제2의 애국가라고 할 만큼 사랑받았고 실제로 애국가 대신 사용한 적도 있다. 1차 세계대전이 터지자 애국심 고취용으로 많이 이용되었으며 덕분에 엘가는 기사작위까지 받았다.

Franz von Suppe : Light Cavalry Overture

(주페 : 경기병서곡)

주페(1819~1895)가 차르다슈 등 헝가리 춤곡 선율을 사용해서 1866년에 만든 희가극의 서곡으로 빈의 시인 코스타의 대본을 바탕으로 군대 이야기를 담고 있다. 이 서곡은 극중에 나오는 다섯 개의 주요 테마들을 발췌해서 세 도막 형식으로 엮은 것이다. 먼저 트럼펫과 호른 소리가 나팔처럼 드높이 울리고 트롬본이 이에 답하는데 뒤이은 행진곡은 말발굽 소리를 연상시키면서 경기병의 행진을 묘사한다. 전쟁에서 죽은 전우를 애도하는 듯한 조용한 단조의 헝가리풍 선율이 첼로와 바이올린으로 연주되며, 다시 경쾌한 행진곡과 장대한 클라이맥스로 마무리된다. 트럼펫과 같은 금관악기를 좋아하는 사람에게 특히 추천하는 곡이다. 금관악기의 위용에 찬 음악을 듣노라면 자신도 모르게 솟아 오르는 용기로 충만해진다.

Gioacchino Antorio Rossini : William Tell Overture

(로시니 : 〈윌리엄 텔〉 서곡)

〈윌리엄 텔〉은 로시니의 오페라 중에서 최후의 걸작으로 꼽히는데 스위스 건국에 얽힌 전설의 인물 윌리엄 텔의 활약상을 그리고 있다. 이 곡의 시작은 조용히 다섯 대의 첼로 솔로들로 시작해서 점점 대규모 관현악으로 발전하다가 마침내 웅장한 오케스트라로 옮겨간다. 마지막 알레그로 비바체Allegro Vivace를 듣다보면 말을 타고 달리는 경쾌한 군인들의 모습이 연상된다.

《1분 경영수업》 켄 블랜차드 저 | 윤동구 역 | 랜덤하우스코리아

《식물은 지금도 듣고 있다》 이완주 저 | 들녘

《내가 상상하면 현실이 된다》 리처드 브랜슨 저 | 김영희 | 이장우 역 | 리더스북

《드림 소사이어티》 롤프 옌센 저 | 서정환 역 | 리드리드출판

《EQ 감성지능》 《SQ 사회지능》 대니얼 골먼 저 | 한창호 역 | 웅진지식하우스

《SQ 사회지능》 대니얼 골먼 저 | 장석훈 역 | 웅진지식하우스

《생각의 탄생》 로버트 루트번스타인 · 미셸 루트번스타인 저 | 박종성 역 | 에코의서재

《의지와 표상으로서의 세계》 쇼펜하우어 저 | 홍성광 역 | 을유문화사

《역경지수Adversity Quotient：Turning Obstacles into Opportunities》 폴 G. 스톨츠 저 | wiley

《창조적 루틴》 노나카 이쿠지로 저 | 김무겸 역 | 북스넛

《인문의 숲에서 경영을 만나다》 정진홍 저 | 21세기북스

《드보르자크》 쿠르트 호놀카 저 | 이순희 역 | 한길사

《아웃라이어》 말콤 글래드웰 저 | 노정태 역 | 김영사

《구본형의 필살기》 구본형 저 | 다산라이프

《바흐, 천상의 선율》 폴 뒤 부셰 저 | 권재우 역 | 시공사

《베르디, 음악과 극의 만남》 알랭 뒤오 저 | 이경자 역 | 시공사

《신의 소리를 훔친 거장 1》 오해수 저 | 삶과 꿈

《감동을 만들 수 있습니까》 하사이시 조 저 | 이선희 역 | 이레

《지휘의 거장들》 볼프강 슈라이버 저 | 홍은정 역 | 을유문화사

《위클리 비즈i》 조선일보 위클리비즈팀 저 | 21세기 북스

〈포스트 모더니즘을 통해 본 존 케이지의 음악 고찰〉 음악과 민족 제26호 홍승연 저

〈문화예술 지원활동이 기업의 주식가치에 미치는 영향〉 김두이 저